Schill

Rebellenzug 1809

KLEINE MILITÄRGESCHICHTE

BIOGRAPHIEN

HELMUT BOCK

Schill

Rebellenzug 1809

Militärverlag
der Deutschen Demokratischen
Republik

Bock, Helmut:
Schill — Rebellenzug 1809 / von Helmut Bock. — 4. Aufl. —
Berlin: Militärverlag der DDR, 1988. — 236 S. : 32 Abb., 3 Ktn.
(Kleine Militärgeschichte; Biographien)

ISBN 3-327-00648-2

4. Auflage, 1988

Lizenz-Nr. 5
Printed in the German Democratic Republic
Gesamtherstellung: Offizin Andersen Nexö,
Graphischer Großbetrieb, Leipzig III/18/38
Lektor: Dr. Birgit Hoffmann
Schutzumschlag und Einband: Wolfgang Ritter
Typografie: Günter Molinski
Kartenausführung: Wilhelm Kaufmann (5), Helmut Kloss (1)
Zeichnungen: Helmut Kloss
Bilder: Verlagsarchiv (10), Märkisches Museum (3), Staatliche Museen zu Berlin (2), Deutsche Staatsbibliothek (3), Deutsche Fotothek Dresden (5), Dr. Fritz Kunter (1), ZStA Merseburg
LSV: 0545
Bestellnummer: 745 381 6
00930

In memoriam
Gertrud Rosenow
(1889–1976)

Einleitung

Schill.

In Stralsund, unweit der See und des Knieper Tores, sein Standbild: Zwischen dem Tschako und dem hohen Kragen ein kühner Blick. Die Brust, den geschnürten Husarendolman fast sprengend, trägt den preußischen Orden französischen Namens – Pour le mérite. Arme und Hände im Zorn, den blanken Säbel führend, der soeben aus der Scheide flog; fast hört man das Zischen der abziehenden Klinge, spürt man den Luftstrom noch. Das rechte Bein über die Kante des Sockels hinausschreitend, auf den der Schatten des Fußes abwärts fällt.

Kühnheit, Kraft, Verdienst, Leidenschaft und schließlich gar Fortschreiten aus beengtem Raum. Ist das die wahre Summe der Eigenschaften des Mannes, dessen hell- und scharfklingender Name der Titel und der Vornamen nicht mehr bedarf? Oder ist das ein Wunschbild des Heroenkults chauvinistischer Prägung: Zeigend den deutschen Mann von Saft und Kraft, für den die deutschen Eichen rauschen ...? Es wäre ein Blendwerk nationaler Selbstüberhebung, dem wir mißtrauen müßten.

Nicht immer und überall war Schills Nachruhm von der Gloriole des Heldentums umstrahlt. Auch ihm könnte Friedrich Schillers Dichterwort gelten: «Von der Parteien Gunst und Haß verwirrt, schwankt Sein Charakterbild in der Geschichte.»

Unter den Zeitgenossen war Gneisenau, der Freund des Rebellen und der Stratege des nationalen Insurrektionskriegs, der berufenste Bürge für Schill. Er bescheinigte Tapferkeit und Volkstümlichkeit, hielt aber seine umfassende Würdigung des Rebellenzuges zurück: «Noch will ich mein Urteil über diese Angelegenheit verschieben, indem ich nicht weiß, ob dieser meteorische Mensch mit großen Ansichten zu Werke geschritten ist oder bloß als gewöhnlicher Parteigänger gehandelt hat. Im ersteren Falle wäre sein Unternehmen ein

Versuch auf den deutschen Nationalcharakter gewesen, der freilich mißlungen wäre.» Gneisenau hat ein abschließendes Urteil nicht gegeben. Seine Fragestellung aber blieb Aufgabe für Schill-Biographen.

Im Lager der Fremdherrschaft waren die Stimmen geteilt. Der Franzose Gratien, der am 31. Mai 1809 in Stralsund den Kampf gegen Schills Freischar befehligte, soll größte Anerkennung gezollt und die Ungnade des Kaisers Napoleon herausgefordert haben: «Schill ne fut pas brigand, il fut héros!» Schill war kein Räuber, er war ein Held! – Doch sein Landsmann Michelin, der in der Nacht zum 2. Juni den enthaupteten Leichnam zum Kirchhof St. Jürgen hinauskarren ließ, brandmarkte den Empörer mit Haß: «Il doit être enterré comme un chien.» Er soll wie ein Hund verscharrt werden.

Bei den Deutschen schieden sich bürgerlicher Patriotismus und autoritäre Obrigkeit. Ernst Moritz Arndt sah Schills Sinnen und Trachten im Kriegsjahr 1813 endlich erfüllt: Sein «Lied von Schill» rühmte Tapferkeit und Rebellentum, beklagte aber auch Tod und ehrloses Begräbnis. – Friedrich Wilhelm III., König von Preußen, verargte das Heldenlied. Er ließ den nationalen Sänger als «Demagogen» verfolgen und verbot dem preußischen Rebellen den Leichenstein: «Nicht passend, der Insubordination Ehrendenkmale zu errichten!»

Doch sind Empörer, die gegen die Not und die Obrigkeit ihr Leben wagten, im Herzen des Volkes eingeschreint. Der demokratische Historiker Wilhelm Zimmermann nannte Schill einen «hellen Stern in Deutschlands Nacht», den «Deutschland nie vergessen wird». Und am 25. Jahrestag der Leipziger Völkerschlacht errichteten Patrioten in aller Heimlichkeit den Leichenstein in Stralsund: «Magna voluisse magnum ...» Großes gewollt zu haben ist groß.

Schills 60. Todestag, an dem ein deutsch-französischer Krieg seine Schatten vorauswarf, wurde am Strelasund schon öffentlich gefeiert. Der Grabstein erhielt ein Bildnis. Die Schützengilde schoß Ehrensalven. Die Stralsundische Zeitung lobte Schills «männliche Tatkraft», erniedrigte aber den Patriotismus zum primitiven Franzosenhaß. Es war eine Lokalfeier, die den hohenzollerntreuen Geschichtsschreiber Heinrich von Treitschke nicht abhielt, über Schill noch den Stab zu brechen: «Zum ersten Male in der ehrenreichen Geschichte des preußischen Heeres ein Treubruch.»

Der 100. Todestag war eine chauvinistische Schau, von Junkern und Bourgeoisie abgezogen, und die Stralsundische Zeitung eiferte: «Ganz Deutschland richtet heute seine Augen nach hier. Alle Zeitungen Deutschlands, mit Ausnahme der vaterlandslosen, haben seit Wochen auf die Bedeutung Schills hingewiesen ...» Schills Standbild wurde eingeweiht. Bürgermeister, Pfarrer, Professoren, Schulräte tanzten den Reigen. Im junkerlich-bourgeoisen Kaiserreich Wilhelms II. wurde Schill hof- und salonfähig. Sein Nachruf wurde umfunktioniert: Gewiß habe er als Rebell gegen das Gesetz des unbedingten Gehorsams verstoßen und schwere Schuld büßen müssen, doch habe er auch – was höher stehe – als gläubiger Monarchist «dem Könige, den er abgöttisch verehrte, die verlorenen Länder wiedergewinnen» wollen. Ein Gegensatz, der Schills Wesen beherrscht hatte, wurde geglättet und angepaßt. Die wilhelminischen Klopffechter suggerierten das Vorbild eines Opfertods, das deutsche Welteroberer brauchten. Auch das eingangs besprochene Werk des Bildhauers Glümer fand enthusiastischen Beifall: «Das ist eine Heldengestalt. Dieses Erzbild wird nicht nur ein künstlerisches Wohlgefühl erregen, nein! vielmehr das patriotische Gefühl hoch entflammen, also daß, sollte je einmal unser Deutschland wieder angegriffen werden, jeder Deutsche, der den Flamberg schwingen kann, ohne Zaudern Gut und Blut, Leib und Leben hingibt für des Vaterlandes höchste Güter mit Gott und für den König. Den siegreich Heimkehrenden umbrauset das Viktoria! den Sterbenden tragen Walküren empor zu Walhallas Ahnensaal.» – Hier schrieb einer im Delirium alldeutscher Spießer, die sich im Trommelfeuer des ersten Weltkriegs alsbald abkühlten.

Man kennt den verbrecherischen Amoklauf des Hitlerfaschismus und darf sich über Schills 125. Todestag nicht wundern. Wieder die schwülstig-besessene Redseligkeit eines Regimes, das den Krieg wagte und den Opfertod verlangte! Nur war im Dritten Reich des Monopolkapitals, dessen Regierungskräfte sich als «Revolutionäre von rechts» ausgaben, nicht Rücksicht auf Hohenzollern zu nehmen: Der Mythos von Blut und Boden ließ in Schill den Rebellen sehen, deutete ihn aber als einen frühen Blutzeugen des «Volkskriegs» – wie erstrebte Welteroberung gleisnerisch genannt wurde. «Denn der Volkskrieg ... ist ein Krieg der Völker, der totale Krieg ... Volkskrieg, totaler Krieg unter Entflammung aller Kräfte und Leidenschaften, als ein verzehrendes Feuer, bestimmt zugleich, den dämonischen

Gegenkaiser zu vernichten und die Krone des neuen, auf germanischen Fundamenten errichteten deutschen Kaisertums schmieden zu helfen, hier enthüllt sich uns das letzte große Ziel der deutschen Revolution von 1807 bis 1813.» Schills Kampf gegen Napoleon Bonaparte wurde zum historischen Leitbild Apokalyptischer Reiter! Da sollte auch ein Grußtelegramm der Pasewalker Garde-Kürassiere an den Stralsunder Bürgermeister nicht fehlen: «Dulce et decorum est pro patria mori.» Süß und ehrenvoll ist's, für das Vaterland zu sterben. – Diese Irren, die Horaz wohl nie gelesen hatten, sollten Gelegenheit finden, die Süßigkeit zu kosten. Im Inferno des zweiten Weltkriegs bissen sie ins Gras.

Es ist der Wahnwitz einer chauvinistischen Traditionspflege, der Schills Heldenbild fraglich machte. Teile der deutschen Bourgeoisie, die anfangs als eine Fortschrittskraft für bürgerliche Freiheit und nationale Einheit wirkten, zuletzt aber als eine Triebkraft der Volksknechtschaft und des Weltmachtstrebens entarteten, hatten ihre jeweilige Ideologie der historischen Gestalt untergeschoben. Sie hatten geschichtliche Wahrheit verwirrt und mußten sich von Faust-Goethe sagen lassen:

«Was ihr den Geist der Zeiten heißt,
Das ist im Grund der Herren eigner Geist,
In dem die Zeiten sich bespiegeln.»

Jedoch den Geschichtslügen der herrschenden Klassen widerspricht das Geschichtsbild der revolutionären Arbeiterbewegung. Hier rückte auch Schill an seinen Platz.

Friedrich Engels anerkannte sein Freischärlertum bei der Verteidigung Kolbergs, und wegen des Feldzugs «auf eigene Faust», den Schill 1809 gegen Napoleon unternahm, verglich er ihn sogar mit Garibaldi. Doch sollte kritische Distanz nicht fehlen: Er nannte diesen Versuch des Insurrektionskriegs einen «Streifzug ins Blaue».

Franz Mehring, der das Werk der marxistischen Klassiker fortsetzte, schrieb die streitbare Feder jener «vaterlandslosen Gesellen», die im Kaiserreich der Junker und der Bourgeoisie kein Vaterland für Arbeiter fanden, sondern die politische Herrschaft erobern, sich zur führenden Klasse der Nation erheben und selbst als Nation konstituieren mußten. Er verwarf die Hohenzollern-Legende der alldeutschen Kriegstreiber, billigte aber auch nicht das Sektierertum, mit dem sozialdemokratische Revisionisten versäumten, unter borussischer Kruste die Traditionen der Volkskräfte hervorzuschälen. So nannte er das Ereignis vom 28. April 1809, als Schill «auf eigene Faust, unter Bruch seines Fahneneids» mit seinen Husaren aus Berlin ausgezogen war, die «kühnste Tat» in diesem historischen Jahre. Doch formulierte er kritisch: Schill habe «nach einigen Irrfahrten» den Tod gefunden.

Die Erkenntnis, daß chauvinistischer Mißbrauch der Vergangenheit nicht die Geschichte selbst unsinnig macht, beseelte auch die Kämpfer des antifaschistischen Widerstandes. Mochten Hitlers Schlachtschiffe mit den Namen Scharnhorsts, Gneisenaus und Blüchers protzen. Die Flugschriften der Widerstandsorganisation Schulze-Boysen/Harnack und die Frontpropagandisten des Nationalkomitees Freies Deutschland rühmten mit Recht die patriotischen Streiter gegen Napoleon als historische Vorbilder für den Aufstand aus Deutschlands tiefster Erniedrigung: Mit Berufung auf den Freischärler Schill und den «großen philosophischen Franktireur» Gneisenau wurde der Partisanenkrieg als ein rechtsgültiger Volkswiderstand gegen die Barbarei des Faschismus verteidigt. Und wie Schill im Kampf sein Leben geopfert, aber durch seinen Nachruhm und die Kraft seines Volkes letztlich über Napoleon gesiegt hatte, so kämpften und starben die Helden der Konzentrationslager und der Schafotte in der Gewißheit: «Hitler geht unter, wie Napoleon untergegangen ist.»

Heute vertreten zwei deutsche Staaten zweierlei historisch-politische Konzeptionen, zweierlei Geschichtsbilder und Traditionsauffassungen.

Gar mancher Kapitalmagnat des barbarischen Machtstaats der Hitlerzeit mauserte sich in der BRD zum europäischen Sachwalter der USA. Er wollte seine Herkunft vergessen lassen und zahlte den freien Propagandisten der freien Welt, die in Zeitungen, Funkredaktionen und Parteizentralen das bundesbürgerliche Bewußtsein manipulieren, jede Menge, um als Biedermann der «abendländischen Integration» und des «atlantischen Bündnisses» zu erscheinen. So wurde ein Schwund des historischen Gedächtnisses bewirkt: Die Unabhängigkeitskämpfe von 1809 und 1813 zählen nicht mehr zu den geschichtlichen Leitbildern, mit denen das Monopolkapital seine Politik verbrämen möchte.

Die Meinungsmache richtete sich vor allem gegen die Volksmassen als Triebkraft der Geschichte. Deutscher Militarismus und Chauvinismus wurden weder aus der alten Tradition des Preußentums noch aus dem Ausbeuterpakt zwischen Junkern und Bourgeoisie, sondern aus den Einflüssen der Französischen Revolution abgeleitet. Wurde der Pariser Jakobiner als «radikalster Imperialist und Kriegstreiber», als Beelzebub des modernen Militarismus verleumdet, so sollten die deutschen Teufel auch nur im Lager der Volksbewegungen zu suchen sein. Gneisenau galt als der «Glücksritter mit abenteuerlicher Vergangenheit», der einen Volkskrieg entfesseln wollte, «dessen wilde Schrecklichkeit alle bisherigen Begriffe von Kriegs- und Völkerrecht, ja von Disziplin und Ordnung außer Kraft gesetzt hätte». Die Vorstellungen Scharnhorsts und Steins, «das preußische Landvolk zu einem wilden Partisanenkampf im Stile der spanischen Junten zu mobilisieren», wurde eine «Phantasterei» genannt, die der «Kriegspropaganda zweier Weltkriege» vergleichbar sei. So wurden die entschiedensten Vorkämpfer der Unabhängigkeitsbewegung gegen die napoleonische Fremdherrschaft unterderhand zu Ahnherren des deutschen Imperialismus verfälscht. – Es wäre ein Amt für Molière, auch hier dem Tartüff die Maske herabzureißen. Denn der Historiker Gerhard Ritter, der in den fünfziger Jahren die lammfromme Sprachregelung besorgte, hatte zwei Jahrzehnte zuvor in Hitler «unseren Führer» und in der chauvinistischen Aufblähung des Dritten Reiches den «jähen Aufstieg ... zu einer neuen, größeren und schöneren Zeit» gefeiert.

Glaubte Ritter, in Gneisenau, Scharnhorst und Stein die patriotisch-fortschrittlichen Kräfte genug verurteilt zu haben, so konnte das Geschichtsbild preußisch-deutscher Obrigkeit fröhliche Urständ feiern. König Friedrich Wilhelm III. war wiederum ragende Gestalt der Jahre 1809 und 1813: der «nüchterne Berufssoldat», der die «leidenschaftlich patriotischen Ergüsse» der Reformer um Stein «immer nur seufzend ertragen» und in Blüchers Hauptquartier mit Recht den «jakobinischen Geist» bekämpft habe, damit das Volksheer «zu einer streng disziplinierten Leibgarde der Monarchie» würde. – Die Absicht ist deutlich. Der vergangene Krieg wurde verdammt, wenn rebellische Massen, den Gang der Ereignisse beeinflussend, als Quelle der Staatsmacht, als souveränes Volk auftraten. Der Krieg fand Anerkennung, wenn die Führerrolle der Herrschenden und die Dienerrolle des Volkes gesichert waren, wenn der Krieg als Ausfluß obrigkeitlicher «Staatsvernunft» erschien.

Für Insurgenten vom Schlage Schills und seiner Getreuen schwand so der Platz historischen Gedenkens. Am 150. Todestag rauschte dem preußischen Rebellen kein bundesrepublikanischer Blätterwald. Der Steglitzer Heimatverein, der auf die ausgefallene Idee kam, in Westberlin Schill-Requisiten ausstellen und elf Eichen pflanzen zu wollen, wurde als ein Erreger öffentlichen Ärgernisses angesehen: Die Ausstellung wurde verboten, für den Ehrenhain kein städtisches Gelände freigegeben ... Muß man auch fragen, ob hier nicht Graubärte des Nazitums unliebsam vorprellten, um Blut und Boden wiederum zu feiern, so gab es doch alte Traditionsverbände genug, bei denen die Regierer lächelnd applaudierten. Der Vorgang zeigt in nuce nur, daß Schill von herrschender Traditionspflege ausgeschlossen wurde.

Freilich ist seitdem die bürgerliche deutsche Geschichtsschreibung vielgestaltiger geworden. Die traditionelle Strömung des Historismus, die sich von Ranke herleitet und die in Ritter einen eifernden Repräsentanten besaß, bevorzugt die Staaten und die Regierungen — ihre Diplomatie, Kriegführung, Innenpolitik — als den Hauptgegenstand historischer Reflexion. Eine moderne Strömung hingegen nutzt die vorgeprägten Methoden der französischen und angloamerikanischen Sozialgeschichtsschreibung, um dem Dogma des älteren Historismus (der «einseitigen Unterordnung der Gesellschaft unter den Staat»), vor allem aber der «Geschichtsschreibung der kommunistischen Welt» auf den grundlegenden Gebieten der Ökonomie, der sozialen Lebensverhältnisse und Strukturen entgegenzuwirken. Die damit hervorgebrachte Geschichtstheorie der «Industriegesellschaft» verneint die marxistische Auffassung von der gesetzmäßigen Abfolge ökonomischer Gesellschaftsformationen und von der historischen Triebkraft der Volksmassen. Sie erklärt den Fortschritt in der Geschichte nicht aus der revolutionären Lösung des jeweiligen Widerspruchs zwischen entwickelten Produktivkräften und veralteten Produktionsverhältnissen, sondern aus den Wirkungen der Technik und der Wissenschaften, die als gesellschaftliche Haupttriebkräfte aufgefaßt werden. Im Interesse der Herrschaft des Kapitals wird somit ein Zusammenhang ignoriert, der seit dem Zerfall der Urgesellschaft zwischen dem Fortschritt der Produktivkräfte und den politisch-sozialen Kämpfen der Gesellschaftsklassen besteht.

Die Protagonisten der Theorie der «Industriegesellschaft» vertreten Reformen anstelle der Revolution. Diese sozialliberale Konzeption der Gegenwart, die mit dem Anspruch auf Traditionen in die Vergangenheit zurückprojiziert wird, bringt am Gegenstand der Französischen Revolution und der nationalen Unabhängigkeitskriege ein Geschichtsbild hervor, dessen politische Wesenszüge von denen der konservativen Deutungen nicht allzu verschieden sind. Denn auch hier wird die Französische Revolution als die zeitgenössische Initialzündung und das «klassische» Beispiel aller vergleichbaren Volksbewegungen abgelehnt – dagegen wird die preußisch-deutsche «Revolution von oben» als ein geordneter Weg der Evolution in die kapitalistische «Industriegesellschaft» favorisiert. «Unter dem Zwang zur Industrialisierung ... gehören Reformen zum Minimum an Beweglichkeit, um einer Revolution zuvorzukommen ... Die preußische Beamtenschaft ... nahm die Herausforderung zur industriellen Revolution an, um eine ‹Französische Revolution› zu vermeiden, deren Ziele gleichwohl zu erreichen», schreibt Standardautor Reinhart Koselleck. Nicht die objektive Wiedergabe der Absichten preußischer Reformer, sondern die subjektive Identifikation des heutigen Historikers mit diesen Absichten ist hier das Problem eines Geschichtsbildes, das die Triebkraft der Volksmassen negiert. An seiner Ausgestaltung wirken viele Historiker der Bundesrepublik – trotz ihrer verschiedenen Theorien und Methoden.

Gebhardts «Handbuch der Deutschen Geschichte» (1970) zum Beispiel dokumentiert diese ideologische Vereinbarung der Konservativen und der Sozialliberalen: Es setzt gegen den welthistorischen Vorrang der französischen Volksrevolution die aktuell-politische Vorliebe für den preußischen Reformweg. Auch die volkstümlich-rebellischen Bewegungen in Deutschland von 1809 und 1813 werden mit dem tadelnden Blick des Preußenkönigs Friedrich Wilhelms III. gesehen. Selbst der Publizist Sebastian Haffner, den wir das Aufbauspiel der akademischen Mannschaften oft genug durch unorthodoxe Alleingänge stören sahen, disziplinierte sich in seinem ehrgeizigen Werk «Preußen ohne Legende» (1978). Mit der Gewandtheit des Journalismus trieb er die preußischen Reformen auf eine Linie vor, wo sie mit dem Epochenereignis in Frankreich als gleichwertig erscheinen, weil sie «das ganze soziale Programm der Französischen Revolution» erfüllt hätten. Es ist der Vorbehalt gegen die historische Rolle der Massen, ihrer möglichen und tatsächlichen Vorreiter, der

Haffner alle insurrektionellen Bewegungen von 1809 und 1813 verschweigen, den ungeschmeidigen Stein, der «immer mit dem Kopf durch die Wand wollte», nachdrücklich kritisieren ließ. Haffner setzte auf die kühlen Köpfe der preußischen Kabinettspolitik: den «Realpolitiker» Friedrich Wilhelm III. und den «geschmeidigen» Staatskanzler Hardenberg.

In der Deutschen Demokratischen Republik begreift man sich hingegen als Fortsetzer der fortschrittlichen, insbesondere der revolutionär-demokratischen Entwicklungslinie deutscher Geschichte. Bei der Gestaltung der sozialistischen Gesellschaft werden Träume und Taten der wegweisenden Volkskräfte früherer Zeit aufgehoben, wird aber auch das Wesen der Klassenkämpfe aller bisherigen Gesellschaftsordnungen untersucht.

Erblicken wir im Jakobinertum von 1793 eine plebejische Manier, mit Absolutismus, Feudalismus und Spießbürgertum fertig zu werden, so gilt selbst Napoleon nicht einfach als das «korsische Ungeheuer», wie ihn die Deutschtümler und nach ihnen alle teutonischen Franzosenfresser zu nennen pflegten. Wir begreifen Napoleon als den Repräsentanten eines Militärdespotismus, der den weltgeschichtlichen Fortschritt Europas in eben demselben Maße erzwang, wie auch Frankreichs Bourgeoisie den europäischen Feudalaristokraten historisch überlegen war.

Aber in den Unabhängigkeitskriegen gegen Frankreich sehen wir — mit Marx und Engels — auch den «Rückschlag des bei allen Völkern von Napoleon mit Füßen getretenen Nationalgefühls»: die Pferdekur einer ins Mißverhältnis emporgeschraubten Herrschaft, die klar zeigt, daß «Gewaltmaßregeln zur Stillmachung eines lebensfähigen Volkes gerade das Gegenteil des beabsichtigten Zweckes bewirken».

So bilden die nationalen Kämpfe von 1809 und 1813 eine Gipfelhöhe deutscher Geschichte zwischen Bauernkrieg und bürgerlich-demokratischer Revolution. Die Reformpatrioten, die Freischaren und die Landwehrbataillone finden einen Ehrenplatz im marxistisch-leninistischen Geschichtsbild. Wenngleich ihre Deutschtümelei, ihr blinder Haß gegen alles Französische, nur als zeitbedingtes Feindbild zu erklären, als deutsches Nationalbewußtsein aber abzulehnen ist, so repräsentierten sie doch die Volksmassen als Triebkraft des damaligen Kampfes: Der Volkswille zur nationalen Selbstbehauptung, der die Fürsten in den Krieg gegen Napoleon zwang, war Quelle der Staatsmacht, die Massenbewegung für die Unabhängigkeit war souveräne Empörung. Wir erkennen eine weitläufige geschichtliche Verwandtschaft zwischen den Bastillestürmern und den Bezwingern Napoleons, zwischen der französischen Volkstat von 1789 und der deutschen Volkserhebung von 1813.

Auch Schills Rebellenzug ist ein Gegenstand historischer Besinnung. Angesichts seines Mißbrauchs durch die preußisch-deutsche Traditionspflege blieb kein anderer Weg: Aufs neue befragten wir die Vergangenheit und schrieben wir die Geschichte des Mannes Schill. Wohl glückte nicht jeder Versuch. Unter den wissenschaftlichen und belletristischen Werken gibt es Darstellungen, die Schill als ein begeisterndes Leitbild des Patriotismus preisen, wo nur ein mahnendes Lehrbild zu entdecken ist. Doch die Diskussion wurde eröffnet und Material aufbereitet. Am ehesten hat wohl Walther Eckermann in seinen biographischen Schriften über Schill die gebotene Distanz zu wahren gewußt. Heinz Heitzer, Heinrich Scheel, Joachim Streisand und viele andere haben zu einer differenzierten Gesamtschau der Geschichtsperiode von 1807 bis 1815 grundsätzliche Beiträge geliefert, die der kritischen Würdigung Schills einen Rahmen bieten.

Das vorliegende Buch möchte die Wertschätzung Schills und seiner Mitstreiter weiterführen: 1809, in der Vorbereitungszeit des nationalen Unabhängigkeitskriegs, erscheint Schill auf dem Kreuzweg von Fortschritt und Reaktion. Die Reproduktion seines Lebens, die mit kritischer Distanz nicht spart, will Vergangenes lebendig machen, aber auch geschichtliches Denken für die Gegenwart anregen.

Am Beispiel wird deutlich: Der Kampf um die Lösung der nationalen Frage hat soziale Inhalte, und es hängt von der Reife der fortschrittlichen Kräfte ab, bis zu welchem Grade die Lebensfragen einer Nation gelöst werden. In diesem Sinne bedeutet das Thema nicht Wiederbelebung einer Geschichtslegende im Geiste von Bismarck, Wilhelm II. und Hitler, sondern Auswertung eines historischen Vorgangs im analytischen Sinne von Marx, Engels und Lenin.

Das Buch sei ein Versuch, Geschichtsschreibung durch literarische Darstellungsweise zu bereichern, ohne die natürliche Scheidelinie zu verletzen, die zwischen der gebundenen Phantasie des Wissenschaftlers und der freien Phantasie des Literaten liegt. Ist dem Wissenschaftler zur Pflicht gemacht, bei der Reproduktion des historischen

Lebens eine jede Aussage quellenkritisch zu prüfen und zu belegen, so darf er doch bei dem Literaten in die Schule gehen. Was er lernen möchte, ist sprachliche Bildkraft, die den abstrakten Begriff durch Anschaulichkeit ergänzt, ist epische und dramatische Gestaltungsweise, die den Leser durch Nacherleben vergangener Geschichte zur Erkenntnis führt, ist psychologische Durchdringung des Individuellen, in dem sich das Allgemeine manifestiert.

Die Anlage der Reihe «Kleine Militärgeschichte», in der dieser Band erscheint, gebietet den Verzicht auf hundertfache Belege aus Quellen und Darstellungen, die aber im Manuskript vorgelegt und — wie die gesamte Arbeit — vor einem Wissenschaftlichen Rat der Humboldt-Universität zu Berlin verteidigt wurden. Über die benutzten Archivalien und Schriften gibt das Literaturverzeichnis am Ende des Buches umfassende Auskunft.

Der Autor ist zu Dank verpflichtet: den Kollegen und Freunden am Zentralinstitut für Geschichte an der Akademie der Wissenschaften der DDR, den Archivaren der aufgeführten Institutionen, den Gutachtern Dr. Heinz Helmert, Prof. Dr. Heinrich Scheel, Prof. Dr. Joachim Streisand † und Hella Adomatis, die das Register angefertigt hat.

Berlin, Januar 1981

Helmut Bock

In den Jahren, die seit der dritten, durchgesehenen Auflage dieses Buches vergangen sind, ist das historische Interesse an Schill und seiner Freischar nicht erloschen. Ein großer Leserkreis hat unsere Darstellung gutgeheißen. Ein Kampfverband der Nationalen Volksarmee trägt nunmehr den Namen des preußischen Patrioten und Rebellen. Die wissenschaftliche Forschung hat jedoch Spezialia zu Schill nicht weiter hervorgebracht, so daß der Text dieser vierten Auflage unverändert erscheint. Nur in der Einleitung wurden geringe Präzisierungen vorgenommen.

Wesentliche Fortschritte und Diskussionen hat das letzte Halbjahrzehnt für die Beurteilung der historischen Zeitverhältnisse von 1807 bis 1815 erbracht: vor allem durch das Erscheinen des vierten Bandes der «Deutschen Geschichte» und den im Zusammenhang mit dem Gedenken an Carl von Clausewitz und den Freiherrn vom Stein in der DDR entstandenen Meinungsstreit, an dem der Verfasser dieses Buches — entsprechend seiner Konzeption — einen parteinehmenden Anteil hat. Die wichtigsten Titel dieser neuesten Geschichtsschreibung sind in das Literaturverzeichnis aufgenommen worden. Für die diesmalige Fertigstellung des Registers, die durch den Neusatz des Buches nötig wurde, sei Matthias Gerlach freundlich Dank gesagt.

Berlin, Oktober 1987

Helmut Bock

I. Ein Held wird gemacht

«Übrigens ist Schill äußerst brav, nur glaube ich nimmermehr, daß er die Talente des Anführers eines großen Korps habe. Sein Ideengang ist springend, ohne irgend etwas zu ergründen. Bei der Lebhaftigkeit seines Charakters wirken andere auf ihn ein, benutzen ihn als ihr Werkzeug … Er wird, unter einen General von Einsicht und Charakterstärke gestellt, als Parteigänger schöne Dinge verrichten, und der Ruf seines Namens … viele Kombattanten um ihn her versammeln.»

Gneisenau an Generaladjutant von Kleist,
Kolberg, 15. Mai 1807

Preußische Ouvertüre

Der 10. Dezember 1808 war ein Tag, von dem die Vossische Zeitung in Berlin berichtete: «Heiterer noch als der Himmel waren die Herzen.»

Vom Königstor bis zum Schloßplatz wogten die Volksmassen. Tausende reihten sich vor den Häusern, standen dichtgedrängt in den Türen, hinter den Fenstern. Sie blickten erwartungsvoll auf die Straßenmitte, wo Bürgergardisten – an dienstfreien Tagen biedere Krämer, Handwerker, Hausbesitzer – mit Amtsmiene, die Faust am Säbelgriff, den Fahrweg frei hielten.

Der preußische Gouverneur von L'Estocq, die Bürgermeister und Magistratsbeamten, die Stabsoffiziere der Bürgergarde hatten sich vor das nordöstliche Tor begeben, schwenkten dort ihre Hüte für Reiter und Fußsoldaten, Kanonen und Troßwagen, die aus dem Dorf Weißensee in staubwirbelnden Kolonnen herankamen. Vor der haltenden Spitze schnarrte die Obrigkeit ihre Begrüßungsreden: «Dieser Moment unserer freudigen Wiedervereinigung verlöscht das Andenken an das, was wir gelitten! Ein glückliches Los erwartet uns nun! Der Verein aller Stände zu *einem* Zweck wird das Vertrauen, die Liebe und Achtung aller Staatsbürger gegeneinander *erhöhen* und fest erhalten und eine nicht zu zerstörende Harmonie *begründen.* Der Wille, der Wunsch unseres Königs wird – muß erfüllt werden. Er geht mit seinen beglückenden Tugenden uns voran – Ihm wollen wir Hand in Hand folgen. Er, der gerechte König, Er lebe! Es lebe das preußische Militär!»

Das Ereignis hatte politische Bedeutung.

Berlins französische Besatzung, zwei Jahre lang Dorn im Herzen Preußens, war abgezogen. Die Truppen des Königs, Friedrich Wilhelms III., besetzten wieder die Hauptstadt.

Reiter eröffnen den Einzug. Voran, in grünen Röcken, die Jäger, die ihre Gewehre salutierend auf den Sattelknopf stützen. Dann wippen auf schaukelnden Pferderücken dunkelblaue, gelb verschnürte Dolmane, leuchtend rote Kragen und Aufschläge, helle Gesichter unter hohen, blankgewichsten Tschakos: das Zweite Brandenburgische Husarenregiment. Noch 1807 die Freikorpssoldaten Ferdinand von Schills, die im Chaos der preußischen Niederlage das Banner des Widerstands aufpflanzten, in abgerissenen Uniformen, Bürgerröcken, Bauernkitteln, schlecht bewaffnet, doch mit Rebellenmut eine Art Partisanenkampf führten, den Napoleons erfolgsüchtige Generale einen «Räuber- und Mörderkrieg» nannten. Nun, in der wiedererstandenen preußischen Armee, gilt das Freikorps als eine Elitetruppe.

Sobald das fröhliche Wogen der Reiter verebbt, stampft und poltert es über das Straßenpflaster: Pferde ziehen die zehn Geschütze einer Batterie, deren Rohre zwischen kreisenden Radspeichen drohen.

Es folgt zu Fuß das Königliche Leibgrenadierbataillon, berühmt durch die Verteidigung Kolbergs, durch soldatische Blutopfer unter der Führung Neidhardt von Gneisenaus. Und dahinter — zwischen den Kolonnen eines Infanterieregiments und den fünf Jägerkompanien, die den kriegerischen Zug abschließen — marschiert eine Truppe, die nach Vorbildern im napoleonischen Heer entstanden ist: preußische Tirailleurs, das leichte Infanteriebataillon «von Schill».

Herbstblumen regnen auf Schultern und Köpfe, auf Pferdehälse und Geschützrohre.

Von den Türmen tönt an- und abschwellendes Glockengeläut, durchbrochen von dem Dröhnen der Trommeln, dem hellen Schmettern der Hörner und Trompeten. Den melodischen Vielklang wiederum überschreien tausendstimmige Rufe. Von den Gehsteigen und Häusern her: «Es lebe das Freikorps Schill! Es lebe die Armee!» Von der Straßenmitte: «Hoch die Berliner! Hoch Preußen!»

Wie die Spitze des Husarenregiments Meter um Meter vorankommt, so läuft als tönende Welle auch ein stets wiederholter Schrei durch die Menge: «Es lebe Schill!»

Ein Major winkt nach allen Seiten, reitet die Kette der Bürgergardisten entlang, nennt sie «Kameraden» und «Freunde», schüttelt ihnen die Hände. Drei Mädchen treten ihm in den Weg, halten einen Lorbeerkranz, stottern im Lärm der Schreie, der klappernden Hufe, der rasselnden Geschütze den Anfang eines Gedichts — und werden unsanft beiseite gestoßen. Denn greise, ausgediente Soldaten haben die Sperre der Ordnungshüter durchbrochen, umringen den Reiter, pressen ihre Lippen auf Steigbügel und Stiefel. Dieser wendet sich mit verlegenem Lächeln an seine Adjutanten und Offiziere, sagt wie zur Entschuldigung: «Man macht zuviel aus mir.»

Wieder tänzeln die Pferde voran, treibt sie der Schenkeldruck ihrer Reiter durch die schmale Gasse, die von der Menge freigelassen ist: Königstraße, Schloßplatz, Schloßfreiheit. Erst das große Geviert des Lustgartens gibt Raum, daß die Kolonnen sich sammeln und aufstellen können.

3800 Mann harren der weiteren Befehle: Man wird ihnen die Quartiere anweisen ... Und morgen schon wird Garnisondienst – Wacheschieben vor Schloß und Zeughaus, vor allen Stadttoren und der Hauptwache des Neuen Marktes – die lichten Bilder dieses Jubeltags verdrängen.

Nur das Offizierskorps ist für den Nachmittag in den Konzertsaal des Nationaltheaters geladen, wo inmitten der Kerzen und Blumengehänge die Büsten des Königspaares mit leblosen Augen auf das Gewirr der Uniformen und Bratenröcke starren. Sie mahnen zu strenger Ehrerbietung. Den rauhen Hochruf auf Schill übertönen bald die salbungsvollen Trinksprüche und das Gläserklingen zu Ehren Seiner Majestät: Heil dem Vater des Vaterlands ...

Diese Staatsetikette wiederholte sich des Abends im Theatersaal. Zuerst wurde Schill vom Publikum freimütig gefeiert. Dann aber ermahnte eine Huldigung an den König, von dienstbeflissenen Mimen ins Schauspiel geflickt, zu untertänigsten Treuegelöbnissen für das Haus Hohenzollern: «So tief empfunden als laut» – versicherte eifrig der Rezensent der Spenerschen Zeitung.

Die Berliner trieben im Gefühlsmeer königstreuer Begeisterung. Darf man den Zeitungen Glauben schenken, so scheint das Volk in Schill den Säbel des Königs, in dem kriegstüchtigen Husaren den Abglanz seines fernweilenden Staatsoberhaupts erblickt zu haben.

Schill wurde empfangen, wie vielleicht kein Untertan vor ihm – meldete die Vossische Zeitung. Und Marie von Brühl, naive Anhängerin der Monarchie, aber auch geistvolle Patriotin, schrieb im Brief an Carl von Clausewitz: «Das Volk hat sich ... des deutschen Namens nicht unwürdig gezeigt ... durch treue Anhänglichkeit an den angestammten Herrn und durch die gutmütigste und lebhafteste Bereitwilligkeit zum Enthusiasmus für alles, was denselben nur im geringsten zu verdienen schien. Die Aufnahme der preußischen Truppen und besonders des Volkshelden Schill ist mir als ein neuer Beweis davon erschienen ... Ich beurteile nicht, ob Schill diesen Grad von Enthusiasmus verdient oder nicht; aber daß das Volk desselben noch fähig ist, ist mir eine sehr erfreuliche Erscheinung gewesen.»

Schill selbst fühlte sich von der Begeisterungswoge emporgehoben. Am 12. Dezember verfaßte er ein Dankschreiben, das bald in der Spenerschen Zeitung zu lesen war: «Vergebens würde ich nach Worten suchen, um die Gefühle auszudrücken, welche bei dem so ehrenvollen und herzlichen Empfang des mir anvertrauten Regiments in dieser ehrwürdigen Königsstadt sich meiner bemächtigen ... Unvergeßlich wird dieser mut- und herzerhebende Tag uns bleiben, und die Erinnerung an denselben wird uns der mächtigste Antrieb zu Handlungen sein, welche der uns bewiesenen ausgezeichneten Achtung und Liebe würdig sind ... Ebenso wie wir in dem Innern unseres Herzens täglich ausrufen: ‹Es lebe unser hochverehrter und geliebter König!›, so geschieht auch von uns der Ruf: ‹Es leben hoch Seine treuen und guten Berliner!›»

Noch wußte dieser preußische Offizier seinen Dank an das Volk nur als Huldigung an den König darzubieten. In naher Zukunft aber sollten ihn Erkenntnis und das Selbstgefühl, ein Liebling des Volkes zu sein, gegen die Politik des absoluten Monarchen zur Rebellion treiben.

Nieder mit Napoleon!

Berlin war nicht mehr Berlin: Inmitten der märkischen Streusandbüchse – wie das Land ringsum genannt wird – von den Hohenzollern zum Residenzplatz auserkoren; von ihren Schönfärbern zum Spreeathen hochgelobt, war es seit dem letzten Krieg gegen Frankreich nur noch ein Schatten seiner selbst, eine Erinnerung an verlorenen Glanz und Wohlstand.

Fern weilten der König, seine Minister, die wohlgeborenen Lebemänner und ihr Damenflor. Mit ihnen entschwand der höfische Luxus, die Einnahmequelle der Manufakturbesitzer und Handwerker, der Kaufleute und Wucherer.

Leer gähnten die Staatskassen. Mit dem allgemeinen Bankrott fielen staatliche Subventionen, Ausfuhrprämien, Steuerfreiheiten und Preisbegünstigungen für die Industrie, die in weniger schlechten Zeiten ein ebenso gehätscheltes wie bevormundetes Sorgenkind merkantilistischer Regierungspraxis gewesen war.

Frankreich herrschte als Vormacht des Kontinents. Seine Truppen hielten die Weichselfestungen Danzig, Thorn und Warschau, die Oderfestungen Stettin, Küstrin und Glogau besetzt, sie marschierten auf den Militärstraßen mitten durch preußisches Hoheitsgebiet. Seine Beamten beargwöhnten die Stimmungen im Volke. Seine Gendarmen bewachten das Westufer der Elbe, sie schnitten Berlins gewinnbringende Exporte – die Woll- und Seidenwaren – von den westeuropäischen Märkten ab.

Die Stürme des mißlungenen Kriegs hatten den altpreußischen Staat und auch die Blüte der hauptstädtischen Manufakturen gebrochen.

Überdies war Berlin bis zum 3. Dezember 1808 als Pfand einer kaum zahlbaren Kriegsentschädigung in Napoleons Hand gewesen. Sein General Saint-Hilaire residierte als Stadtkommandant in den Prunksälen des Schlosses. Französische Kavalleriegäule stampften in der Königlichen Orangerie. Schadows Viergespann und die Siegesgöttin verschwanden vom Brandenburger Tor, sie wurden als Beute nach Paris entführt.

Die Besatzungssoldaten waren nicht schlechthin als finstere Kriegshorde gekommen – schon französische Sprachkenntnis schmeichelte ihrem Nationalstolz, und das Rockschwenken kesser Berlinerinnen öffnete ihr Herz. Die Straßenmädchen hatten eine goldene Zeit. Die Halbstarken trieben schwungvollen Schwarzhandel. In den gutbesuchten Restaurants herrschte statt des Dünkels märkischer Junker die Galanterie französischer Kavaliere. Und auch das Theaterleben florierte: Gastschauspieler aus Paris versuchten ihr Bestes, und Ifflands eigene Truppe ergötzte die Besatzer mit der leichten, bald vergessenen Kost deutscher Lustspiele. Doch gegen Schiller, dessen «Wallenstein», dessen «Jungfrau von Orleans» als patriotisch galten, übte die Zensur ihr scharfrichterliches Amt, sogar «Don Carlos» wurde verboten, als Frankreich gegen Spanien Krieg begann.

Auch jetzt, nach dem Abzug der Besatzungsmacht, drückte ihre Hinterlassenschaft schwer auf die Masse der Bevölkerung. Einquartierungen, Zwangsanleihen, Schuldverschreibungen, Lähmung des Handels hatten die Leidtragenden in den Abgrund der Krise gestoßen. Es mangelte an Lebensmitteln, die Preise stiegen, die Einkünfte versiegten, die Banken zahlten nicht, die ausgeliehenen Kapitalien brachten keine Zinsen – überall Verlegenheiten, wachsende Not. Der Kurs der Staatspapiere fiel von Monat zu Monat; im umgekehrten Verhältnis stiegen Angst und Verlust der Gläubiger, die in falscher Berechnung, auch in dümmlicher Treue ihr Geld dem Staate anvertraut hatten. Die Todesfälle überwogen die Geburten. Die Zahl der Selbstmorde war nie so hoch.

Einfältige Beurteiler von Politik und Geschichte sehen hinter den Krisen, Notständen, Katastrophen mitunter nur einen einzigen Schuldigen, auf den sie allen Ärger, allen Haß, alle Vergeltung häufen wollen. So nannte man auch in Preußen bloß einen Namen: Napoleon Bonaparte.

Emporkömmling und Erbe der französischen bürgerlichen Revolution, hatte er die Jakobiner verfolgt und die Errungenschaften ihrer radikalen Demokratie auf das Maß großbürgerlicher Interessen zurückgeschnitten. Doch im welthistorischen Klassenkampf zwischen Feudaladel und Bourgeoisie focht er für den bürgerlichen Fortschritt. Er hatte die «Schreckensherrschaft», deren antifeudales Werk in Frankreich vollendet war und die gleichwohl von den Bourgeois verteufelt wurde, in der Form des Krieges auf andere Länder übertragen, er hatte Europa in den Schmelztiegel der sozialen und politischen Umwälzung gestürzt.

So war auch das rückständige Deutschland ein Objekt großbürgerlicher Außenpolitik geworden. Um Frankreichs Vormachtstellung auf dem europäischen Kontinent zu sichern, vollzog Napoleon die Annexion des linken Rheinufers, zertrümmerte er das morsche Bauwerk des Heiligen Römischen Reiches Deutscher Nation, fügte er die Bruchstücke zu neuartigen Territorialstaaten zusammen, schloß er deutsche Vasallenfürsten und französische Statthalter in den Rheinbund ein. Um diese Staaten, ihre Länder und Völker, als wirtschaftliche und militärische Kraftquellen rationell auszuschöpfen, versuchte er gegen feudale Staatsverfassung und Ständeordnung – den Absolutismus der Fürsten, den Vorrang des Adels und des Klerus, die Unfreiheit des Bourgeois, des Kleinbürgers, des Bauern – mit liberalen Reformen vorzugehen. Er eröffnete durch Maßnahmen staatlicher

Administration die bürgerliche Umwälzung in Deutschland. Wohl geschah dies im hemmenden Zweckbündnis mit deutschen Potentaten, die ihr Fürstentum aus dem Dünkel legitimer Abstammung herleiteten und wie störrische Esel nachhinkten. Aber die Neuerungen im Linksrheinischen, in den östlich des Rheins liegenden Protektoratstaaten Berg und Westfalen, in einigen anderen Rheinbundstaaten, trieben die Lösung des Hauptwiderspruchs der Epoche, des Gegensatzes zwischen feudaler und kapitalistischer Gesellschaftsformation, weiter voran. Mit Frankreichs Regimentern kam das revolutionierende Gesetzbuch, es verkündete den Deutschen die bürgerlichen Grundsätze der Freiheit und Gleichheit.

Napoleon war freilich der Degen des kapitalheckenden Bourgeois: Wie die neue Ordnung in Frankreich gegen die arbeitenden Klassen, so richtete sich ihre Außenpolitik gegen die nationale Unabhängigkeit der Völker. Die Waffen der sieggewohnten Regimenter waren Waffen einer erobernden Macht. Das Gesetzbuch der bürgerlichen Freiheit warf den Schatten der Fremdherrschaft.

Als Stratege des bourgeoisen Militarismus hatte Napoleon seine Soldaten gegen Preußens feudalen Militarismus zum Triumph geführt, hatte er ein Bollwerk des Absolutismus gestürzt und das westelbische Land der reaktionären Fuchtel entzogen. Aber in Vollzug des Tilsiter Diktatfriedens preßte er dem preußischen Reststaat und damit dem steuerzahlenden Volke eine unerträgliche Kontribution ab, mit der er den Konkurrenzkampf gegen England, den Raubkrieg gegen Spanien finanzierte. Die von ihm befohlene Kontinentalsperre, die jeden Handel mit England verbot und eine ganze Armee von Zollkontrolleuren außer Atem kommen ließ, verdarb nicht nur preußischen Junkern den Holz- und Getreidehandel; sie würgte die Ausfuhr der rheinisch-bergischen Metallwarenfabrikation und der preußischen Textilindustrie, sie ruinierte die norddeutschen Hafenstädte.

So knüpfte sich an Napoleons Namen die Politik bürgerlicher Reformen und militärischer Eroberungen, die den Zerfall der Feudalgesellschaft beschleunigte, aber auch die nationale Unabhängigkeit bedrohte. Die bürgerliche Umwälzung begann unter den Hagelschlägen der Fremdherrschaft.

Die Gefahr nationaler Unterdrückung hatten deutsche Jakobiner schon am Ende des alten Jahrhunderts herandrohen sehen. Noch 1793 hatte Georg Forster die Mainzer Republik mitbegründet und im Vertrauen auf Frankreich ihren freiwilligen Anschluß als «Tochterrepublik» an das Mutterland der «Befreiung des Menschengeschlechts» erwirkt. Aber 1797 erkannte Georg Friedrich Rebmann, daß die Bourgeoisie, die inzwischen die Macht ergriffen und den Jakobinerführer Robespierre auf die Guillotine geschleift hatte, mit der revolutionären Demokratie in Frankreich auch die Jakobiner in Deutschland fallen ließ, und so verlangte er die Selbständigkeit einer nationalen bürgerlichen Revolution: «Bei dieser Umwälzung rechne ich ... auf keine fränkischen Freiheitsprediger, überhaupt nicht im geringsten auf den Beistand der Franken. Alles, was ihr im höchsten Falle von der fränkischen Regierung zu erwarten das Recht habt (und auch das wird noch Mühe kosten), ist, daß sie euch nicht hindert ... Ihr sollt keinen fremden Beistand haben, ihr selbst müßt eure Freiheit erkämpfen oder ihr verdient das Schicksal, das sonst eurer wartet.» Dieser Umschlag vom demokratischen Kosmopolitismus zum demokratischen Nationalbewußtsein vollzog sich unter dem Eindruck schlimmer Erfahrungen. Denn wirklich wurde der Aufstand, den deutsche Jakobiner im Jahre darauf mit Hilfe französischer Revolutionäre am Oberrhein beginnen und schrittweise sogar bis zur Gründung einer unteilbaren nationalen Republik vorantreiben wollten, von süddeutschen Feudalfürsten und französischen Bourgeoispolitikern gemeinsam unterdrückt. Der im März 1799 in Süddeutschland verbreitete «Entwurf einer republikanischen Verfassungsurkunde, wie sie in Deutschland taugen möchte», war der theoretische Gipfelpunkt einer auf die unteilbare Republik und die nationale Unabhängigkeit zielenden Revolutionsbewegung, deren tragischer Absturz in Resignation und Vergessenheit nur zu bald erfolgte.

In einer Zeit, in der der weltgeschichtliche Fortschritt auf die Ablösung des Feudalismus durch den Kapitalismus drängte und auch in Deutschland wirksam war, handelten die deutschen Jakobiner als revolutionäre Zuspitzer der antifeudalen Bewegung. Meist bürgerliche Intellektuelle, waren sie Vorkämpfer für eine demokratische Revolution, deren Stattfinden noch in der Zukunft lag. Wohl hatte das Vorbild der Französischen Revolution auch deutsche Bauern, Handwerker, Lohnarbeiter zu Unruhen und Aufständen ermutigt, die die Krise des feudalen Systems offenbarten. Doch verhinderten objektive und subjektive Faktoren die Ausweitung der gebietlich begrenzten Rebellionen zur einheitlichen nationalen Revolution. Objektives

Hemmnis war die Zersplitterung Deutschlands in rund dreihundert feudale Territorialstaaten, wodurch jede Empörung zwangsläufig in lokaler Enge steckenblieb. Subjektives Hemmnis war die Unreife der Bourgeoisie, die infolge dieser Zersplitterung und der daraus resultierenden ökonomisch-politischen Beschränktheit noch nicht fähig war, als Hegemon des bürgerlichen Fortschritts den Volksmassen voranzugehen.

In dieser Lage waren die Jakobiner vergeblich bestrebt, mit ideologischer Anlehnung an Jean Jacques Rousseau und an die französische Republik eine Volksrevolution und eine Republik in Deutschland zu erzwingen. In der Theorie dem Volke verbunden, blieben sie in der Praxis «Jakobiner ohne Volk». Und Napoleons Militärdiktatur, vor allem die Anmaßung seines Erbkaisertums, zerstörte ihre letzten Erwartungen auf demokratische Hilfe von außen. Wohl galt ihnen die Fortgeschrittenheit der bürgerlichen Ordnung Frankreichs als eine fundamentale Erkenntnis. Aber der Rest war Verdruß und Niedergeschlagenheit, worüber Heinrich Heine sagte: «Die deutschen Freiheitsfreunde jedoch, zu republikanisch gesinnt, um dem Napoleon zu huldigen, auch zu großmütig, um sich der Fremdherrschaft anzuschließen, hüllten sich seitdem in ein tiefes Schweigen. Sie gingen traurig herum mit gebrochenen Herzen, mit geschlossenen Lippen.»

Da stieg in Preußen eine andere Strömung auf. Ihre führenden Männer plagten sich im Lager der Konterrevolution, als die Französische Revolution siegreich widerstand; sie schwitzten im Mahlwerk des Feudalsystems, als Frankreich über Preußen triumphierte. So von der Überlegenheit der bürgerlichen Ordnung gewaltsam überzeugt, begriffen sie die Niederlage der Hohenzollernmonarchie als den Bankrott veralteter Ideen und Einrichtungen. Napoleon schlug in das Dickicht der überlebten Zustände eine Lichtung. Sie selbst aber räumten einen gangbaren Weg zur neuen Gesellschaftsordnung frei: Reformen sollten auch in Preußen die bürgerliche Umwälzung auf administrativem Wege eröffnen — die Volksmassen sollten dadurch für einen deutschen Unabhängigkeitskampf gewonnen werden. Gegen die napoleonische Konzeption des bürgerlichen Fortschritts und der nationalen Unterdrückung vertraten sie eine Konzeption des bürgerlichen Fortschritts und der nationalen Befreiung.

Auf dem linken Flügel kämpften Schriftsteller, die wegen radikaler

Gesellschaftskritik in dem Ruf standen, preußische Jakobiner zu sein.

Friedrich Buchholz, der gleich Hegel an das objektive Wirken eines Weltgeistes glaubte, anerkannte die Französische Revolution und nannte den bürgerlichen Fortschritt einen «gesetzmäßigen», also notwendigen Prozeß, der sich in ganz Kontinentaleuropa vollziehen werde. «Frankreich ist darin vorangegangen. Alle übrigen Reiche sollten freiwillig in seine Fußtapfen treten. Dies wollen sie indessen nicht, und indem sie die Disharmonie fühlen, welche zwischen ihnen und Frankreich stattfindet, lassen sie sich lieber in einen Kampf ein ... Was ist die Folge davon? Die, daß Frankreich einen Staat nach dem andern über den Haufen wirft und daß *in* diesem Kampfe *bewirkt* wird, was man *durch* denselben *vermeiden* wollte, nämlich die Abschaffung des Feudalismus und aller der Verhältnisse, die von ihm ausgehen.» So schrieb Buchholz in seinen «Untersuchungen über den Geburtsadel», in denen er Napoleon ein Genie des Fortschritts nannte und zu dem revolutionären Schluß kam, den «alten Feudaladel mit allen seinen erblichen Vorzügen in die Lumpenkammer zu werfen und für immer zu antiquieren».

Dem Manne, der dreizehn Jahre lang als Lehrer an der Ritterakademie in Brandenburg wirkte, seit 1800 aber als freischaffender Schriftsteller in Berlin lebte, war das Fehlen einer starken bürgerlichen Nationalbewegung bewußt. Deshalb richtete er seine antifeudalen Ideen auch an die Fürsten: Sie sollten gutwillig fördern, was ohnehin unabänderlich war und im Falle ihres Widerstands nur zum Sturz der Dynastien führen würde. Darin lagen Aufforderung und Drohung zugleich. Mit seltener Klarheit und Schärfe entwarf Buchholz für Preußen das revolutionäre Programm. Befreiung der Bauern von feudaler Untertänigkeit, Zerschlagung des adligen Großgrundbesitzes und Verteilung des Bodens: Keine Scholle dürfe größer sein, als es sich mit dem Vorteil der Allgemeinheit vertrage, niemand dürfe mehr Boden besitzen, als er selbst bearbeiten könne ... Weil der feudale Staat den Interessen des Adels diente, sollte der Absolutismus einer konstitutionellen Monarchie weichen, die Parlaments- und Regierungssitze sollten durch keinerlei Privilegien abgesperrt sein. «Man sei also ein Schneider oder ein General oder ein Philosoph oder was man sonst sein mag: Ist man ein Mann von Kopf und schaffender Kraft, so ist man eben dadurch ein Adliger, im besseren Sinne dieses Wortes.» Gegen die Wirrköpfe, die auf einen plötzlichen Tod

Napoleons spekulierten, weil sie nur ihn für die Ursache der politischen Umwälzung, aber auch der nationalen Pressung hielten, argumentierte Buchholz: «Das einzige Mittel, zu einer erträglichen Selbständigkeit zu gelangen, ist, alle Kräfte anzurufen, um einen dem Französischen gleichen gesellschaftlichen Zustand hervorzubringen. Ohne Gleichheit der Besteuerung, ohne Gleichheit der Gerechtigkeitspflege, ohne Gleichheit der Konskription keine Rettung!» – Die nationale Unabhängigkeit mußte von den Kräften des bürgerlichen Fortschritts gesichert werden. Die nationale Wiederbelebung gebot einen Weg, der zum bürgerlichen Staat führte. «Nicht fern ist die Zeit, wo es heißen wird: *Man kann nicht zugleich Patriot und Feudalaristokrat sein*, und der Charakter dieser Zeit dürfte nicht der sanfteste sein.» In seinen philosophischen und staatsrechtlichen «Untersuchungen», als Buch im Jahre 1807 in Berlin und Leipzig erschienen, reichte Buchholz den Goldklumpen, den ein anderer Propagandist des Fortschritts in kleiner Münze, aber mit zeitnäherem Patriotismus auszahlte.

Friedrich von Cölln, preußischer Steuerrat, der sich zweimal geweigert hatte, den Treueid auf Napoleon zu leisten, rannte gegen die Träger der Geburtsprivilegien an. Gegen den Landadel: «Blutigel, die da, wo sie saufen, das Einsaugen solange ausüben, bis sie überladen hinfallen und zerplatzen.» Gegen den Offiziersadel: die «größten Ignoranten in der ganzen Nation». Gegen die Bürokratie: «Ob der Verwundete und Kranke die gehörige Pflege erhält, ob die Stadt angezündet wird – darüber sehen sie hinweg, oder vielmehr, dahin reicht ihr Blick gar nicht. Daß aber die vorgeschriebenen unzähligen Listen aufs pünktlichste nach der einmal festgesetzten Form eingereicht werden müssen: das ist es, was ihre ganze Aufmerksamkeit beschäftigt.» Dieser Spötter bekannte sich ebenfalls zur bürgerlichen Revolution, die in Frankreich ihr Werk getan hatte und nun in Deutschland als ein gesetzmäßiger Prozeß vonstatten gehen mußte. So hieß es mit idealistischer Weltbetrachtung: «Oft unbemerkt – aber mächtig und unaufhaltsam wirkt das, was wir ‹Geist des Zeitalters› nennen. Die Idee ‹Geburtsadel› paßt in den Geist *unserer* Zeit schon lange nicht mehr, daher die Gärung, ihn wie einen fremden Stoff auszuwerfen. – Äußeres Entgegenwirken wird es verzögern, aber nicht verhindern; früher oder später steht auch Deutschland, wie allen übrigen Staaten, diese Revolution noch bevor.»

Weil die Bourgeoisie zur Führung in einer solchen Umwälzung noch nicht fähig, die Hohenzollernmonarchie aber im Krisenbewußtsein ihrer verheerenden Niederlage willens war, einige alte Zöpfe abzuschneiden, sprang Cölln auf den Boden dieser begrenzten Möglichkeiten, um für den Fortschritt zu kämpfen. «Es muß jetzt niedergerissen und niedergebrannt werden, was an Mißbräuchen entblößt dasteht; es müssen die Staatsverräter öffentlich gebrandmarkt und bestraft werden; der König muß sich mit den Edelsten (nicht etwa Adel) umgeben, um aus dem alten Wust etwas Gehaltvolles aufzubauen.» Das schrieb der streitbare Mann in seiner Zeitschrift «Neue Feuerbrände», deren Auflage mit 5500 Exemplaren ungewöhnlich hoch und weit verbreitet war. Cölln war der unbeliebt radikale Dränger zu einer Umwälzung, die – nach Lenins Worten – von einer «Handvoll Adliger und ein paar Häuflein bürgerlicher Intellektueller» in reformatorischer Regierungspraxis vollzogen wurde.

Unter den Reformpatrioten befand sich kein Robespierre und nicht einmal ein Mirabeau. Sie neigten zu Montesquieu, nicht zu Rousseau, und Edmund Burke, dem englischen Konservativen, hatten sie Beifall gezollt für seine Polemik gegen die französischen Jakobiner. Erst inmitten der preußischen Staatskrise waren sie von der Notwendigkeit des Fortschritts ganz überzeugt worden, erst der Ruin des alten Königtums hatte ihnen höchste Staatsämter und erneuernden Handlungsraum beschert.

Aber ihr tödlicher Haß gegen Napoleon, ihr zähes Ringen um die Wiedergewinnung der nationalen Unabhängigkeit entsprachen der Tendenz des historischen Prozesses: Gilt die Nation als eine Existenz- und Entwicklungsform der Gesellschaft, so mußten sich auch die Deutschen als bürgerliche Nation konstituieren. Das Handeln der preußischen Reformpatrioten vollzog sich also auf der Bahn eines Fortschritts, der mit der objektiven Zielsetzung, den bürgerlichen Nationalstaat hervorzubringen, die nationale Unabhängigkeit erforderte.

Karl Freiherr vom und zum Stein, Sproß eines alten Geschlechts von Reichsrittern an der Lahn, nun leitender preußischer Staatsminister, sagte schon 1807 in der «Nassauer Denkschrift»: «Soll die Nation veredelt werden, so muß man dem unterdrückten Teile derselben Freiheit, Selbständigkeit und Eigentum geben und ihm den Schutz der Gesetze angedeihen lassen.»

Gerhard Scharnhorst, hannoverscher Bauernsohn, nun Chef des

Wachtparade der Berliner Bürgergarde

preußischen Kriegsdepartements, schrieb an Clausewitz: «Man muß der Nation das Gefühl der Selbständigkeit einflößen, man muß ihr Gelegenheit geben, daß sie mit sich selbst bekannt wird, daß sie sich ihrer selbst annimmt; nur erst dann wird sie sich selbst achten und von anderen Achtung zu erzwingen wissen ... Die alten Formen zerstören, die Bande des Vorurteils lösen, die Wiedergeburt leiten, pflegen und sie in ihrem freien Wachstum nicht hemmen, weiter reicht unser hoher Wirkungskreis nicht.»

Neidhardt von Gneisenau, Sohn eines sächsischen Artillerieleutnants, im letzten Krieg noch kleiner preußischer Hauptmann, nun Mitglied der Militär-Reorganisationskommission und kühnster Geist unter den Reformatoren, verlangte in einer Denkschrift an den König geradezu die Proklamation einer freiheitlichen Verfassung: «Aber es ist billig und staatsklug zugleich, daß man den Völkern ein Vaterland gebe, wenn sie ein Vaterland kräftig verteidigen sollen. Es ist dies besonders nötig wegen derjenigen Völkerschaften deutscher Zunge, die ehedem nicht unter preußischem Zepter lebten, sich aber an uns zur Befreiung des gemeinsamen deutschen Vaterlandes anschließen möchten. Eine freie Verfassung und eine einfacher geordnete Verwaltung werden es ihnen wünschenswert machen, mit uns unter gemeinschaftlichen Gesetzen zu leben ... Gibt man einem Staate überhaupt eine freiere Gestalt, so befriedigt man die denkenden Köpfe, reißt die Enthusiasten mit sich fort, bekehrt die französisch Gesinnten und schreckt die Verräter.»

Das waren die Ideen, die die Praxis der Reformpatrioten beseelten. Ursprünglich meist in nichtpreußischen Ländern und Ämtern aufgewachsen, dann im Dienste der Hohenzollern dem Balanceakt des absoluten Königtums zwischen Adel und Bourgeoisie beistehend, waren sie doch von bürgerlicher Aufklärung durchdrungen worden. Ihr Patriotismus war national, nicht dynastisch. Ihre Liebe galt Deutschland, nicht Preußen allein. Auch sie waren Kinder der deutschen Zustände, litten unter deren Enge, Fäulnis, Zerrissenheit, entbehrten der Stoßkraft einer großen bürgerlichen Fortschrittsbewegung. Aber einmal an Preußens Schicksal gebunden, erhoben sie sich in der tiefsten Krise des Staats und seiner herrschenden Klasse, nutzten sie die Möglichkeit zu historischer Tat. Sie dienten mit ihren Reformen der Notwendigkeit der bürgerlichen Erneuerung und weckten so in den Volksmassen ein Interesse am nationalen Widerstand.

Im Bunde mit Gleichgesinnten nahm Stein den preußischen Bauern die Last der Erbuntertänigkeit, gab er der Bourgeoisie die Freiheit des Grundstückerwerbs und den Städten eine begrenzte Selbstverwaltung, wandelte er den Staatsapparat nach den Prinzipien fachlicher Zuständigkeit und Zentralisation. Scharnhorst und Gneisenau reformierten das Heer, stürzten das Privileg des Adels, Offiziersstellen zu besetzen, befreiten die Soldaten von der friderizianischen Zuchtrute, verbreiteten die Ideen fortschrittlicher Strategie und Taktik, erstrebten die Einführung der allgemeinen Wehrpflicht. Es war keine demokratische Umwälzung im Stil der großen Französischen Revolution. Es waren Neuerungen, die «von oben» kamen, auf dem Wege staatlicher Administration — ohne eine grundstürzende Umwälzung der Herrschaftsverhältnisse, ohne die ökonomische und politische Entmachtung des Adels. Die bürgerlich-demokratische Revolution, notwendig und möglich in späterer Zeit, wurde durch sie nicht aufgehoben. Aber es waren Reformen, die den qualitativen Wandel der Gesellschaft eröffneten und die Friedrich Engels den «Beginn der bürgerlichen Revolution in Preußen» genannt hat.

Die zeitgenössischen Gegner dieser Umwälzung urteilten im Geiste der Konterrevolution und der Fremdherrschaft.

Seitdem der nationale Unabhängigkeitskampf mit bürgerlichen Reformen vorbereitet wurde, rückten inländische Reaktionäre und ausländische Besatzer zusammen. Ein jeder wünschte Ruhe und Ordnung auf seine Weise: der preußische Adel im Sinne seiner feudalen Standesprivilegien, die Franzosen im Sinne ihrer fremdherrschaftlichen Machtstellung. So fanden sie eine gemeinsame Sprache.

«Lieber drei Schlachten von Jena und Auerstedt als ein Oktoberedikt» — lautete der zum Sprichwort geronnene Widerstand vieler Landadliger und Hofschranzen gegen die Aufhebung der Erbuntertänigkeit. Junker von der Marwitz schimpfte den Reichsfreiherrn Stein ein «Haupt der Verräter», die die Revolution ins Land brächten: «Er fing mit ihnen (und an Gehilfen aus den anderen Klassen fehlte es nicht) die Revolutionierung des Vaterlandes an, den Krieg der Besitzlosen gegen das Eigentum, der Industrie gegen den Ackerbau, des Beweglichen gegen das Stabile, des krassen Materialismus gegen die von Gott eingeführte Ordnung ...» So kämpften die politisch Konservativen gegen die liberale Adelsfraktion.

Auch die Kundgaben der napoleonischen Generale klangen ganz konservativ. Marschall Davout proklamierte am 30. November 1808 an die Berliner: «Hier so wie überall gibt es *überspannte Köpfe und Abenteurer*, welchen der *Umsturz aller Ordnung* und jede Neuerung ein Gegenstand der Hoffnung und ein Bedürfnis ist; diese schädlichen Köpfe sind im Zaum gehalten worden. Der Adel, die Eigentümer, die Geistlichkeit, der Bürger und der Kaufmann und alle Einrichtungen, auf welchen die gesellschaftliche Ordnung beruht, sind gegen alle Versuche jener Neuerer verteidigt worden.» So weit entfernt standen Napoleons Generale vom Jakobinertum, so weit entfernt war das Kaiserreich des Jahres 1808 von der Republik des Jahres 1793: Großbürgerliche Machtpolitik fürchtete die Vereinigung der Fortschrittsidee mit der Idee des nationalen Widerstands in Deutschland.

Schon aber hatte Staatsminister Stein in leidenschaftlicher Ungeduld seinen Gegnern die willkommene Blöße dargeboten. Ein unverschlüsselter Brief, der Angaben über Aufstandsvorbereitungen im Großherzogtum Hessen und im Königreich Westfalen enthielt, wurde von Reformgegnern an die Franzosen verraten. Napoleon erklärte

Stein zum Feind Frankreichs und des Rheinbundes, er befahl seine Verhaftung.

Am 3. Dezember, als die Besatzungstruppen Berlin räumten, war in der Spenerschen Zeitung neben einer Warnmeldung über die Tätigkeit patriotischer Geheimbünde auch der fromme Wunsch Davouts abgedruckt: «... daß das Mittel für alle diese *ungereimten Ideen*, für alle diese *Projekte der Unordnung und der Revolution* die Gegenwart Seiner Majestät des Königs in seiner guten Stadt Berlin wäre ...» Die Hoffnung war nicht aus der Luft gegriffen. Denn Friedrich Wilhelm III. war mit der Pariser Konvention (8. September 1808) an die Seite Frankreichs getreten, auch hatte er, dem wütenden Druck des konservativen Adels und Napoleons nachgebend, am 24. November 1808 den Minister Stein aus dem Amte entlassen.

Steins Sturz zerriß ein reformatorisches Wirken, dessen Ziele über die schon vollzogenen Änderungen hinausragten. Das «Politische Testament», das der Gemaßregelte seinen Helfern und Nachfolgern hinterließ, bezeichnet die weiteren Schritte der bürgerlichen Umwälzung: Aufhebung der Patrimonialgerichtsbarkeit und damit Angriff gegen die politische Macht des Adels auf dem Lande, Wandlung des Adels durch Beseitigung der Geburtsprivilegien und Verleihung des Adelstitels für hervorragende Verdienste, Einführung eines Parlaments als Nationalrepräsentation und Erlaß der allgemeinen Wehrpflicht. Mit Ausnahme der militärischen Reorganisation wurde Steins Vermächtnis nicht erfüllt. Seine Entlassung besiegelte die augenblickliche Niederlage der Reformpartei. Es obsiegte die Unterwerfungspolitik Friedrich Wilhelms III. unter die gewaltigen Bündnispartner des Kontinents — Napoleon und den Zaren.

So schmiegte sich das preußische Königtum in die französischen Ketten. Der Pariser Vertrag gebot neue Demütigungen: unerfüllbare Kontributionspflichten, französische Festungstruppen an Weichsel und Oder, scharfe Begrenzung der Armee auf 42000 Mann und Bereitstellung preußischer Hilfstruppen für Frankreich, falls es gegen Österreich zu einem Krieg käme.

Aber die gesellschaftlichen Kräfte in Preußen, auch in Berlin, blieben widersprüchlich. Das Pro und das Kontra zur napoleonischen Hegemonialpolitik ging mitten durch absterbende Stände und aufstrebende Klassen.

Mit Napoleons Diplomaten, die als argwöhnische Beobachter in

Berlin blieben, kollaborierte eine Clique des Hochadels, angeführt von dem Fürsten Hatzfeld, einem erbitterten Gegner Steins, dessen nationale Aufstandspläne er denunziert, bei dessen Sturz er nachgeholfen hatte.

Auch die Beamtenschaft verkehrte mit den Franzosen, doch weniger aus Neigung oder gar Verrat, sondern gemäß den Dogmen absolutistischer Staatsräson. Danach übertrug ein besiegter Monarch seine Gewalt teilweise auf den Sieger, und die Staatsdiener hatten nichts weiter zu tun, als gegenüber diesem ihre formale Pflicht zu erfüllen. So hatten die Bürokraten dem Eroberer Napoleon den Amtseid geleistet, verwalteten sie nun Berlin und das Land ringsum zugleich im Sinne der königlichen Befehle, die aus dem fernen Königsberg kamen: Sie trieben Abgaben und Steuern ein, um den Staatsbankrott aufzuhalten, die Kriegskontribution zu zahlen, sie suchten mit Mühe – je pedantischer, desto erfolgloser – die Unwillensbezeugungen gegen Frankreich zu unterdrücken. Erst unlängst hatte der König, in der Kabinettsorder vom 28. November, im Falle seiner Heimkehr für die Berliner angeordnet: «Bloß der geräuschlose Ausdruck ihrer Gefühle in kindlich frommem Sinn» sei seinen Wünschen angemessen. Und fast augenblicklich war in die bürokratischen Seelen die Wollust genauester Diensterfüllung gefahren. Magistrat, Oberpräsidium, Staatsministerium waren sogar bei der Auswahl von Predigttexten, Gebeten und Kirchenliedern auf die «so höchst nötige Vorsicht und Umsicht» bedacht, um innen- und außenpolitische Konflikte zu verhüten.

Ganz anders die adligen Offiziere, die jählings aus altgewohnter Bahn geworfen waren! Sie büßten auf den Schlachtfeldern des vergangenen Kriegs ihre Ehre ein. Zusammen mit der Anmaßung, Preußens glänzendster und zuverlässigster Stand zu sein, verloren sie aber auch die friderizianische Armee, die Quelle ihres Lebensunterhalts. Kaum jeder Zehnte fand Anstellung bei der neuen, zwerghaften Streitmacht. Seit ihrer Jugend auf Gamaschendienst und Kriegshandwerk beschränkt, waren sie meist unfähig, sich durch eigener Hände Arbeit zu ernähren, geschweige denn, sich eine dauerhafte bürgerliche Existenz aufzubauen. So lebten sie als Zielscheibe des Bürgerspotts mit karger Rente in den Städten oder auf den Landgütern ihrer adligen Anverwandten – und schürten verbittert den Haß gegen Frankreich.

Der französische Generalstabsoffizier Flolard meldete in einem Bericht an den Marschall Davout: «Das Unglück hat die Militärs nicht gewandelt. Sie haben ihren stolzen, überheblichen Geist nicht verloren, der stets kennzeichnend für sie war, und bezeigen mit Vorliebe Verachtung für die Franzosen ... Sie versuchen, die Schmach ihrer Niederlage zu bemänteln, indem sie sagen, sie seien betrogen und nicht besiegt worden.»

Auch bei den bürgerlichen Klassen war die Stimmung geteilt.

Unter den Manufakturbesitzern und Handwerkern gab es Franzosenfreunde, die wendig genug gewesen waren, aus den Bedürfnissen der Besatzungsmacht materiellen Gewinn zu ziehen: Im Zeughaus, auch in den eigenen Werkstätten, hatten sie militärische Ausrüstungen und Waffen hergestellt. Die zumeist rechtlosen jüdischen Intellektuellen, Unternehmer und Bankiers, die weniger preußisch als weltbürgerlich dachten, deren Glaubensbrüder in Frankreich, teils auch in den Rheinbundstaaten, bürgerliche Gleichheit und Freiheit genossen, erblickten in Napoleon schlechthin den Repräsentanten des gesellschaftlichen Fortschritts. An diese Teile der bürgerlichen Klassen dachte Flolard, der weiterhin an Davout berichtete: «Unter den Bürgern gibt es sehr verständige Leute ..., und das ist ein Glück für Berlin, ohne sie würde die Stadt binnen kurzem einer völligen Anarchie anheimfallen.» Dann folgen Worte von untrüglicher Nüchternheit. «Das übrige Bürgertum, das eine heftige Abneigung gegen die Franzosen hegt, denkt wie die Militärs und der größte Teil des Volkes ... Die Preußen glauben im allgemeinen an den Krieg.»

Da waren die unproduktiven Hausbesitzer, Staatsrentner, niederen Beamten, ächzend unter der wachsenden Not: 600 Häuser wurden dem Magistrat zur öffentlichen Verwaltung übereignet. Da waren die kleinbürgerlichen Handwerksmeister, meist noch in die Standesenge ihrer Zünfte gesperrt, für einen lokalen Markt produzierend, auf dem Kaufkraft und Nachfrage sanken, weil Kriegs- und Steuerlasten anstiegen. Da waren eineinhalbhundert Fabrikanten mit ihren Seiden-, Woll- und Baumwollmanufakturen, ihren Kattundruckereien, ehemals vom Staate begünstigt, bei glänzender Konjunktur, jetzt im Würgegriff napoleonischer Zollpolitik: Der Absatz stockte, die Teuerung der ausländischen Farbwaren erdrückte die Wollproduktion, die Rummelsburger Tuchmacher verarmten, die Köpenicker Seidenmanufakturen brachen zusammen.

Die ökonomische Krise steigerte die Verelendung der arbeitenden Klasse. Wohl hatten die Statistiker zu Jahrhundertbeginn 49438 Handwerksgesellen, Arbeiter und Tagelöhner in den gesamten hauptstädtischen Betrieben gezählt, jeder achte Berliner hatte in den Manufakturen der Textilindustrie seinen Lebensunterhalt gefunden. Aber Lohneinbuße, Arbeitslosigkeit und Hunger trieben jetzt 21400 Arbeiter aus der Stadt. Überdies lungerten die abgemusterten Soldaten der altpreußischen Armee als Lumpenproletarier auf den Straßen.

Die Existenzkrise der Zunfthandwerker und der Plebejer war seit Generationen schon Verfallszeichen der Feudalgesellschaft. Jetzt wurde sie fast nur noch als eine Folge der Franzosenherrschaft empfunden, die mit ihren Dekreten nicht nur die politische Lage des Staates, sondern auch die materielle Lage des Volkes verschlimmert hatte. Und es wirkten Kräfte genug, die diese Lage und das von Illusionen getrübte Bewußtsein der Massen kräftig benutzen wollten.

Wieder berichtet Flolard: «Dieser kriegerische Geist, der mit dem Haß gegen die Franzosen im Einklang steht, behagt manchen Bürgern und dem größten Teil des Volkes so, daß er durchaus von Einfluß auf die öffentliche Meinung ist ... Das Volk in Berlin ist durchaus ungebildet und treibt dorthin, wo es seinen Vorteil sieht. Diejenigen, die durch den Aufenthalt der Truppen in der Hauptstadt Geld verdient haben, würden sich freuen, wenn die Franzosen wiederkämen. Die andern – und das ist die Mehrzahl – lassen sich von der Meinung der Militärs einnehmen, weil diese ihrer Abneigung gegen die Franzosen schmeichelt.»

So vereinigten sich die Stimmen der Unzufriedenen und Bedrückten zu einer antifranzösischen Mehrheit, deren Bewußtsein auf sehr verschiedenen Stufen der Erkenntnis stand.

Die radikalen Schriftsteller Buchholz und Cölln, auch die reformpatriotischen Anhänger Steins, verkörperten das Streben nach bürgerlichem Fortschritt und nationaler Unabhängigkeit. Sie hatten sich zu einer Erkenntnis durchgerungen, die sie befähigte, über enge dynastische Interessen hinauszudenken: Nicht nur der Bestand der Hohenzollernmonarchie, sondern das selbständige Wachstum der deutschen Nation war bedroht. Nicht Preußen allein, ganz Deutschland mußte von der Fremdherrschaft erlöst werden!

Die Masse der Gegner Napoleons aber hinkte dieser Avantgarde des fortschrittlichen Nationalbewußtseins nach. Sie tastete in dumpfer Ahnung nach einem Ausweg aus der Krise des feudalen Systems. Sie war zugleich noch befangen im Traditionalismus der alten Gesellschaft und in naiver Anhänglichkeit an das Königtum von Gottes Gnaden.

Diese Bewegung, die in der Negation gegen Napoleon vereinigt war, trug ein Bedürfnis nach Persönlichkeiten: willens und fähig, in der allgemeinen Not die gemeinsamen Interessen und Ziele der zwiespältigen Masse auszudrücken. Denn auch hier galt objektiv der Satz, daß die Idee erst zur materiellen Gewalt wird, wenn sie die Massen ergreift.

An die Mischung von Glauben und Wissen, Gefühl und Gedanke, Stimmung und Tatbereitschaft knüpfte der protestantische Theologe Schleiermacher an. «Niemals kann ich dahin kommen, am Vaterlande zu verzweifeln; ich glaube zu fest daran, ich weiß es zu bestimmt, daß es ein auserwähltes Werkzeug und Volk Gottes ist. Es ist möglich, daß all unsere Bemühungen vergeblich sind und daß vor der Hand harte und drückende Zeiten eintreten, aber das Vaterland wird gewiß herrlich daraus hervorgehn in kurzem.» So predigte er von der Kanzel in Berlin: Das nationale Unglück sei Prüfung und Läuterung auf dem Weg in eine bessere Zukunft. Religiosität müsse nicht Kenntnis von starren Dogmen, sondern Begreifen der sich wandelnden Welt, müsse nicht träge Furcht vor Gottes Allmacht, sondern tatfreudiges Leben sein, damit die göttliche Vernunftordnung in Natur und Gesellschaft verwirklicht werde. Der Prediger stärkte das Selbstgefühl der Gläubigen. Er gab dem vielfarbenen Patriotismus eine Hoffnung und religiöse Weihe.

Der Philosoph Fichte hatte im Akademiegebäude seine «Reden an die deutsche Nation» gehalten, er brachte sie nun auch als Buch an die Öffentlichkeit. Vierzehn Reden mit schweren, verbauten Satzperioden, philosophischen Begriffen und Definitionen, mühsamen Höhenwanderungen des Geistes ins abstrakte Reich des Idealismus – kaum verständlich für die Masse des ungebildeten Volkes. Aber Reden von einer gewaltigen Spannung, die dem Ringen um politische Philosophie und philosophische Politik entsprang. Hier wurden aus kollektiven Eigenschaften, Gefühlen, Ahnungen neue Erkenntnisse gewonnen. Und weil für Fichte, den Philosophen des subjektiven Idealismus, nicht das Sein bestimmend auf das Bewußtsein wirkte, sondern umgekehrt das Kollektivwesen Mensch als ein «Schöpfer aller Dinge» galt, focht er mit den für ihn eigentümlichen Waffen: Radikalität des Selbstbewußtseins, Überzeugung von der Notwendigkeit des Handelns, Freimut streitbarer Parteinahme, unzweifelhaft tiefe Liebe zum Volk. «Wir werden im Fortgange dieser Reden ersehen, daß bis hierher alle Fortentwicklung der Menschheit in der deutschen Nation vom Volke ausgegangen und daß an dieses immer zuerst die großen Nationalangelegenheiten gebracht und von ihm besorgt und weiterbefördert worden ...»

Selbst Sohn eines Lausitzer Bandwebers, also Kind der arbeitenden Klasse, hatte er als ein Schüler Rousseaus das Recht des Volkes auf Revolution verfochten und sogar die Prinzipien der französischen Jakobinerdiktatur anerkannt. Das hatte seinen Schriften die Bezeichnung «Guillotine aus Papier», ihm selbst den Namen «Patriarch der deutschen Sansculotten» und öffentliche Morddrohungen eingebracht. Obgleich Anhänger revolutionärer Gewalt, sofern sie für das Lebensinteresse der Volksmassen nötig war, erblickte er in Napoleon einen Despoten, der die Verheißungen der Freiheit, Gleichheit und Brüderlichkeit mit Füßen trat. So war er – wie andere deutsche Jakobiner – vom Kosmopolitismus zum demokratischen Nationalbewußtsein fortgeschritten. Er nannte Sprache und Literatur die schon sichtbaren Merkmale der deutschen Nation, wünschte aber «Handelsunabhängigkeit» und die Gewalt eines freiheitlichen Staats hinzu.

Auch Fichte erkannte in der Fremdherrschaft die akute Gefährdung nationaler Existenz. Doch anders als Buchholz und Cölln, auch als die Reformatoren um Stein, suchte er nicht in sozialen und politischen Reformen die Vorbereitung nationaler Selbstverteidigung. Die Heilmittel des idealistischen Philosophen waren rein geistiger Natur. Er empfahl die «gänzliche Veränderung des bisherigen Erziehungswesens ... als das einzige Mittel, die deutsche Nation im Dasein zu erhalten». Denn der Aufstand aus innerer Rückständigkeit und äußerer Not müsse durch die geistige Neubelebung der Volkskräfte gelingen. Diese Erziehungsidee, die methodisch auf den Lehren des Schweizers Pestalozzi aufbaute, zielte ganz auf deutsche Einheit und Unabhängigkeit. «Wir wollen durch die neue Erziehung *die Deutschen zu einer Gesamtheit bilden*, die in allen ihren einzelnen Gliedern getrieben und belebt sei durch dieselbe eine Angelegenheit ... Es bleibt sonach uns nichts übrig, als schlechthin *an alles ohne Aus-*

nahme, was deutsch ist, die neue Bildung zu bringen, so daß dieselbe nicht Bildung eines besondern Standes, sondern daß sie *Bildung der Nation schlechthin* als solcher und *ohne alle Ausnahme einzelner Glieder* derselben werde ... und daß auf diese Weise unter uns keineswegs Volkerziehung, sondern eigentümliche *deutsche Nationalerziehung* entstehe.»

In dieser Lage zwischen Zusammenbruch und Wiedererhebung, wo die Volksmassen das Doppeljoch feudaler Ordnung und bürgerlicher Fremdherrschaft noch schleppten, wo keine großen Aufstände eine revolutionäre Situation anzeigten, neigte Fichte zum Kompromiß mit dem Adel, interessierte ihn außer der freiheitlichen Erziehung aller Deutschen die Stellung der Klassen zum Staat nicht unmittelbar. Er erwartete – wie Goethe und Schiller, die er sonst durch kämpferische Aktivität überragte – die Hilfe aufgeklärter Fürsten für die Bildung des neuen Menschen und Bürgers. Der Größe und Abstraktion seines idealistischen Plans entsprach die Unverbindlichkeit im Kleinen und Konkreten. Die nationale Erziehungskonzeption war Spiegelbild der politischen Haltung eines Bürgertums, das seine antifeudale Hegemoniefunktion noch nicht wahrnehmen konnte. Aber wo Bedürfnisse unklar empfunden und Aufgaben unscharf gesehen werden, da können solche Pläne zeitweilig Leere füllen. So drang die Nationalidee des ehemaligen Weltbürgers und Jakobiners langsam durch: Die deutsche Nation sollte sich durch das Mittel der Erziehung konstituieren, sie sollte ein Hüter der menschheitlichen Kultur und somit ein schwerttüchtiger Messias aller Völker werden. «Es ist daher kein Ausweg: Wenn ihr versinkt, so versinkt die ganze Menschheit mit, ohne Hoffnung einer einstigen Wiederherstellung.»

Fichte begriff sich als der Beginner im nationalen Geiste, dem ein Beginner der nationalen Tat folgen mußte. «Dies war der erste Schritt zu dem Ziele einer durchgreifenden Verbesserung; irgendeiner mußte ihn tun. Ich war der, der es zuerst lebendig einsah; darum wurde ich der, der es zuerst tat. Es wird nach diesem irgendein anderer Schritt der zweite sein; diesen zu tun, haben jetzt alle dasselbe Recht; wirklich tun aber wird ihn abermals nur ein einzelner. Einer muß immer der erste sein ...» – Buchholz und Cölln hatten als objektive Idealisten die Gesetzmäßigkeit des historischen Prozesses ausgesprochen. Fichte bezeichnete als subjektiver Idealist überdies die Gesetzmäßigkeit des Auftretens historischer Persönlichkeiten.

Früher und tiefer als ihre Zeitgenossen begreifen die zur Führung Befähigten die Widersprüche des gesellschaftlichen Lebens. Sie weisen den Weg, der zur Lösung führt, bringen die «großen Nationalangelegenheiten an das Volk» und versetzen die Triebkräfte des Fortschritts aus dem Zustand der Unwissenheit und der Perspektivlosigkeit in schöpferische Bewegung. In der Entwicklungskrise der deutschen Nation verlangten Unruhe und Unordnung der Massen nicht nur nach Männern des Geistes, sondern auch nach Männern der Tat — kraftvoll und kühn, politisch fortgeschritten, militärisch erfahren und im Volke beliebt. Ihr Auftritt auf dem historischen Welttheater war objektiv notwendig. Sie mußten kommen, mußten ihre Anhänger um die Kriegsflagge des nationalen Widerstands versammeln. Aber dem Zufall blieb überlassen, wer der Mann sei, der in entscheidender Stunde den Volksmassen das Fanal zum Kampf gegen Frankreich entzünden würde.

Lebenslauf und Legende

Der Name Ferdinand Baptista von Schill war am 10. Dezember 1808 ein Losungswort aller Bewegungen, die gegen Napoleon vereint strömten: der preußisch-dynastischen und der deutsch-nationalen Kräfte, der traditionellen und der fortschrittlichen Patrioten.

Ein Kabinettsbefehl hatte Schill mit königlichem Wohlwollen ausgestattet und ihn ermächtigt, an der Spitze reformierter Armeeteile Berlin zu besetzen. Denn er konnte den unerwünschten Zwiespalt, der seit den Tagen von Jena und Auerstedt zwischen der Offizierskaste und dem Volke breiter klaffte als je, überbrücken helfen. War er doch volkstümlicher Inbegriff der wenigen tadelfreien Offiziere, die im Chaos der Niederlage, der schmählichen Flucht, der feigen Kapitulationen, den Franzosen bis zur letzten Minute getrotzt und den Preußen das Beispiel des ungebrochenen Widerstands vorgelebt hatten. In der Zeitschrift «Neue Feuerbrände» hatte ihn Friedrich von Cölln vor dem düsteren Hintergrund des Staatsruins hell belichtet: «Wenn man die Geschichte des preußischen Staates in dem letzten Jahre übersieht, so kömmt dem Zuschauer das Ganze vor, wie das Gemälde eines Pfuschers, worauf alle Figuren im Schatten stehen oder mißgestaltet und nur wenige Personen beleuchtet sind. Zu diesen Beleuchteten gehören unstreitig Schill und noch einige wenige, die ihre Pflicht erfüllten, alles übrige ist schwarz oder verkrüppelt.»

Der 33jährige Husarenoffizier – noch 1806 mit dem mißlichen Ruf belastet, einer der ältesten Leutnante der ganzen Armee zu sein – war wie aus dämmriger Tiefe emporgestiegen. Er hatte den Majorsrang und den Orden Pour le mérite als glänzenden Lohn für Entschlußkraft und Tapferkeit keck ergriffen und so auch den Neid friderizianischer Gimpel auf sich gezogen. Aber die Herzen derer, die kein Adelswappen führten, schlugen ihm entgegen, und auch in den Wunschträumen jener, die nach Anerkennung und Ruhm strebten, gaukelte sein leuchtendes Heldenschicksal die Möglichkeit des eigenen Glückes vor.

Was Schill wirklich erst volkstümlich machte, waren Eigenschaften, die der spontanen Unruhe und der Abneigung gegen Kadavergehorsam entsprachen. Nicht als Drillmeister gepreßter oder gedungener Liniensoldaten, sondern als Freikorpsführer, als eine Art von Guerillas hatte er die Höhe seines Ruhms erklommen.

Temperament, Begabung, Neigung lassen an den Vater denken. Denn Schill war der Sohn eines ebenso tatkräftigen wie unsteten Freikorpsführers aus Teplitz in Böhmen, der die österreichischen, sächsischen, preußischen Soldherren wechselte wie seine Hemden, mit zusammengekauften Reitertrupps, Parteigänger genannt, durch Handstreiche, Überfälle, Streifzüge den Kleinen Krieg abseits der Schlachtfelder großer Kriege betrieb. Er hatte mit bürgerlichem Namen Johann Georg Schill geheißen, auf unbekannte Weise den Adelstitel erworben und bei der Heirat mit Margarethe Traglau, Tochter des Stadtquartiermeisters zu Eger, auch ihr das «Von» der Hochgeborenen in den Trauschein gemogelt. Zuletzt stand er im Dienste Friedrichs II., erzog – als Oberstleutnant in Schlesien zur Ruhe kommend – seine vier Söhne nach der Faustregel: Reiten und Jagen, nicht Gewerbe und Wissenschaft, machen den ganzen Mann.

Ferdinand, am 6. Januar 1776 in Wilmsdorf bei Dresden geboren, war der Jüngste unter den Sprößlingen, die dem Vater nachwuchsen und der Reihe nach preußische Kavallerieoffiziere wurden. So geriet er – nach väterlichem Beschluß – mit 14 Jahren in das Dragonerregiment Ansbach-Bayreuth. Er überstand die Feldzüge, die im alten Jahrhundert gegen Frankreichs revolutionäre Republik geführt wurden, ohne Auszeichnung, also ohne falsches Heldentum; er versah seit 1795 den stumpfsinnigen Garnisondienst bei Pasewalk unauffällig, wenn nicht sogar nachlässig. – Friedrich von Cölln fand wiederum eine Erklärung, die für Schill die Zuneigung des Volkes gewann: «... Man bemerkte ihn nicht, denn er vertat kein Geld, radotierte und bramabasierte nicht, machte keine Schulden, spielte nicht und sah nicht alles, was keinen Federbusch trug, über die Achsel an.»

Endlich brachte der Krieg von 1806 und 1807 für Schill die Gelegenheit der Bewährung. Als nämlich die zwerghaften Epigonen Friedrichs II. dem gewaltigen Strategen Napoleon unterlagen, lockerten sich die Dogmen, die das Heerwesen gefesselt hielten. Es entstand Spielraum für neue Ideen und persönliche Initiative.

Schill focht bei Auerstedt, erlitt eine Kopfwunde im Reiterscharmützel. Er flüchtete mühsam nach Kolberg in Pommern, bei Schmerzen und Wundfieber beseelt von dem einen Gedanken: aus versprengten Soldaten, entflohenen Kriegsgefangenen, patriotischen Bürgern und Bauern ein Freikorps für den Kleinen Krieg gegen Napoleon zu bilden. Mit sechs Kürassieren und einer Kriegslist glückte ihm der erste Handstreich, mit einem Korps von 1500 Reitern und Fußsoldaten kämpfte er wenig später in regulären Gefechten gegen die Eroberer. Er fand in Gneisenau, dem Verteidiger Kolbergs, einen Vorgesetzten, der die Kampfkraft regulärer Truppen durch Volksinsurrektion vervielfachen wollte und der Schill sicher beurteilte: kein talentvoller Anführer eines großen Korps, kein kenntnisreicher, kühler Kopf, aber ein tapferer Fechter, lebhafter Charakter, geborener Freischärler, dessen Volkstümlichkeit viele Teilnehmer sammeln wird ...

Freiwilligkeit und naives Staatsbewußtsein hatten Schills bunte Schar zusammengeführt. Das wog in der tiefsten Krise Preußens doppelt schwer, verpflichtete sogar, Treue und Opfermut der Kämpfer mit Achtung zu belohnen. Die Soldatenmißhandlungen und das Adelsprivileg bei der Besetzung von Offiziersstellen wurden abgeschafft. Ehrengerichte sprachen Lob und Tadel aus. Tirailleurtaktik gestattete persönliche Initiative im Gefecht. Tapferkeit vor dem Feind bahnte den Aufstieg zum Offizier. Verbundenheit mit dem Volke war Bedingung für jedes Gelingen des Kleinen Krieges. – So unterschied sich Schills Freikorpspraxis von Söldnergeist und Parteigängerei des eigenen Vaters. Auch von der Heeresverfassung der preußischen Armeereste, die meist im alten Zwange fortlebten. Schill hatte begriffen, was im Kampf gegen Napoleons bürgerlich freie Soldaten vonnöten war: Er hatte für sein Freikorps die Heeresreform Scharnhorsts und Gneisenaus im kleinen vorweggenommen.

Nun, im Winter 1808, lobten Konservative und Fortschrittler, soweit sie die Unabhängigkeit Preußens oder ganz Deutschlands wünschten, Schill zum Helden empor. Die einen, damit die friderizianische Armee besser erscheine als sie gewesen. Die anderen, damit der Leichnam dieser Armee vollends begraben und ein modernes, wehrhaftes Heerwesen, mit Offizieren wie Schill vor der Front, geschaffen werde.

Wohl hetzten diejenigen Kollaborateure des Adels, die sich an die Franzosen wie an ein Halteseil klammerten, um von der Welle bürgerlicher Reformen nicht weggespült zu werden, gegen Schills Freikorps: Ungehorsam, Disziplinlosigkeit, rebellische Ausschweifung. Feldmarschall Kalckreuth schimpfte den Freikorpsführer einen närrischen Bärentreiber, dem die Volksgunst aus Sensationslust zulaufe.

Aber der Vorwurf, ein Narr zu sein, kehrt sich mitunter zum Lobe um. Verehren die Engländer ihren listenreichen Robin Hood, die Türken ihren witzigen Nasreddin Hodscha als legendäre Gestalten eines volkstümlichen Patriotismus, so lieben die Deutschen und die Niederländer ihren grobianisch-freisinnigen Till Eulenspiegel. Narrheit ist hier die Maske des Widerstands: List, die den dummen Feind hinters Licht führt, Tapferkeit des Geistes, die den plumpen, nur körperlich kämpfenden Feind wie ein Ei in die Pfanne schlägt. So feiert und unterstützt das Volk seine Helden am liebsten.

Gegen Kalckreuth sagte das «Hamburger politische Journal»: «Ist aber Schill wirklich ein Tor, nun, so muß jeder Patriot wünschen, daß das Schicksal seinem Vaterland recht viele solcher Narren gebe.»

Die Soldaten, die Bürger und die Bauern in Preußen webten schon eine Legende um Schill. Seine Überfälle und Streifzüge bei Kolberg, teils Partisanenstreiche von sinnvoller Kühnheit, teils abenteuerliche Waghalsigkeiten mit schlechtem Ausgang, werden ins Fabelhafte gehoben. Sie erscheinen vergrößert, vervielfacht und wunderlich verklärt: Da haut Schill ganz allein sechs Franzosen nieder, erbeutet er ihre Pferde, Uniformen, Waffen als Siegestrophäen, läßt er seine bestürzten Verfolger durch den Pferdsprung über einen sonst unüberwindlichen Graben hinter sich. – Mit wenigen Getreuen im Walde versteckt, schreckt er die zahlreiche Begleitmannschaft einer Versorgungskolonne nur durch Attacke schmetternde Trompeten in die Flucht, dankt er im Brief an den feindlichen General dann spöttisch: Die Heeresgüter seien zwar richtig eingetroffen, aber die Uniformröcke für die breitschultrigen Preußen zu eng, was zukünftig doch die französischen Schneider freundlichst beachten möchten. – Auch erscheint Schill als Bauer verkleidet auf einem französischen Tanzabend, prostet laut auf die Gesundheit des Preußenkönigs, massakriert einen Offizier, der daran Anstoß nimmt, und führt mit Hilfe herbeistürzender Freunde den Rest der illustren Gesellschaft als Gefangene ab. – Dann soll er vier ungewöhnlich schöne Pferde Napoleons erobert, auf dessen briefliches Angebot eines Lösegeldes und die Anrede «An den Räuberhauptmann von Schill» schlagfertig erwidert haben: «Herr Bruder! Daß ich Ihnen vier Pferde abgefangen, macht mir um so mehr Vergnügen, als ich aus Ihrem Brief ersehe, daß Sie einen hohen Wert auf sie setzen. Gegen die angebotenen 1 000 Taler für das Stück kann ich sie Ihnen nicht zurückgeben. Wollen Sie aber die vier Pferde, die Sie von dem Brandenburger Tor in Berlin weggestohlen haben, wieder dort aufstellen lassen, so stehen Ihnen die von mir in Beschlag genommenen ganz unentgeltlich zu Diensten.»

Das ist patriotische Überhöhung der Wahrheit. Phantastische Ruhmredigkeit, die einen braven Major in die schimmernde Rüstung des Helden steckt. Schills Fabelleben ist ausgesponnen in Wachlokalen, Bauernstuben und Bierschenken, nicht zuletzt auch am Schreibtisch sensationmachender Literaten. Würde ein Skeptiker es nur wagen, die Verwundungen zu zählen, die Schill den Anekdoten zufolge erlitten hat, sie müßten so zahlreich und schrecklich sein, daß der Held mit zerstückeltem Körper noch Ruhmestaten verrichtete.

Wie sich an Schills natürliche Wirksamkeit die unnatürliche Legende knüpft, so an die Legende der Kult, der die Dinge des Alltags effektvoll überspinnt: Schills Bild auf Tassen, Schüsseln, Dosen und Tabakspfeifen, mit rotem Zucker auf Torten gespritzt. Die Schulbuben nach Schill frisiert und mit papiernen Husarenmützen martialisch einherschreitend. Die romantischen Verse Friedrich de la Motte-Fouqués, die für einen baldigen Freiheitskrieg den Sieg unter Schills Fahnen verkünden, auf Kalendern gedruckt und in Holztafeln geschnitten. «Major von Schill zu Pferde: ein neues, sehr gleiches Bildnis dieses Helden, 12 Zoll hoch, 10 Zoll breit, das auch die Kenner der Reitkunst überraschen wird», bieten Gebrüder Henschel, die vielleicht guten Handwerkerdurchschnitt vertreten, als Kupferstich in der Spenerschen Zeitung feil. Aber sogleich beeilt sich der «akademische Künstler» Quittschreiber, die «nach der Natur modellierte Büste, welche den Helden in Lebensgröße im Husarenkostüm darstellt, aus feinem weißem Alabaster, das Exemplar zu 2 Friedrichsdor», an gleicher Stelle anzupreisen.

So rückt ein Lebender zu übermenschlicher Größe auf. Aber er bleibt den Herzensbedürfnissen der Naiven vertraut und nah: Ein armes Mädchen bittet bei Schill für sich und die Mutter um Geld, die Mietschulden zu bezahlen. Eine Witwe braucht ebenfalls Unterstützung, will auch ihren Sohn für Schill zum Soldaten erziehen. Ein Apotheker schickt seine selbsterfundene Schönheitssalbe. Ein Coswiger Korbmacher fordert Reisegeld, um Schill ein Mittel zu bringen, das gegen Hieb, Stich und Schuß unverwundbar mache.

Diese Gelegenheiten, Held und Retter zu sein, blieben nicht ungenutzt. Schill ließ Anzeigen und Dankschreiben unter seinem Namen in die Zeitung einrücken. Er saß geduldig den bildenden Künstlern. Er schickte den Bittstellern Geld und machte Schulden, weil er die eigenen kargen Ersparnisse für das Allgemeinwohl nur zu rasch verbraucht hatte. Er schrieb dem Coswiger Zaubermann, daß ein Soldat Wunden nicht fürchten dürfe, denn ein ehrenvoller Tod auf dem Schlachtfeld sei sein höchster Wunsch.

Schill war ein Magnet, der echte Patrioten, aber auch Neugierige und Schwärmer wie Eisenfeilspäne anzog. Gerichtspräsident Grolman schrieb an seinen Sohn, den Mitarbeiter Scharnhorsts: «Die Freude, womit der Schill hier aufgenommen ist, wirst Du wohl aus den Zeitungen gelesen haben. Zum Teil wird sie übertrieben und fällt ins Lächerliche. Wo er sich in einer Gesellschaft sehen läßt, wird er von einem Schwarm Menschen ... umgeben und angestaunt. Die Mädchen sind stolz darauf, wenn er mit ihnen getanzt hat. Hätte er den Staat von den Franzosen befreit oder eine Schlacht gewonnen, man könnte es nicht weiter treiben.»

Selten ein Tag, keine Woche verging ohne Hochrufe, Umarmungen, Festlichkeiten, amtliche Ehren für Schill. Auch für seine Offiziere und Soldaten, auf denen der Abglanz ihres vergötterten Kommandeurs nachleuchtete. Am 11. Dezember: Empfang im Hause der königlichen Prinzen, wo die Kurprinzessin Auguste von Hessen-Kassel, Schwester des Königs, Schills dunkel-feurige Augen anschwärmt und in ihm den Wiedereroberer ihres an Napoleon verlorenen Feudalfürstentums vorauszusehen glaubt. Am 19. Dezember: Geldsammlung für Schills Truppen, damit die Freiwilligen, die begeistert herbeiströmten, eingekleidet werden können. Am 25. Dezember: Ball im «Englischen Hause» und Auszeichnung Schills mit einem goldenen Ehrensäbel der Stadt Berlin, die ihren Dank dem angeblichen «Retter Kolbergs» auf blitzender Klinge eingraviert hat. Auch flattern Briefe aus vielen Gegenden Preußens heran: Sie feiern in Schill den Wegbereiter einer glücklichen Zukunft, verkünden ihm eine «Bahn der Ehre bis zur höchsten Stufe», preisen seinen Namen «unsterblich» und versichern, daß «die Herzen des ganzen Volkes für ihn schlagen».

Der Ruhm dieses Mannes, dessen wirkliches Verdienst aus eigener Tatkraft, dessen Legende aber aus der Phantasie schwärmerischer Franzosengegner hervorging, entzog sich mehr und mehr der Kontrolle eines Königtums, das sich vertraglich an Frankreich gebunden hatte.

Da drängte, wie Gewittergrollen in einen geschäftigen Tag, eine königliche Proklamation in die freudige Unrast des Patriotismus. Am 24. Dezember drohte sie in der Spenerschen Zeitung: «Es ist unerläßliche Pflicht eines jeden Staatsbürgers, im Vertrauen auf die stets rege Fürsorge seines Landesherrn ruhig und treu seinen Beruf zu üben und sich nicht weiter in die öffentlichen Angelegenheiten und Verhältnisse zu mischen, als Verfassungs- und Landesgesetze ihm solches gestatten. Es wird daher der, welcher sich in unerlaubte geheime Gesellschaften oder Verbindungen einläßt, ohne Nachsicht, den Gesetzen gemäß bestraft werden, wonach sich also ein jeder zu richten hat.»

Schon acht Tage zuvor war Friedrich von Cölln, Schills entschiedenster Lobsprecher, wegen «Verunglimpfung der Regierung» und wegen eines patriotischen Aufrufes an die Schlesier in Haft genommen worden ...

Der Held – aus der Nähe gesehen

Schills Gestalt und Geistesgaben entsprechen nicht ganz den genormten Heldenmaßen sentimentaler Bilderbogen.

Auf Phantasiegemälden nur im schärfsten Galopp reitend, säbelschwingend, das Antlitz von zorniger Kühnheit gefurcht — wirkt er auf Leinwand und Zeichenpapier ernsthafter Zeitgenossen doch menschlicher. Sein Körper, wenn auch kräftig, ist klein von Wuchs. Sein dunkles Haar, der Mode gemäß nach vorn gekämmt, ist glatt, über der Stirn schon gelichtet, und nur der Backenbart kräuselt sich die vollen, allzu roten Wangen herab. Die Künstler, die ihn zeichnen, malen, modellieren, in Kupfer stechen, sehen ihn meist mit schnurverziertem Husarentschako, und er trägt ihn, wie mit fröhlicher Keckheit, schief auf dem Kopfe. Die Augen sind es, die sein Antlitz beherrschen, sein Inneres zu spiegeln scheinen: groß, tiefbraun bis schwarz, lebhaft, fast unstet, drücken sie doch eine Freundlichkeit aus, die zur Schiefheit des Tschakos paßt. Ein «seelenvolles Auge», sagen Zeitgenossen, die es wissen müssen, mit pathetischem Schwung. Die lange, scharf gebogene Nase, darunter der hängende, fransige Schnurrbart, wirken zwar kriegerisch, doch die Lippen sind voll, und nach unten hin läuft das Antlitz gar in die gemütliche Wölbung eines leichten Doppelkinns aus. So ist Schills Erscheinung keineswegs martialisch, eher von gutmütiger Lebhaftigkeit.

Und wirklich soll sein Charakter liebenswürdig, mitfühlend, hilfsbereit gewesen sein, fähig zur Freundschaft bis zur Aufopferung — auch empfindsam im Umgang mit Frauen. Kaum jemand sonst trug so mit Freimut den Wunsch zur Schau, bei den arbeitenden Klassen Freunde finden zu wollen. Deshalb hat Adolf von Lützow, vertrauter Gefährte, über Schill gesagt: «... Ich behaupte mit Gewißheit, daß es in Deutschland keinen Menschen gab, der das Talent, auf den großen Haufen zu wirken, in dem Grad besaß, als er, der stundenlang dem fadesten Gespräch eines Bauern zuhören und es immer durch neue Fragen in Gang erhalten konnte, der nie einen Bauern von sich weggehen ließ, ohne ihn zum wenigsten durch Versprechungen oder freundschaftliches Zureden getröstet und für sich eingenommen zu haben.»

Von Natur war Schill ein Rednertalent. Er sprach gefühlsbetont, steigerte Stimme und Gebärde im Feuer der Leidenschaft, seine Rede fesselte und erregte. Doch bemerkt der Leser seiner Briefe, was schon kühle zeitgenössische Zuhörer bemängelten: Schill liebt rhetorische Schnörkel, drückt schlichte Gedanken in Kunstwörtern aus, die sogar falsch angewendet sind. Einfälle, Ideen, Pläne fluten durcheinander. Haupt- und Nebengedanken sind nicht geschieden, die eifernde Rede entbehrt strenger Logik. Schon Blücher hat diesen Überschwang bespöttelt und Schill, der von einem seiner Streifzüge erzählte, wobei er hinter dem Stuhle des speisenden Generals seine militärischen Ansichten des langen und breiten erklärte, mit Gutmütigkeit zurechtgewiesen: «Hören Sie, Schill, nun gehen Sie nur und setzen sich wieder, um auch zu essen, sonst verhungern Sie hier in der Position.»

Wie sein Denken und Sprechen, so war Schills Handlungsart: ungemein eifrig, den Pflichten des Offiziers temperamentvoll hingegeben – und doch auch hier zu einer Betriebsamkeit neigend, die sich in Fülle und Kleinigkeiten zu verlieren drohte. Lebhaftigkeit, Schneid, Kühnheit sind Tugenden des geborenen Reiterführers; aber sie können umschlagen zur Untugend fiebriger Ruhelosigkeit, dem Mangel an kühl wägendem Verstand.

So empfand es Schill selbst. Er nannte fehlende Bildung das Merkmal seines Charakters, der von arbeitsamer Strenge und Wissenschaft nicht geformt war. Vor Gneisenau, den er wie einen väterlichen Freund verehrte, gestand er freimütig: «Alles ist bei mir nur Instinkt, mehr natürliches Gefühl, und so kunstlos, daß, wenn ich es vorher logisch auseinanderzusetzen mit der Feder beauftragt werden sollte oder ich dies mündlich schön geordnet vortragen müßte, ich die Leute wahrscheinlich mehr zum Lachen wie zur Überzeugung reizen würde. Entscheiden Sie demnach, ob ich mich wohl für die große Welt passe und es mir daher in dieser nicht höchst wahrscheinlich sehr übel ergehen würde? Nur in der Attacke, dem Patrouillen-Feldwachendienst, einen Überfall zu machen etc. beruht mein Posten, auf dem ich mich vielleicht, aber auch nur vielleicht, auf meinem rechten Platze befinden würde ...» Mit diesem charaktervollen Selbstbekenntnis hatte Schill vor Jahresfrist eine weitere Rangerhöhung zurückgewiesen.

Nun aber war er der Liebling eines Publikums, das ihn in Weihrauch hüllte. Und wenn seine an sich natürliche Bescheidenheit auch herausgefordert wurde, die zur Vergötterung neigenden Anhänger zurechtzuweisen, so gestand doch Schill unbefangen, wie sehr es ihn freute, gern gesehen zu sein.

Im militärischen Alltag trugen ihn die Pflichten des Regimentschefs; in der Öffentlichkeit beflügelte ihn das Sendungsbewußtsein des vaterländischen Propagandisten. Vor allem besuchte er den aristokratischen Zirkel der Gräfin Voß, wo mehr literarisch als politisch gebildete Damen im Geiste Friedrich Schillers regierten: «Und setzet ihr nicht das Leben ein, nie wird euch das Leben gewonnen sein!» — Das ist die Sentenz, von deren dichterischer Höhe der Husarenführer seinen kriegerischen Kernspruch herableitete: «Lieber ein Ende mit Schrecken als ein Schrecken ohne Ende.»

So selbsttätig und rastlos er nach außenhin wirkte, so war doch ein gespanntes Erwarten in Schill: Er blickte nach Königsberg. Aber kaum wegen königlicher Befehle, noch weniger der Spöttereien Kalckreuths. Eine Nachricht von Gneisenau und Scharnhorst war seine ganze Hoffnung. Denn wie sehr sich Schill ehren und feiern ließ, weil die Idee des antifranzösischen Widerstands der Persönlichkeiten bedurfte, um auf die Volksmassen konkret-leibhaftig zu wirken und Kräfte zu sammeln, so scheint er doch gezweifelt zu haben, ob er zum fähigen Führer der kaum organisierten Bewegung berufen sei. Er wünschte die baldige Ankunft der großen Reformer in Berlin.

Am 2. Januar 1809 schrieb er an Gneisenau: «Es ist jetzt ein Zeitpunkt, worin meiner unvorgreiflichen Meinung nach unendlich viel getan werden kann, griffe man nur besser und allgemeiner die Sache an ... Viel schöner würden die Früchte sein, würde hier unter einem dirigierenden Kopf gearbeitet, den wir bei unseren Bemühungen in Ihnen so sehr zu besitzen wünschen.»

In Königsberg aber waren die Reformer von Gegnern und Denunzianten hart umstellt, sie konnten der Kontrolle und den Weisungen des Hofes nicht entrinnen. Scharnhorst mußte den König auf der Reise nach Petersburg begleiten. Gneisenau sollte auf monatelange Inspektions- und Urlaubsreise nach Schlesien verschickt werden. Obgleich weiterhin offen und konspirativ für die Unabhängigkeit wirkend, waren die Reformer und ihre Freunde gehindert, die patriotische Bewegung unmittelbar zu leiten.

Gneisenaus Brief vom 2. Februar 1809 beschwor Schill, vorsichtig und nur im verborgenen tätig zu sein; er raubte nicht die Hoffnung auf zukünftige Taten. «In Antwort auf Ihre Zuschrift kann ich vor der Hand nichts erwidern als: Habt Geduld! ... Behutsamkeit ist uns nötig, denn es sind falsche Freunde unter uns ... Unsere Angelegenheiten scheinen gut zu stehen. Sie wissen, ich bin nicht immer hoffnungsreich ..., aber mich dünkt denn doch, daß wir einer frohen Zukunft entgegensehen dürfen ... Fahren Sie fort, die Gemüter zu erfrischen, wo das Blut etwas stocken will. Meine treue Mitwirkung für Ihre Pläne sage ich Ihnen von Herzen zu ...»

Anwärter für Kleinen Krieg

Schills Briefwechsel mit Gneisenau setzt frühere Verabredung, sogar geheime Übereinkunft voraus.

Er war im Mai des Vorjahres in Königsberg, genoß als verdienter Mann eine Audienz bei König und Königin. Natürlich fand er Aufnahme im Kreis der Reformer, wo ihn Gneisenau als Waffengefährten begrüßt haben mag.

Verbürgt ist sein Umgang mit den Mitgliedern des Tugendbundes, der die 385 Paragraphen seines Programms mit einem Ideengemengsel von Erneuerung und Restauration gefüllt hatte, das er in deutscher Gründlichkeit eine Verfassung nannte. Vaterlandsliebe war eines der vernünftigsten Gebote. Die adligen Gutsherren unter den Mitgliedern mußten geloben, ihre Bauern aus der Erbuntertänigkeit zu entlassen, noch ehe Steins Agrargesetz wirksam wurde. Sonst aber waren die Tugendbündler geradezu erpicht auf monarchistische Loyalität und gefühlsselige Verschleierung sozialer Widersprüche. Sie verneinten «unmittelbare und machthabende Einwirkung auf Politik und Staatsverfassung», wollten vielmehr «eine Schutzmauer um den Thron des jetzigen Beherrschers von Preußen und des Hauses Hohenzollern gegen den Andrang des unsittlichen Zeitgeistes» bilden. Überflüssig zu sagen, daß sich der tugendsame Verein gegen Geheimbündelei strengste Enthaltsamkeit gebot und daß er sich Bewerbern, die durch «Aufruhr oder auch nur Pflichtwidrigkeiten» schlecht beleumundet waren, versagte. Stein, Scharnhorst und Gneisenau haben den Bund gewähren lassen, sind selbst aber niemals Mitglieder gewesen.

Da nun in Schill Tapferkeit und biedere Königstreue glücklich vermischt schienen, war er nur zu geeignet als Tugendbild für vaterländische Propagandisten. Staatsrat Ribbentrop verhieß Schills Eintritt in den Bund; Professor Lehmann lud den Major für einen ganzen Nachmittag und Abend in seinen Garten ein, wo er ihn mit den Bundesmitgliedern und Bundeszwecken bekannt machte. Der Umworbene lieh ein williges Ohr, versagte zuletzt aber die Unterschrift, die die gewünschte Aufnahme besiegeln mußte: Er wisse nicht, ob er in Zukunft nicht noch Dinge unternähme, die dem Tugendbund schaden und seinen Gesetzen widersprechen würden …

Dennoch rückte Georg Bärsch, Bundesleitungsmitglied und Redakteur des «Volksfreundes», eine biographische Skizze des Helden in die erste Nummer der neu erscheinenden Wochenschrift ein. «Schill teilte mir ohne Rückhalt seine Pläne für die Befreiung des Vaterlandes mit», wird Bärsch dereinst sagen und den Beginn enger Freundschaft versichern. So geriet Schill auch mitten in die Ideen- und Planschmiede der Reformer. Denn Bärsch, Freischärler des letzten Krieges, arbeitete in Gneisenaus Büro: Er übersetzte die französische Schrift des Grafen von La Roche-Aymon «Über den Dienst der leichten Truppen», förderte sie zum Druck und half so, die neuesten Auffassungen über die Gefechtsweise des Kleinen Krieges zu verbreiten. Bärsch und Schill fanden einander als Patrioten und Anhänger der revolutionären Kriegstaktik, sie durften sich im Schlagschatten Gneisenaus und Scharnhorsts einig fühlen.

Überdies war Schills Königsberger Aufenthalt in die Wochen erregender europäischer Ereignisse gefallen: Napoleon mißbrauchte die spanischen Unruhen und den Thronwechsel von Karl IV. zu Ferdinand VII. Er ließ das Land, das seit dem Baseler Frieden (1795) mit Frankreich gegen England und Portugal verbündet war, militärisch besetzen, zwang Karl und Ferdinand am 5. und 10. Mai 1808 in Bayonne zum Verzicht auf die Krone und schob seinen Bruder Joseph auf den abgeräumten Königsthron. Er hatte die Spanier, deren ursprüngliche Kraft durch Palastintrigen, Günstlingswirtschaft, Priesterfanatismus verschleudert worden, für eine träge und rohe Masse gehalten, die sich willig in französische Formen kneten ließ. Aber er hatte die Rechnung ohne den Wirt gemacht. Während die Granden dem Marionettenkönig Napoleons huldigten, teils einen guten Regenten, teils ein Bollwerk gegen Revolution erwartend, brachen Aufstände aus, richtete die Volksjustiz spanische Gouverneure, Generale und Bürokraten als französische Agenten, als Verräter der nationalen Unabhängigkeit. Am selben 20. Juli, als Joseph Bonaparte in Madrid einzog, mußten 14000 Franzosen bei Baylen die Waffen strecken. Die Vertreibung des französischen Korps Lefebvre aus Saragossa durch General Palafox tat ein übriges, den Mut der Spanier zu heben.

Wie in Preußen bürgerliche Revolution und feudale Restauration die Einheit und den Kampf der gesellschaftlichen Gegensätze auswiesen, so war auch die Erhebung in Spanien eine Mischung von Fortschritt und Reaktion: Sie war fortschrittlich, weil eine Minderheit den Volksaufstand als das Signal zur politischen und sozialen Erneuerung Spaniens betrachtete. Sie war reaktionär, weil eine Mehrheit die alten Einrichtungen, Gewohnheiten, Gesetze gegen die rationellen Neuerungen Napoleons verteidigte. Sie war national, weil sie die Unabhängigkeit gegen Frankreich proklamierte. Sie war dynastisch, weil sie Ferdinand VII. gegen Joseph Bonaparte erkor. Sie war irrational und fanatisch, weil im Feuer des Patriotismus das Öl des religiösen Glaubens siedete. So erklärt sich der kritische Satz von Karl Marx: «Alle gegen Frankreich geführten Unabhängigkeitskriege tragen den gemeinsamen Stempel einer Regeneration, die sich mit Reaktion paart; nirgends aber in solchem Maße wie in Spanien.»

Gleichwohl begannen mit dem spanischen Volkskampf die nationalen Erhebungen in Europa. Die Aufständischen schreckten die an methodische Gefechtsweise gewöhnten Truppen Napoleons durch Guerillakrieg und ermutigten die unterjochten Völker zum Widerstand. Spanien war die Flamme, an der auch die preußischen Reformer die Fackel der Empörung entzünden wollten.

Im August 1808 richtete Gneisenau eine Denkschrift an Friedrich Wilhelm III. Mit ihrer Klarheit und Zuversicht, auch der Formvollendung der Sprache, ist sie eine der bedeutendsten Schriften dieser Zeit. Sie vermittelte Ideen, die auch Gneisenaus Anhänger berührten: Bärsch, den Schreibtischstrategen, der noch einmal ausziehen sollte, den Kleinen Krieg zu erlernen, und Schill, den erfahrenen Praktiker, dessen Freischarenzug sich dereinst an Gneisenaus politischer und militärischer Theorie messen mußte.

Die Denkschrift knüpft an die spanischen Ereignisse an. Diese würden zeigen: Emporkömmling Bonaparte wolle jeden der noch bestehenden alten Throne umstoßen und auch Preußens Unabhängigkeit endgültig vernichten. Keine Demütigung werde die Katastrophe abwenden, nur kräftiger Widerstand sei geboten! Nach dieser Mahnung kommt Gneisenaus revolutionärer Gedanke: «... Aber es gibt noch Widerstandskräfte, die die Regierungen zeither vernachlässigt oder gefürchtet haben, und die uns mit hoher Wahrscheinlichkeit einem günstigen Ausgange des Kampfes entgegensehen lassen. Dies sind die Volksbewaffnungen.» Hat Gneisenau schon im letzten Krieg gegen Frankreich den Einklang von regulärer Armee und aufständischen Volksmassen, die «Schilderhebung der deutschen Nation» gewünscht, so ordnet er den militärischen Plan nun richtig in die gesellschaftliche Umwälzung ein. «Aber es ist billig und staatsklug zugleich, daß man den Völkern ein Vaterland gebe, wenn sie ein Vaterland kräftig verteidigen sollen.» Hier blitzt die Idee eines deutschen Nationalstaats auf. Durch politische Reformen sollen in Preußen «freie Verfassung» und «einfacher geordnete Verwaltung» ins Leben treten; allen Deutschen soll es wünschenswert erscheinen, unter Preußens Zepter für die «Befreiung des gemeinsamen Vaterlandes» zu kämpfen und mit «gemeinschaftlichen Gesetzen zu leben». Die Forderung nach einer «guten, vom Throne ausgehenden, von anderen Völkern beneideten Konstitution» zielt auf konkrete Reformen: städtische Selbstverwaltung, freiheitliches Repräsentativsystem, allgemeine Wehrpflicht und Abbau der Ausschließlichkeit des stehenden Heeres. Diese Maßnahmen sollen eine national-deutsche Erhebung möglich machen. «Hat man die deutsche Nation zu frohen Hoffnungen einer wohltätigen Staatsreform durch Proklamationen und Tat berechtigt, so ist keinem Zweifel unterworfen, daß ein großer Teil derselben für unsere Sache gegen unsere Dränger den Schild erhebe. Spaniens edles Beispiel ist hierzu eine mächtige Ermunterung, und sollten Österreichs Rüstungen in offenbaren Angriff übergehen, so ist sogar der Erfolg auf das unbezweifeltste gesichert. Man wird dann 15 und mehr Millionen Menschen für einen Nationalzweck, für ihre Unabhängigkeit fechten sehen ...» Doch dürfe dies kein Eroberungskrieg sein! Der Kampf diene der «Veredelung der Völker, die nur in ihrer wechselseitigen Unabhängigkeit gedeihen» können.

In einer «Konstitution für die allgemeine Waffenerhebung des nördlichen Deutschlands gegen Frankreich», ebenfalls vom August 1808, nennt Gneisenau weitere revolutionäre Maßnahmen: Neben dem stehenden Heer sind nationale Streitkräfte des Volkes zu bilden. Die Bataillone dieser Nationalarmee wählen sich ihre Unteroffiziere und Offiziere selbst. Jeder Bauer, der auf einem mit Feudalprivilegien belasteten Grundstück lebt, erwirbt die Freiheit seines Bodens, wenn er für die Unabhängigkeit kämpft. Deutsche Fürsten, die ihre Truppen gegen die nationalen Streitkräfte fechten lassen, verlieren ihre Throne. Jeder Adelstitel, der nicht durch nationale Taten erneuert wird, erlischt. Mit bürgerlich-freiheitlicher Konzeption weist Gneisenau auch hier einen Weg, der durch den Unabhängigkeitskampf zur nationalen Einheit führen soll: «Wir erkennen alle Deutschen als unsere Brüder und erklären feierlich, daß wir nicht die Absicht haben, ihr Gebiet mit dem unsrigen zu vereinigen; nur diejenigen deutschen Völker, welche mit uns unter gemeinschaftlichen Gesetzen leben wollen, werden in unsern Bund aufgenommen ... Für den preußischen Staat wird eine freie Konstitution proklamiert.»

In faszinierender Klarheit bezeichnet Gneisenau den Zusammenhang von sozialer und nationaler Frage, den bürgerlichen Inhalt der deutschen Unabhängigkeitsbewegung. Ein Jahr später wird er das Ziel seiner Denkschriften eine «Revolution» nennen: vom Throne ausgehend, ohne Blutvergießen ins Werk gesetzt, um schließlich aber die vereinigten Kräfte der Nation im Volkskrieg dem Feinde entgegenzustellen. Als ein entschlossener Tempomacher drängte Gneisenau auf dem linken Flügel der preußischen Reformatoren. Er verfocht ein nationales Programm, an dem sich die Zeitgenossen der Größe nach messen lassen. Wer hoch dachte und plante, durfte aber auch Großes abverlangen und seine Zeitgenossen fordern: «Man bekämpfe den Tyrannen mit seinen eigenen Waffen und stelle entschlossene Menschen an die Spitze der Truppen.»

Hier nun sollte Schill seine besondere Bestimmung finden, seinen Rang erweisen. Das Prüffeld hieß: Organisierung von Volksaufständen und Kleiner Krieg.

Gneisenaus Denkschriften enthalten für den nationalen Unabhängigkeitskampf der Massen besondere Taktikanweisungen. Danach wird der Kleine Krieg, den in feudalen Kabinettskriegen nur vereinzelte Söldnerkorps, sogenannte Parteigänger, führten, zur revolutionären Gefechtsweise patriotischer Volkskräfte. Kleine und kleinste Einheiten, überall im Lande verteilt, meist im Rücken der feindlichen Streitkräfte operierend, schaden dem Gegner: legen Hinterhalte, machen Überfälle, stören den Nachschub, fangen Kuriere ab, heben Offiziere aus, zerstören Magazine, Heerstraßen und Brücken, bekämpfen kleine Abteilungen. So den Gegner ständig in Unruhe versetzend, ermüden und zermürben sie ihn, unterstützen sie immer die Operationen der regulären Truppen ihres Landes. Es ist die Gefechtsweise der Guerilleros und Franktireurs – wie Spanier und Franzosen sagen, der Guerillas und Partisanen – wie es in unserem modernen Sprachgebrauch heißt. Sie sind keine geschulten Kader im Systemsinne der stehenden Heere und der Berufssoldaten. Sie sind situationsbedingte Volkskämpfer, ganz auf ihre natürlichen Fähigkeiten gestellt, heimatgebunden, einzeln und in Gruppen fechtend, auf die Dauer nur erfolgreich durch genaueste Ortskenntnis, Schnelligkeit, selbständiges Handeln, Patriotismus und fortschrittliche Überzeugungskraft. Der Nordamerikanische Unabhängigkeitskrieg gegen England war ihre Wiege. Der Aufstand verhetzter Bauern in der französischen Vendée war ihr konterrevolutionäres Zwischenspiel. Der spanische Nationalkrieg gegen Napoleon wird ihr unvergeßlicher Triumph werden.

In den Plänen der preußischen Militärreformer spielen diese insurrektionellen Volkskämpfer die Rolle des Verschärfers und Zuspitzers, des sich potenzierenden Faktors der nationalen Widerstandskraft; aber stets im strategischen Zusammenhang mit dem Krieg regulärer Truppen. Das betont Scharnhorst, der Gneisenaus Volkskriegspläne durch eine eigene Denkschrift am 21. August 1808 unterstützt: «Preußen ist daher entschlossen, sobald der Krieg zwischen Österreich und Frankreich ausbricht, mit allen seinen Kräften den Krieg gegen Frankreich anzufangen ... Die Truppen in Preußen brechen sogleich offensiv über die Weichsel vor und dringen in Vereinigung mit den pommerschen Truppen gegen die mittlere Oder ... In dem Augenblick dieses Vordringens bricht ein allgemeiner Aufstand in Pommern, in der Neumark, in der Mark und im Magdeburgischen, in Niedersachsen, Westfalen, Hessen, Thüringen und Franken aus; an einem Tage sucht man sich aller festen Plätze durch Verrat oder Überfall zu bemeistern.» Der insurrektionelle Kampf der Kleinkriegsverbände soll also in Verbindung mit den großen Operationen der regulären Streitkräfte geführt werden. Diesen Gesichtspunkt wird auch Clausewitz, Scharnhorsts Meisterschüler, in seinen Vorlesungen an der Allgemeinen Kriegsschule zu Berlin hervorheben.

Ein weiterer Grundgedanke kommt hinzu. Wenn der Volksaufstand mit den Mitteln des Kleinen Krieges gegen die feindlichen Besatzer erfolgreich sein soll, bedarf er auch der Unterstützung einer starken, für den Gegner nicht greifbaren, auswärtigen Macht. Diese Anlehnungsmacht versorgt die Kleinkriegsverbände unaufhörlich mit Waffen und Material, sie gibt ihnen Rückendeckung, gewährt ihnen notfalls eine Zuflucht, wo sie sich auffrischen und ergänzen können. Dieser strategische Gedanke beherrscht eine zweite Denkschrift Scharnhorsts, die dem König am 21. August 1808 zu Verhandlungen mit England rät: «Um der Insurrektion, welche in den preußischen Provinzen bei dem Ausbruch des Krieges stattfinden soll, mehr Nachdruck zu geben, muß sobald als möglich von England aus in Hannover ein ähnlicher Aufstand im voraus organisiert werden.« Die Landung von einigen tausend Kämpfern an der Nordseeküste, ihr schneller Vormarsch in Gruppen von zwanzig bis vierzig an den Sollinger Wald, den Harz, den Lippischen Wald und nach Westfalen werden empfohlen; andere Trupps sollen den Nachschub der Waffen übernehmen. Ostfriesland ist als ein günstiges Gebiet für preußische Truppenlandungen benannt, um von hier aus das Volk in Westfalen zu insurgieren. «Das Ganze muß durch England mit Waffen und Geld unterstützt werden», lautet Scharnhorsts Zusammenfassung. Er bezeichnet somit unmißverständlich die Anlehnungsmacht für norddeutsche Aufstände.

Der Kleine Krieg ist das Gebiet, auf dem Schill eine historische Rolle spielen wird ... Sein Name steht in einem Verzeichnis, das die Schriftzüge Scharnhorsts verrät und Personen nennt, die das Volk zur Insurrektion leiten sollen. Da sind die Mitglieder geheimer Provinzialdirektionen aufgeführt: Major von Chasot für die Mark Brandenburg, Oberst Graf von Götzen für Schlesien, Major von Schill für Pommern. Ihre Aufgaben sind klar umrissen: «1. Sie suchen gutgesinnte und entschlossene Männer auf die Lage des Staats und des Volks aufmerksam zu machen, sie zum Aufstand vorzubereiten, indem sie sich mit ihnen über die Mittel zu demselben bereden. 2. Patriotisch gesinnte, entschlossene Offiziere werden von den Mitgliedern der Direktionen einzeln und gleichsam privatim mit Geld unterstützt, mit der Idee der Insurrektion vertraut gemacht und aufgefordert, sich ranzionierte und beurlaubte Soldaten zu attachieren, ihre Bewaffnung vorzubereiten usw. 3. Insbesondere suchen die Mitglieder der Direktionen auf die Gesinnungen der Geistlichen zu wirken, damit diese das Volk unvermerkt vorbereiten ...»

Darf daraus auf den Inhalt von Verabredungen Schills in Königsberg geschlossen werden, so ist auch gewiß: Schills Temperament flammte seitdem für die Vorbereitung des Volksaufstands. Sogar die Hochzeit mit einer Tochter des Generals Rüchel, der seit der preußischen Katastrophe bei Jena unrühmlich bekannt ist, hatte er aufgeschoben, um – frei von Familienbanden – für den Kampf gegen Frankreich eine Gasse brechen zu können. «Ich schwöre Ihnen, daß ich bereit bin, bis zur Verzweiflung Ihre Pläne realisieren zu helfen», schrieb er an Gneisenau am 15. Oktober.

Detaillierte Aufstandspläne, wie sie in den Denkschriften Gneisenaus und Scharnhorsts enthalten sind, erfordern Konspiration, bedingen einen hohen Grad praktischer Verschwörung. Und tatsächlich wirkte Schill als ein Illegaler. Er tat auch hier eher zuviel als zuwenig.

Unter dem Decknamen «Leo» knüpfte er im Herbst Fäden der Konspiration: Zu Attentätern, die Napoleon in den Tagen des Erfurter Fürstenkongresses vergeblich auflauerten. Zu einer Widerstandsgruppe im westfälischen Gebiet der Festung Magdeburg. Zur geheimen «Gesellschaft der Vaterlandsfreunde» in der Festung Stettin, deren französische Besatzung er überwältigen wollte. Als schließlich der König mit der Unterzeichnung der Pariser Konvention und der Entlassung des Ministers Stein näher denn je zu Napoleon rückte, als die Kollaborateure des altpreußischen Adels den Einfluß der Reformpatrioten zurückdrängten, riet Schill zum notwendigen Wagnis einer «Hofintrige», einer Rebellion also, um die Franzosenanhänger kraftvoll zu überrennen.

Doch es gelang Gneisenau, in kühl wägender Beurteilung der Lage, den heißspornigen Verschwörer zurückzuhalten. «Vor allem, werden Sie nicht ungeduldig. Es ist nichts verloren, und Umstände können das verbessern, was die Menschen verdorben haben. Wir haben noch mächtige Freunde, und die können uns aus allen Nöten retten, aber vor allem, nur Geduld. Unsere Gegner haben einen Sieg davongetragen, sie sollen die Früchte davon nicht genießen, und mit Interessen wollen wir ihnen zurückgeben, was sie uns jetzt bieten. Fügen Sie sich in alles, und wenden Sie Ihren Einfluß dazu an, daß man sich ruhig verhalte. Laut gewordener Unwille könnte alles verderben.» Der Brief, vom 29. November 1808, konnte beredter nicht mahnen.

Aber auch Sicherheitsmaßnahmen schienen geboten zu sein. Scharnhorst mußte den König, der Schills triumphalen Zug nach Berlin beargwöhnte, mit strenger Anweisung zufriedenstellen: Im Falle der Unruhestiftung sei der Volksheld «unschädlich zu machen». Überdies war Bärsch seit November als ein wachsamer Adjutant und kritischer Freund an Schills Seite. Er bestätigte die Sorge um Schill, schrieb aus Berlin am 4. Januar 1809 an Gneisenau: «Der Major geht hier auf einem sehr schlüpfrigen Boden; viele Menschen drängen sich an ihn heran, die wahrlich nicht die lautersten Absichten haben ...» Bärschs Vorwurf rührt an die Untugend der Tugend. Denn Schill, der den Kampf gegen Napoleon wünschte, war gutmütig und arglos. Er mochte leicht von sich auf andere schließen.

Auch war er ungeduldig, konnte seine Tatkraft schlecht zügeln. Hatte er im Brief vom 2. Januar 1809 gedrängt: Der Zeitpunkt sei günstig, Gneisenau möge nach Berlin kommen — so schrieb er am 17. schon im Tone der Enttäuschung. «Meine Erwartung, daß von hieraus die bewußten Geschäfte in große Formen würden zu bringen sein, und daß daraus ein großes Ganzes zu bewirken sei, was unter gewissen Umständen nicht schwer möglich sein würde, wenn nicht seit einiger Zeit Gegenbefehle einliefen, geht daher nicht so in Erfüllung, wie ich mir dies ... vorstellte. Der Chasot ist ein einziger Mann, arbeitet rastlos und bringt Resultate von Bedeutung zuwege, bekommen wir nur etwas, etwas Luft von Königsberg. Mit Schmerzen, mit größter Sehnsucht sehen wir daher Nachrichten entgegen, die einen etwa auf mehreres anspornen oder auch ganz zum häuslichen Leben ermahnen!» Dann folgen verschlüsselte Angaben über Geld im Dienste der gewünschten Volkserhebung: «Mit dem Gelde gehe ich wie mit einer keuschen Lucretia um, daher ich von dem bewußten Golde — ungeachtet großer und häufiger Ausgaben bis in Westfalen hin — dennoch mehrere Dukaten besitze ...»

Gneisenaus Antwort vom 2. Februar 1809, die Mahnung zur Ruhe und Vorsicht, ist bekannt. Doch diese verhaltene Stimmung wird übertönt, das Datum ist nicht genannt, vom schmetternden Dur eines Scharnhorst-Briefes. «Sie sind auf einem guten Posten, und die Zeit ist nahe, wo wir auf kräftige Handlungen rechnen müssen. Haben Sie ein gutes Auge auf die Dinge in Österreich; der Krieg wird dort ganz wahrscheinlich in diesem Jahre noch ausbrechen, vielleicht schon zum Frühjahr. Wir müssen alsdann überall fertig sein, um den Kleinen Krieg zu unternehmen, und auf Sie rechne ich dabei am meisten. Es wäre gut, wenn Sie sich alsdann Magdeburgs zu bemächtigen suchten und Mitteldeutschland insurgierten. An Teilnahme wird es Ihnen unter der dortigen Bevölkerung nicht fehlen.»

Dieser Anordnung militärischer Bereitschaft folgt ein unterstrichener Schlußsatz, der einen zum Übereifer neigenden Adressaten zur Ruhe und Disziplin ermahnt: *«Doch warten Sie das Zeichen ab und übereilen Sie nichts.»*

II. Zwischen Thron und Vaterland

«Schills Tat flößt mir großen Respekt für ihn ein; denn sie zeugt von ungewöhnlicher Geistesstärke. Ungeachtet ich an seiner Stelle nie so angefangen haben würde … Das Ende krönt die Tugend und macht sogar zur Tugend, was wir am Anfange für eine Verletzung des Rechts und des Pflichtgefühls halten. Es scheint, daß die Herren vom alten Schlage hier vorzüglich die Schrecken einer Revolution fürchten und darum so lange blasse Gesichter machen.»

Carl von Clausewitz an Marie von Brühl,
Königsberg, 10. Mai 1809

Kriegsaussicht und Konspiration

Im Frühjahr 1809 schienen die Verhältnisse Europas für einen deutschen Unabhängigkeitskrieg günstig zu sein.

England trotzte als ungefährdete Seemacht der Kontinentalsperre, es focht durch Wellingtons Truppen auf der Pyrenäenhalbinsel, der offenen Wunde des französischen Kaiserreiches. Wohl hatte Napoleon in Spanien Siege errungen. Aber die Eindringlinge führten gegen den leidenschaftlichen Widerstandswillen der Volksmassen einen Krieg ohne Ruhm und dauerhaften Erfolg. Und jetzt raffte auch die Habsburger Monarchie noch einmal ihre militärische Kraft zusammen, um verlorene Macht zurückzugewinnen.

Der bevorstehende neue Krieg bot Gelegenheit für nationale Aufstände in Norddeutschland.

In Berlin hatte Stadtkommandant Graf von Chasot, der auf Scharnhorsts Geheimliste als das verantwortliche Haupt der patriotischen Konspiration in der Mark Brandenburg bezeichnet ist, ein illegales Komitee gebildet. Es ermutigte ehemals preußische Offiziere und Soldaten, die im Königreich Westfalen ungeduldig auf ein Alarmzeichen harrten, zu baldigem Handstreich gegen Magdeburg. Es schickte Kundschafter über die Elbe, die die Bewegungen der Franzosen überwachen und ein Netz geheimer Verbindungen flechten sollten. Es knüpfte Kontaktfäden zu General Rüchel und zur «Gesellschaft der Vaterlandsfreunde» in Pommern, bestärkte beide in dem Entschluß, in Prag und Wien Absprachen für den Krieg zu führen. Es beratschlagte mit Freiherrn von Wessenberg, dem Wiener Gesandten in Berlin, die Gemeinsamkeit österreichischer und preußischer Maßnahmen. Ein Unterhändler reiste nach London, trug den Begleitbrief Schleiermachers – vom 11. Februar 1809 – an den schwedischen Gesandten Brinkmann bei sich: «Anschein ist bis jetzt fast überwiegend, daß man die vernünftige Partie ergreifen wird, sich mit Österreich aufs innigste zu verbinden und so schnell man kann ins nördliche Deutschland zu operieren, wo so vieles aufs herrlichste vorbereitet ist. Noch einmal ist es Preußen geboten, ob es durch einen kühnen und edlen Schritt sich auf eine weit höhere Stufe schwingen will, als von der es herabgestürzt ist ... Unterstützungen von England aus sind aber dazu für den Anfang unentbehrlich, und Überbringer dieses hat eben hierauf seine Absicht gerichtet.»

Der Brief atmet den Geist der Konspiration. Aber wie das Schwert über dem Haupt des Damokles, so hing des Königs Verbot aller Geheimbündelei drohend über den Verschwörern. Würde es gelingen, den Monarchen in die vaterländische Bewegung hineinzuziehen? Würde Preußens Regierung wirklich an die Seite Österreichs treten?

Nicht genug, daß der Pariser Vertrag den preußischen Reststaat durch Kontributionen, Besatzungsprivilegien, Militärschranken knebelte. Er hatte auch zur Anerkennung Joseph Bonapartes als König von Spanien gezwungen, und für den Fall, daß zwischen Frankreich und Österreich Krieg ausbrach, verpflichtete er Preußen zum Kampf für Napoleon, zur Bereitstellung eines Hilfskorps in Stärke von 12 000 Mann. – Nun aber machte Österreich ernsthafte Angebote.

Wessenbergs Schreiben vom 8. März 1809 versprach der Dynastie Hohenzollern die Wiederherstellung ihres alten Besitzstandes, forderte dafür den unverzüglichen Beitritt Preußens zum Waffenbündnis, den Vormarsch seiner Hauptmacht an die Elbe, die Einkesselung der französisch besetzten Festungen an Weichsel und Oder durch Reservetruppen. Das Anerbieten namens der Regierung in Wien war eindeutig. Preußen mußte Farbe bekennen.

Friedrich Wilhelm III., noch immer Herrscher von Gottes Gnaden, hatte zwischen drei Möglichkeiten eine ungleiche Wahl zu treffen: Kriegsbündnis mit Frankreich oder Kriegsbündnis mit Österreich oder Neutralität. Aber sein Blick war auf Petersburg gerichtet. Dort hatte er sich soeben, bei freundlichen Zeremonien eines einmonatigen Regierungsbesuches, zur Anlehnung an die russische Politik vergattern lassen, was schlimmstenfalls bedeutete: Krieg gegen Österreich! mindestens aber: kein Krieg gegen Frankreich. Wirklich beschied der Zar, der mit Napoleon in Tilsit (1807) und Erfurt (1808) Zweckbündnisse zur beiderseitigen Auspowerung Europas abgeschlossen hatte und Finnland in seinen Fängen hielt, den preußischen Gesandten am 9. März in Petersburg: Er werde die Verpflichtung, gemeinsame Sache mit Frankreich zu machen, so lange erfüllen, wie sie gültig sei; er könne auch dann nicht für Österreich eintreten, wenn es von Frankreich angegriffen werde. – Für den Zauderer in Königsberg war dies der kategorische Imperativ, der die preußische Politik dogmatisieren konnte. Auf keinen Fall Krieg gegen Bonaparte! Mit Rücksicht auf die patriotischen Unmutsregungen aller, die für die nationale Erhebung brannten, wählte er das kleinere Übel, er entschied einstweilen für bewaffnete Neutralität. Daher die Antwort, die Außenminister Graf von der Goltz im März 1809 dem österreichischen Gesandten erteilte: Preußen werde am Krieg keinen Anteil nehmen. Im Schreiben an den Grafen von Goetzen, königlicher Generalgouverneur Schlesiens, aber auch Vertrauter Scharnhorsts und Gneisenaus, verbot Friedrich Wilhelm III. am 12. März jede Unruhe gegen Frankreich: «Ich gebe Ihnen hierzu den gemessensten und geschärftesten Befehl und sind Sie mir mit Ihrem Kopf dafür verantwortlich, denn ich kann und werde keine Anarchie in meinem Lande dulden ...»

Leicht zu begreifen, wie kühn Scharnhorst war, indem er unentwegt für das Bündnis mit Österreich wirkte. Seine Aufzeichnungen vom 20. Februar 1809 sind frei von schönfärbender Illusion. «Der Entschluß zum Kriege mit Österreich gleicht dem eines Kranken, bei dem der Tod gewiß langsam erfolgt, wenn er sich nicht eines Mittels bedient, welches, wenn es ihn nicht heilt, sogleich tötet.» Aber dieser Entschluß sei Wagnis für möglichen Gewinn: «Frankreich führt 1809 Krieg mit Spanien, Österreich und Preußen zugleich und ist durch den Feldzug in Spanien geschwächt; 1806 hatte Preußen die ganze Macht allein gegen sich.» So rang Scharnhorst um Einfluß auf Friedrich Wilhelm III. Preußen müsse schnell handeln. Je eher es für Österreich Partei ergreife, desto besser für die gemeinsame Sache. Da nun der König für bewaffnete Neutralität, also immerhin auch für Rüstung entschied, rüstete Scharnhorst als Leiter des Kriegsministeriums über die Schranken des Pariser Vertrages hinaus. Er suchte den Zaren am 20. März 1809 gegen Frankreich zu stimmen – ein Brief, den Petersburg ignorierte. Er riet dem König noch am 29. zum Bündnis mit Wien und übermittelte Wessenbergs neue Denkschrift, worin die Kriegsfrage von höheren als dynastischen Gesichtspunkten beurteilt wurde: «Man muß in diesem Kriege keine Österreicher, keine Preußen erblicken, welche Frankreich angreifen wollen, sondern Deutsche – Europäer ... Nicht das französische Volk, nicht der französische Staat ist der Gegenstand des Krieges, sondern die unbegrenzte Herrschsucht des französischen Kaisers und das System, Europa in ein französisches Reich umzuwandeln, sind die Objekte, gegen welche unsere allgemeinen Kräfte aufgeboten werden müssen, wenn wir anders einer schimpflichen und ewigen Unterjochung zu entgehen entschlossen sind. Aller Parteigeist, aller alter Haß, alle gegenseitigen Vorwürfe müssen jetzt schwinden vor dem gemeinschaftlichen Zwecke ...»

Wenn Scharnhorst bei Dorngebüsch und Fußangeln der Königsberger Diplomatie unbeirrt gegen Frankreich drängte, wie sehr mußten dann die Patrioten im fernen Berlin, wo die Arterie leidenschaftlicher Volksmassen pochte, zum nationalen Kriege entschlossen sein. Schien doch jetzt alles wie im Fieber zu leben: wacher, ungezügelter denn je, erregt durch die verschiedensten Ideen, Wünsche, Empfindungen.

Wohl meutern die Mitglieder der Bürgergarde – die Kaufleute, Handwerker, Krämer – gegen die Einführung des Gewehres, weil mehr Waffenübung weniger Zeit für die zivilen Geschäfte bedeutet. Doch im Schauspielhaus jubelt patriotisch gefärbter Monarchismus, rast Beifall für Schillers neu inszenierte «Jungfrau von Orleans»: «Für seinen König muß das Volk sich opfern.» Auch zieht das Wirken des meteorischen Reformators Stein einen Feuerschweif nach sich. In den Städten der Mark hält die Bürgerschaft Versammlungen ab, sie tadelt die Steuerpolitik, den ganzen Geschäftsgang der alten Bürokratie und beruft sich zum Ärger derselben auf den Erlaß der Städteordnung. In der Priegnitz rotten sich die Bauern zum Protestzug zusammen: gegen die gutsherrschaftliche und die staatliche Abgabenpolitik, die dem Geist der Steinschen Bauernbefreiung widerspreche. «Immer soll man geben, aber woher denn am Ende es nehmen?» ist die stehende Rede der Widerspenstigen in Stadt und Land. So jedenfalls meldet Oberpräsident Sack im Bericht an den Innenminister, den Grafen von Dohna.

Diese kreuz und quer laufende Brandung mußte gegen die Fremdherrschaft gelenkt werden. Denn nur energisch geführte Volksmassen können Triebkraft großer geschichtlicher Bewegung sein: eine Urgewalt, die gleich überhängender Schneelast plötzlich losbricht, an Schwerkraft und Wucht gewinnt, zuletzt als unaufhaltsame Lawine alles Beharrende mit sich reißt, allen Widerstand überrollt. Nur ein kräftiger Volkswille, durch Maßnahmen des sozialen Fortschritts für die Lösung der nationalen Fragen gewonnen, konnte im Frühjahr 1809 die Starre des Königs brechen – auch die patriotische Konspiration der Offiziere und ihrer Anhänger rechtfertigen. Nieder mit Napoleon! hieß die Angriffsspitze, die haarscharf und gefährlich war, wenn volkstümliche Führer sie als Waffe zu handhaben wußten.

Ganz natürlich fiel da die Wahl auf Schill, den Liebling von Hunderttausenden. So in Gneisenaus selbstloser Antwort an Bärsch, der Lobhudeleien um Schill getadelt hatte: «Seien Sie unbesorgt darum, daß die unserm Schill in Berlin und anderwärts bewiesenen Huldigungen meine Eifersucht rege machen könnten. Mag die Welt immerhin glauben, daß er Kolberg verteidigt hat, für den Staat ist dies darum nur desto besser. Schill ist noch jung und kann der großen deutschen Sache noch wichtige Dienste leisten ... Durch Schills Popularität und allverbreiteten Namen können noch schöne Dinge getan werden; wir müssen daher solchen verherrlichen, so viel wir können.»

Über den Platz, den Schill ausfüllen sollte, hat Scharnhorsts Brief bündig Auskunft gegeben: Den Kleinen Krieg jenseits der Elbe führen, um den Krieg Österreichs zu unterstützen. Hieran knüpfte Gneisenaus strategisches Denken: Schills Name sollte die Kampflust der Massen anspornen, sollte zum Feldschrei der Aufständischen werden. Also galt es, die Verdienste des Mannes, der sich im Kleinen Krieg schon bewährt hatte, laut zu würdigen. Je mehr, desto besser. Auf Akribie kam es dabei nicht an. Vor dem großen Ziel des Nationalkriegs mochten peinliche Sorgfalt und Gemessenheit des Urteils nur kleinlich wirken. Denn patriotische Hingabe und Tatkraft, Organisationstalent und Erfahrung waren individuelle und besondere Eigenschaften in Schill, die das objektive Bedürfnis der Nationalbewegung nach fähigen Kleinkriegsführern zu erfüllen schienen. Sein bloßer Name schon erregte die Vorstellung einer Insurrektion gegen Napoleon, er besaß etwas, das die Anglomanie des 20. Jahrhunderts als Image bezeichnen wird ... So schrieb Kundschafter von Tempsky aus der Umgebung von Magdeburg: «Wir wissen mit Zuverlässigkeit, daß die Stimmung der Menschen in Westfalen von der Art ist, daß niemand länger Geduld haben, sondern losarbeiten will. Wenn es nicht binnen des Monats geschieht, verlieren wir zuviel Leute ... Kommen Sie selbst und dringen mit vor, so sind wir des Sieges gewiß! Ihr Name gilt für eine Gottheit schon, an den jeder mit fester Zuversicht glaubt.»

Da fieberte auch Schill nach Entscheidung.

Nicht nur der Impuls der Volksmassen, nicht nur der Eifer der Freunde ermutigten zur Tat. Das Vertrauen Gneisenaus und Scharnhorsts erfüllte den ganzen Mann, gab Gewißheit, wo noch Zweifel, weckte Bereitschaft, wo nur tätiges Abwarten gewesen war. Sein Lebensgefühl, seine Einbildungskraft, sein Handlungsdrang verwuchsen nun mit dem Wissen um die hohe Rolle, die ihm in den Plänen der Reformpatrioten zugedacht war. Und sogar von Borstell, dem Flügeladjutanten des Königs, öffnete Schill sein Inneres, gestand er mit wachsendem Selbstbewußtsein: Er wolle an die Spitze einer «bedeutenden Partei» treten und durch kühnen Angriff die Festung Magdeburg für Preußen zurückgewinnen.

Selbst königlich-westfälische Beamte aus den Dörfern bei Bielefeld hatten Schill angespornt. Sie schickten den Tuchhändler Romberg nach Berlin: Ob der König von Preußen das Land Westfalen preisgeben wolle oder ob sie – gut preußisch gesinnt – zum Aufstand rüsten sollten? Der Major hatte nicht angestanden, den wildfremden Kundschafter im Januar 1809 zu empfangen und ihm die Aushändigung von Briefen zu versprechen. Doch scheinen Schills Mitarbeiter für Mißtrauen entschieden zu haben. Man sperrte Romberg zwölf Tage lang in Klausur, und wenn er zuletzt auch Kleidung, Geld, einen gültigen Reisepaß erhielt, so wurde er doch nur mit einer vorsichtigen Antwort an seine Auftraggeber abgeschoben: Es sei noch nicht an der Zeit, er solle wiederkommen, wenn die Gewässer eisfrei würden. Briefe wurden Romberg nicht anvertraut.

Die ehemals preußischen Offiziere an der Elbe jedoch waren durch vage Versprechungen nicht bei Kampfeslaune zu halten: Für sie ließ Schill Anleihen aufnehmen, deren Deckung die «Gesellschaft der Vaterlandsfreunde» in Pommern übernahm. Jetzt – im März – wurden an der Küste Waffen aufgekauft, Bärsch vermittelte die Herstellung von Gewehren durch Werkstätten in Hamburg, Bremen und Lübeck. Den wichtigsten Faden der Verschwörung zog Schill nach Kassel, mitten ins Herz des Königreiches Westfalen, wo Freiherr von Dörnberg, früher in preußischen Diensten, jetzt Oberst des Königs Jérôme, den Aufstand vorbereitete und auf Schills gleichzeitiges Losschlagen rechnete.

So webte das konspirative Zentrum in Berlin — Chasot und Schill — Woche für Woche das Gespinst der Verschwörung: Über das westfälische Königreich, das nicht selbständigem historischem Wachstum, sondern der Willkür Napoleons, den Linien seines Zeichenstiftes auf der Landkarte, entsprungen war. Zur Nord- und Ostseeküste, wo Handel und Gewerbe schwer an den lähmenden Wirkungen von Napoleons Kontinentalsperre krankten. Nach Prag und Böhmen, wo die Fürsten von Braunschweig und von Hessen-Kassel, die von Napoleon entmachtet waren, auf Vergeltung, Heimkehr, Restauration sannen und Freischaren warben. Nach Wien, wo die Habsburger pedantisch und schwerfällig ihre Linienregimenter und Landwehrbataillone gegen die bayrische Grenze dirigierten. Natürlich auch über Preußen, wo in den Befehlsstäben der Offiziere, den Hinterzimmern der Bürgerlokale, den Salons diplomatischer Würdenträger das Feuer des Widerstands geschürt wurde.

Es waren leicht verletzbare Fäden eines konspirativen Systems, an denen immanenter Widerspruch zerrte: Die patriotische Unruhe trieb alle auf Empörung und Aufstand zielenden Kräfte zu baldigem Losbruch — der feudale Dienstgehorsam gegenüber dem Willen des absoluten Königs hielt sie zwanghaft zurück. Es war eine Spannung, die den Konspirateuren erträglich sein mochte, solange sie in der Einbildung lebten, der König werde Verschwörung und Insurrektion zu guter Letzt billigen. Der Wunsch war hier ein Vater des Gedankens, die Hoffnung eine Seele des Tätigseins! Aus ungewissen Voraussetzungen wurden prognostische Pläne gebaut. Mitverschwörer Katte mochte späterhin urteilen: «Verworrenheit, durch mystische Schleier zu tiefen Entwürfen geadelt; hochtönende Worte ohne Sinn; Kühnheit zu hohen Taten und brausender Enthusiasmus — aus sprudelndem Champagner geschöpft ...»

Jedenfalls herrschte der Widerspruch zwischen Ermutigung und Zurückhaltung, Ansporn und Hemmung, patriotischer Aktivität und dynastischem Gehorsam. Scharnhorst selbst hatte Schill in Alarmbereitschaft gerufen und Magdeburg das erste Ziel des Aufstands genannt, er hatte zugleich doch streng vor Übereilung gewarnt. Schill und Chasot hatten die preußischen Offiziere im Königreich Westfalen zum Handstreich gegen Magdeburg und Kassel angespornt, sie zögerten nun ruheheischend die Entscheidung von Woche zu Woche hinaus. Die Offiziere hatten im napoleonischen Gebiet Insurgenten gesammelt, Leidenschaften entfacht, raschen Erfolg versprochen, sie mußten aber seit langem Stillschweigen und Disziplin erzwingen. Die Konspiration war angestaute Flut, die gefährlich vor Dämmen schäumte und rückwärts lief. Schill und Chasot bedrängten die hochgestellten Patrioten im fernen Königsberg, die westfälischen Insurgenten bedrängten Schill und Chasot in Berlin: Sie forderten das Alarmsignal. Tempskys dringende Rufe von der Mittelelbe offenbaren die Überspannung des geheimen Systems: «Alle meine Leute freuen sich wie Kinder auf baldiges Losschlagen und erwarten mit Ungeduld den Augenblick des Befehls. Ich bin nicht imstande, so wie keiner von uns, die Menschen länger zu halten.»

Endlich, in der Mitte des März 1809, lud das Berliner Komitee leitende Insurgenten nach Rathenow ein. Friedrich Karl von Katte und Eugen von Hirschfeld erschienen. Der eine in Stendal, im westfälischen Gebiet, der andere in Preußen wohnhaft. Beides Offiziere, die durch die Demobilisierung der Armee in den Ruhestand versetzt, aber seit vielen Monaten schon in der illegalen Bewegung mit Eifer tätig waren.

Die Beratung soll ein Abgesandter aus Berlin gemäß einer mitgebrachten schriftlichen Anweisung eröffnet haben: Österreich sei gerüstet, Frankreich bereite sich ebenfalls auf den Kampf vor, an jedem Tag könne der Krieg ausbrechen. Der Aufstand in Norddeutschland müsse schon vorher begonnen werden, um den Österreichern patriotischen Kampfgeist zu beweisen. – Dann folgte ein dynastisch-preußisches Argument, das den national-deutschen Patriotismus der Konspirateure zweifelhaft macht: Es gelte auch zu verhindern, daß «Österreich nach dem ersten glücklichen Schlag unfehlbar sogleich ein Korps nach Magdeburg sendet, um sich dieses Platzes eiligst zu versichern».

Da nun die Festung vom Feinde schwach besetzt war, sollte der Aufstand gewagt werden. «Katte und Hirschfeld beginnen zuerst, indem sie ihre Leute auf beliebigen Punkten sammeln, die Königl. (westfälischen) Kassen nehmen, sich schnell und ohne Zeitverlust gegen Magdeburg wenden, in gleicher Stunde dort zusammentreffen und sodann ihren Coup ausführen. Dörnberg wird benachrichtigt, der alsdann seinen entworfenen Plan in Kassel auszuführen nicht säumen darf. Wenn dieses geschehen, so wird Schill sogleich mit einem Truppenkorps zur Deckung Magdeburgs herbeieilen. Ist alles gehörig geleitet und pünktlich befolgt, so muß ein glücklicher Erfolg diese Sache krönen und alle noch zusammenströmenden Insurgentenhaufen werden in Magdeburg, vielleicht auch zu Kassel einen Stützpunkt und Waffenplatz finden, wo sie sich sammeln und armieren können. Nach Kattes Berichten sind vor einiger Zeit wieder 45000 Gewehre in Magdeburg niedergelegt und große Vorräte von Kriegsmaterial sowohl dort als in Kassel angehäuft, wonach man wohl rechnen dürfe, binnen kurzem ein mobiles Armeekorps von 50000 Mann dem Feinde entgegenstellen zu können.»

Katte hatte Bedenken. Er mißtraute dem Berliner Komitee, warnte vor mangelnder Kenntnis und vor Planlosigkeit: «... Sage uns, womit Du Schills augenblickliches Flottwerden mit Truppen verbürgen kannst? Diese Frage habe ich schon früher getan, aber die Antwort bliebt Ihr mir schuldig ... Daß Schill einen unabänderlichen Willen hat und uns ein festes Bollwerk sein wird, wenn er da ist – davon sind wir hinlänglich überzeugt, aber nicht so von seinem pünktlichen Zusammentreffen.» Hirschfeld überspielte die Sorgen, die auch ihn anfochten, durch Begeisterung, und er riß so auch Katte über alles Zögern hinweg. «Haben wir nur erst Magdeburg, so fügt sich das übrige von selbst.»

Das Ergebnis in Rathenow war eine feste Verabredung des Aufstands: Ostermontag, 3. April 1809. Hirschfeld sollte die Zitadelle, Katte die übrigen Werke erobern.

Darf man Kattes späteren Aussagen glauben, so waren Magdeburgs Festungsplan, sogar die Schlüssel zum Krökentor und zur Turmschanze schon in ihrer Hand. Bürgergardisten, die auf den Wällen die Wachen bezogen, waren im Bunde, und in der Altmark harrten etwa tausend ehemals preußische Soldaten auf das erlösende Zeichen.

Tempsky, Verbindungsmann zwischen Katte und Schill, bestellte Insurgenten für die Nacht zum 3. April in die Gegend von Stendal. Seine Unterschrift war Tarnung und Verheißung zugleich: von Thielow, Rittmeister im Schillschen Korps. Sein Ton ist Pathos: «... Was von Waffen und Gewehren ihr mitbringen könnt, das bringt! Das beste, was ihr bringen könnt, ist Mut im Herzen und der Gedanke, das Vaterland zu retten oder als Helden zu sterben.»

Im preußischen Kommißton aber droht ein Unbekannter, der alte Soldaten zum Aufstand kommandiert: «In acht Tagen werden diejenigen, die sich nicht freiwillig gestellt haben, ohne Ausnahme — mit der Zusage ohne weiteren Urteils — totgeschossen.»

Vorläufer Katte

Große Namen sind wie Standarten. Sie symbolisieren den Geist der Gleichgesinnten. Sie kennzeichnen Sammelpunkt und Marschrichtung. Aber sie üben ihre Wirkung, weil tätige Massen sie in der Höhe halten. Große Namen können sich von der individuellen Person ihrer Träger ablösen, um allgemein wie Feldzeichen zu sein.

So geschah es mit Schill. Hatte Gneisenau vorangekündigt, durch Schills Popularität würden noch schöne Dinge getan, so fanden sich wirklich die Menschen, die unter dem verbreiteten Namen nun auch zur Tat schritten: Soldaten der ehemaligen Regimenter von Tschammer, von Reitzenstein, der königlichen Leibkarabiniere. Ihre Garnisonen, einst nördlich von Magdeburg, an beiden Ufern der Elbe gelegen, waren aufgelöst. Sie selbst, Strandgut des letzten Krieges, bei Tagelohn mit Weib und Kind ein Hungerdasein fristend, waren nun unzufriedene Bürger zweier Staaten, die der Fluß trennte. Doch hatten in letzter Zeit heimliche Werber — mit Berufung auf Schill — Handgeld geboten und die Wiedereinstellung in Preußens Armee versprochen: einerseits Nothelfer, hatten sie andererseits auch den Schein alter Befehlsgewalt benutzen können, weil die Geworbenen einfältig glaubten, dem Gottesgnadentum der Hohenzollern, dem sie vormals die Treue schwuren, auch jetzt noch verpflichtet zu sein. Kleinbürger und Lohnarbeiter, teils von Anhänglichkeit an Preußen, teils von sozialem Protest und rebellischem Zorn beseelt, stießen hinzu. Sie verstärkten die Masse, die unter Schills Namen die nationale Erhebung begann.

Auf dem preußischen Amt in Sandau, im nördlichen Zipfel zwischen Elbe und Havel, treffen am späten Nachmittag des 2. April 1809 — Ostersonntag — rund 50 Männer aus Sandau, Havelberg und den umliegenden Dörfern zusammen. Viele in altpreußischen Uniformen: Infanterie, wenige Husaren und Kürassiere. Jeder bewaffnet, so gut er kann: Gewehr, Pistole, mitunter nur Säbel. Einige sind beritten.

Ein Offizier, der sich Rittmeister von Thielow nennt und der vor-

Preußische Soldaten von 1806
Jäger und Husar

gibt, von den Schillschen Husaren zu sein, befiehlt zum Appell: Der Tag sei gekommen, da jenseits der Elbe die Fahne des Aufstands entfaltet werde. Sie seien auserlesen, durch Handstreich Magdeburg zu nehmen, um auf diese Weise ganz Deutschland gegen den Fremdherrscher aufzurufen. Der Offizier gebietet, nicht zu plündern, denn das große, heilige Ziel ihres Strebens dürfe nicht geschändet werden.

Nach Einbruch der Dunkelheit geht es zur Elbe hinab. Dort setzen zwei Fähren Männer und Pferde über den Fluß. Am westfälischen Ufer warten weitere Teilnehmer, stehen Wagen bereit, um die Unberittenen fortzuschaffen. Der Zug, nun vier Offiziere, 20 Reiter, rund 100 Fußsoldaten, eilt nach Stendal.

Leutnant von Katte hat die Führung übernommen. Auch er ist vom Berliner Komitee geworben worden. Doch nur gegen das ungenaue Versprechen: Der König wisse in etwa von dem heimlichen Bunde und billige ihn — so jedenfalls wird Katte glaubhaft versichern. Über Schill und Chasot urteilt er kritisch: nennt sie dem Unabhängigkeitskampf ernstlich ergeben, bezeichnet ihre Kenntnis vom notwendigen Ganzen aber als unzuverlässig. Überdies glaubt er von Parteien zu wissen, die in Berlin einander den Rang ablaufen ... Jetzt, in der Stunde des Handelns, mag dies weit hinter ihm liegen, darf er sich als ein Mann fühlen, der den Kampf gegen Napoleon vorbereitet. Seine Kaderakte, die Offiziersliste der preußischen Armee, spricht nicht ungünstig für ihn, sofern die kommende Aufgabe einen Insurgentenführer, keinen pedantischen Drillmeister verlangt: vortrefflicher Feldsoldat, mit aufrechtem Charakter, der die Zuneigung seiner Kameraden besitzt — doch leicht beeinflußbar und von einem Unabhängigkeitsdrang beseelt, der zu gelegentlichem Ungehorsam führt. Gleichwohl hegt Katte die kindliche Überzeugung, wie für den König, so reite er auch für das Vaterland. Ein Avantgardist preußischer Wiederherstellung, trägt er auf schwarzem Roß die Landesfarben: preußisch-blaue Uniform mit roten Aufschlägen und Kragen. Nur die polnische Mütze mit der Goldtroddel ist insurrektionelle Groteske dieses Freikorpsführers, der nun weitere Insurgenten, die vorbestellt sind, mit seinem Zug vereinigt. Nach Mitternacht wird Stendal erreicht — früher preußische Garnison, jetzt westfälische Distriktsstadt nach französischem Muster, deren unbedeutender Name als Pseudonym des Schriftstellers Henri Beyle in die Weltliteratur kommen wird. Harte Schläge dröhnen an das verschlossene Tor, und als ein Sesam-öffne-dich schallt der Ruf: «Hier ist Schill!» Der Trupp dringt ein, besetzt alle Tore, überrumpelt die Gendarmen in ihrer Kaserne, nimmt ihnen die Pferde, Uniformen und Waffen. Eine Streife sperrt die Straße nach Magdeburg, um verräterische Boten abzufangen.

Mit Lärm geht es zum Markt, wo Puppenspieler Braband auf seiner

Preußische Soldaten von 1806
Infanterist und Kanonier

Trommel die Bürgerschaft herbeirufen muß: Katte verkündigt die Befreiung des Vaterlands und fordert den Beitritt zu seiner Truppe, die die Vorhut eines von Schill geführten preußischen Korps sei. Hochrufe ertönen. Alles ist organisiert. Sogar Quartierzettel sind vorhanden, garantieren den Insurgenten einige Ruhestunden in den Häusern aufgeschreckter Bürger.

Der Unterpräfekt, Graf von der Schulenburg-Bodendorf, deutscher Adel in französischen Diensten, war ahnungslos aufs Land gefahren. Aber den Magistrat lud Katte zu nächtlicher Sitzung ins Rathaus ein, wo er – selbst Stendaler Bürger – seine Stadtväter mit förmlicher Rede begrüßt haben soll: «Meine Herren! Ich bin autorisiert, heute hier und zwar in einer Stellung zu erscheinen, wie die Ereignisse es gebieten. Als Deutsche und treue Anhänger Ihres geliebten und schmerzlich vermißten Monarchen werden Sie ahnen können, welche frohe Nachricht ich Ihnen mitzuteilen habe ... Alle Nationen von der Elbe bis zum Rhein sind mit der ersten Stunde des heutigen Tages von der Sklaverei undeutscher Beherrscher entwunden und frei, und die alten, ersehnten Verhältnisse werden freundlich wieder zurückkehren zu uns und bei uns von neuem heimatlich werden. Der heutige und die kommenden Tage werden dieses weiter entwickeln. Jetzt, meine Herren, ersuche ich Sie, eiligst Quartier und Verpflegung zu besorgen für ein Korps von 15000 Mann, wobei zirka 3000 Pferde sein können, welche heute noch eintreffen — und da sie morgen früh ihren Marsch weiter fortsetzen, so müssen die benötigten Vorspannwagen, ungefähr zwanzig, heute noch in Bereitschaft gestellt werden. Ich bedarf sogleich zweier vierspänniger Wagen.»

Diese Rede mag für Katte nicht schwierig gewesen sein. Er konnte leicht fordern und große Ereignisse ankündigen. Denn je naiver der Monarchismus, desto größer die Leistungen; je ungetrübter der Glaube an Rechtmäßigkeit und Einverständnis des absoluten Königs, desto stärker die Tatkraft, für ihn zu wirken. Und auch die rückschrittliche Perspektive, die einem Land bürgerlicher Gesetze die Restauration der «alten, ersehnten Verhältnisse» ankündigte, war Ausdruck dieser Geisteshaltung. Die Unbefangenheit des Monarchismus bedingte die Selbstgewißheit der Ideologie des Altpreußentums.

Die Rede Kattes mochte auf Stadtväter, in denen der alte preußische Untertan gegen den unfertigen napoleonischen Staatsbürger noch anstritt, Eindruck machen. Dennoch schien Vorsicht geboten: Absicherung gegenüber den konkurrierenden Gewalten. So spielten sie nun Komödie.

Wie die Sieben Schwaben im Märchen drängten sie hintereinander, schoben aber ihren Bürgermeister an die Lanzenspitze: Er sollte reden. Dieser, ein Herr von Woldeck, zuvor königlich-preußischer Landrat, jetzt napoleonischer Maire, mimte den Hilflosen, der nicht zuständig sei, weil er vor einiger Zeit um seine Entlassung nachgesucht habe. Doch seine Kollegen, im Gefühl der Bedrängnis, blieben zäh: Die Entlassung sei nicht vollzogen, also sei er noch Maire, also müsse er sprechen. Und Woldeck, wohl oder übel zu Worte gedrängt, zielte sogleich auf Kattes Nerv: «So muß ich denn zuvor wissen, wer Sie autorisiert hat.»

Dieser ging hoch. «Auf so eine boshafte oder höchst befangene Frage habe ich keine andere Autorisation Ihnen zu nennen als diesen meinen Säbel!»

Auch das war nun wieder ein echt preußisches Argument, worauf der Maire mit richtigem Sinn für seine Rolle erwiderte: «Ich werde Gewalt mit Gewalt zu vertreiben suchen.» Es war das Zauberwort, das ihn von weiterer Verantwortung erlöste.

Denn Katte, der im Augenblick wirklich Gewalt besaß, verlieh ihr nun Pathos und Funktion. «Wohl wissend, daß ich mit Franzosen, in deren Adern kein Tropfen deutschen Bluts mehr übrig geblieben ist, hier reden würde, habe ich schon Ableiter mit Bajonetten bestellt. Blicken Sie sich um – da steht noch deutsche Treue. Wache! Diese sind Arrestanten! Führt sie fort und haftet für ihre Köpfe!»

Auf dem Wege zum Gasthof «Schwarzer Adler», der als Haftanstalt vorgesehen war, demonstrierte der Bürgermeister noch einmal die Machtlosigkeit der Behörde. «Ich werde die Sturmglocke ziehen lassen!» soll er gerufen haben, worauf einige Bürger spotteten: «Wir schneiden die Stricke ab.» In dem Bewußtsein, für König Jérôme genug getan zu haben, konnte sich Woldeck mit seinen Kollegen getrost abführen lassen.

Wenig später, Katte hatte inzwischen die Beschlagnahme der Staatskasse des Generalsteuereinnehmers geleitet und abermals mit dem Säbel gedroht, eilte er den Gefangenen nach. Dort, wo die «Vertreter deutscher Treue» nicht mit im Saale, sondern auf Wache draußen vor der Tür standen, jubelte Katte: «Jetzt können wir brüderlich uns begrüßen. Stoßt die Gläser mit mir an! Auf bessere Zeiten, auf die Zeiten, welche Ihr längst herbeigewünscht habt und heute durch meinen Vortrag schon nahen seht!»

Auch die Verhafteten sollen bei bester Laune gewesen sein: «Vortrefflich und notwendig, daß Sie uns gleich durch diesen Arrest unschädlich und unverantwortlich gemacht haben. Hier in diesem heimlichen Zimmer dürfen wir unserer Freude Worte gönnen. Es lebe der Heißzurückersehnte – es leben die wiederkehrenden Zeiten! Und Sie, teurer Freund, segne Gott und ihr gewagtes Unternehmen.»

So jedenfalls wird Katte selbst den Hergang erzählen. Er wird Woldeck bescheinigen, in dieser Stunde ein «großer Anhänger Preußens» gewesen zu sein. Und weil zu den konservativen Überzeugungen des Preußentums Zucht und Unterordnung zählen, so wird Katte auch den Biedersinn der Stendaler Bürgerschaft rühmen: «Kein aufrührerisches revolutionäres Geschrei ließ sich hören; es war geläuterter, inniger Jubel und reine Freude, die durch die Luft erschallten.»

Das ist die Versicherung eines Mannes, der die Werbung von weiteren Insurgenten nach feudaler Methode betrieb. Den ehemaligen Regimentstambour Riek und den Soldaten Votsch hielt er auf offener Straße an: Ob sie nicht mitziehen wollten – wenn sie nicht gutwillig kämen, würden sie morgen von regulären preußischen Truppen mit Zwang geholt. An die derart Erpreßten, natürlich auch an die Freiwilligen, ließ er nach Werberbrauch Handgeld verteilen.

Am Morgen war die Beschlagnahme der Staatsgelder abgeschlossen: 44206 Franken aus der Generalsteuerkasse, 1755 aus der Domänenkasse, 802 aus der Akzisenkasse. Bei der Einziehung der Domänenkasse war es ganz gegen Kattes Wunsch und spätere Versicherung zum Volksauflauf gekommen. Die Stadtarmen belagerten das Haus des Verwalters, schwenkten drohend die Knüppel, ermutigten so die Insurgenten zur Beschlagnahme. Sonst aber sah Katte genau auf Ordnung: Den Kassenbeamten wurden Quittungen ausgehändigt. Die Kriegskontributionskasse wurde nicht angerührt, weil der Verwalter beteuerte, es seien private Gelder darin. Die Lieferungen der Bürger wurden bezahlt, sogar die Gendarmen empfingen Geld für ihre verlorene Kriegsausrüstung.

Katte hatte Abschied von seiner Frau und den Kindern genommen. Er schickte sie zu Verwandten auf preußisches Gebiet.

Gegen neun Uhr erfolgte das Sammeln zum Abmarsch. Noch einmal sprach Katte zu den Bürgern: Magdeburg sei schon in preußischen Händen, er wolle nun auch dorthin. Wieder ertönten Hochrufe. Mit dem Glockenschlag zogen die Insurgenten aus der Stadt. Die Angaben über ihre Stärke schwanken merklich: 20 bis 90 Reiter an der Spitze, hintendrein zwei Wagen mit den erbeuteten Kassen, zum Schluß 200 bis 300 Mann zu Fuß.

Ein Teil des Auftrags, den das Berliner Komitee gegeben hatte, war schon erfüllt. Katte hatte Insurgenten gesammelt und westfälische Kassen genommen. Nun, da der Schlag gegen Magdeburg beginnen mußte, ließ Katte an jeden Mann zehn scharfe Patronen verteilen.

Alle Teilnehmer, die späterhin ausgesagt haben, kannten das Ziel, wenngleich bei verschiedenem Grad des Bewußtseins. Kleinhändler

Schmidt will mitmarschiert sein, weil dies auch viele andere taten. Tagelöhner Lutter schloß sich Katte «aus Mangel an Unterhalt» an und meinte, «noch mehrere Mannschaft» käme hinzu. Tambour Riek, den Katte durch Drohung preßte, blieb im «ersten Schrecken ohne Überlegung» und will geglaubt haben, die «Preußen hätten die alten Provinzen wieder eingenommen». Soldat Votsch, der bei der geringen Anzahl der Insurgenten am Erfolg gegen Magdeburg zweifelte, hat sich durch Katte bereden lassen: Drei weitere Korps würden dazustoßen, vor allem die Truppen des Königlich Preußischen Majors von Schill. Auch der 63jährige Unteroffizier Burgow, den «Nahrungssorgen» plagten, war mit seiner Flinte gefolgt, sobald Katte die Ankunft des Schillschen Korps voraussagte. Solcherart waren die Männer, mit denen Katte die etwa 60 Kilometer von Stendal bis Magdeburg geschwind nun zurücklegen mußte, weil in der folgenden Nacht die Festung fallen sollte. Auch war Glück nötig: Die Annäherung gegen Magdeburg mußte geheim bleiben. Wirklich ritt ein Bote, der dem Oberpräfekten in Magdeburg die Stendaler Ereignisse melden wollte, genau in die Arme der Insurgenten, so daß Katte zufrieden spöttelte: Er werde die Meldung selbst besorgen.

In Burgstall, das auf halbem Wege liegt, war die Obrigkeit offen preußisch gesinnt. Sie ließ den westfälischen Adler vom Gebäude der Mairie herunterreißen, und Kantonbote Jahn führte die Insurgenten zum Gendarmerieposten, wo zwei Gendarmen gefangen wurden, zwei weitere aber entwichen. Der Maire lud Katte und seinen Stab auf das Amt: «Heute ist unser herrlichster Festtag. Wir haben Kuchen vollauf, und niemandem gebührt er wohl mit mehr Recht als unseren Befreiern.»

Während des Essens rollte ein Reisewagen ins Dorf. Der kaiserliche Domäneninspektor Fontaine, von Kloster Neuendorf kommend, wollte 550 Louisdor nach Magdeburg bringen. Katte empfing ihn schon auf der Treppe: «Sie sind mein Gefangener, Ihre Kasse ist mein!» 50 Goldstücke, so gelobte der Franzose, seien sein Eigentum. Er behielt 50 und einige dazu, wurde vergnügt an die Tafel geladen.

Von Burgstall aus schickte Katte einen Trupp von 50 Mann über die Elbe. Sie sollten Eugen von Hirschfeld den glücklichen Vormarsch mitteilen und dessen Sturm auf die Magdeburger Turmschanze verstärken. Die Hauptmacht aber zog mit beschlagnahmten Wagen auf kürzestem Wege weiter gegen die Festung.

Am Abend des 3. April, gegen zehn Uhr, hielt die Freischar vor Wolmirstedt, nahe dem Ziel. Hier warteten Abgesandte aus Magdeburg: Am Festungsglacis – im Wirtshaus «Zur blauen Mütze» – stünden Eingeweihte zu weiterer Führung bereit, das Krökentor sei geöffnet, die Sternschanze nur von 30 französischen Infanteristen besetzt.

Die Lage war günstiger denn je. Nur drei Kompanien Arbeitssoldaten, zwei Kompanien Infanterie und wenige berittene Jäger befanden sich in der Festung, der Zuzug des 1. westfälischen Linienregiments wurde erst für Tage später erwartet. Katte und Hirschfeld konnten den Sturm mit tausend Insurgenten, meist erfahrenen Soldaten, Unteroffizieren und Offizieren, wagen. Sie hatten Verbündete in der Stadt, besaßen den Festungsplan, auch die Schlüssel zu mehreren Toren und Werken. – Im sicheren Gefühl, der Handstreich müsse gelingen, gab Katte Befehl, die Rast zu beenden.

Da trat ein Fremder an Katte heran, meldete sich als Bote aus Berlin, reichte ihm einen Brief. Dies ist der überlieferte Text: «Hirschfelds lautes und geräuschvolles Sammeln seiner Leute bei Burg und Umgegend hat die Aufmerksamkeit des Gouvernements zu Magdeburg erregt. Er mußte auf dessen Requisition arretiert und hier eingebracht werden. Indem wir Sie hiervon benachrichtigen, raten wir, Ihren Angriff bis auf eine gelegenere Zeit zu verschieben.» Das Schreiben ist in Berlin datiert, am 2. April 1809. Die Unterschrift ist in der Überlieferung verschollen.

Des Himmels Blitze konnten nicht zerschmetternder wirken! Mit diesen Worten wird Katte seiner Enttäuschung nach Jahren noch Luft machen. Ein Fußbote aus Berlin – abgeschickt erst im Augenblick der Entscheidung – eine Schneckenpost – Urteil über Tod und Verderben vieler Menschen ... Was dachten sich die Männer, die das Steuer regierten? Hatten sie nicht jüngst die innige Bündigkeit des Ganzen versichert? Sie kannten genau die Stunde der Empörung und hielten den Brand noch zurück, als die Flammen schon loderten. Vernichtet war der Plan, für den sich so viele Menschen bloßstellten.

Mit sehr erkünstelter Ruhe soll Katte gesagt haben: «Soeben erhalte ich glücklicherweise noch ein Schreiben, welches mir die wichtige Nachricht gibt, daß eben jetzt unbezwingbare Hindernisse in den Weg getreten sind und es unmöglich machen, noch in dieser Nacht

Magdeburg zu nehmen. Ich werde demnach bei Rogätz über die Elbe gehen, in dortiger Gegend ruhig einige Tage verweilen, bis alle Hindernisse behoben sind, um sodann mit aller Kraft einen sicheren Erfolg zu erzwingen. Links abmarschiert! — Kehrt Marsch! Die Kavallerie deckt den Rückzug und die Kasse.» Vielleicht war Kattes Versprechen, den Angriff aufschieben zu wollen, nur Beruhigungstaktik, vielleicht aber glaubte er noch an eine Wiederholung des Streifzugs.

Die nächsten Ereignisse wirkten ernüchternd. Elf Insurgenten, die während der Rast ohne Erlaubnis nach Wolmirstedt vorgegangen waren, gerieten dort in Gefangenschaft, und ein Magdeburgischer Reitertrupp folgte beobachtend dem Rückzug der Aufständischen. General Michaud, Gouverneur der Festung, hatte durch die Gendarmen, die in Burgstall entsprungen waren, von Kattes Anmarsch erfahren und Alarm geschlagen. Doch schien ein Angriff noch möglich, denn einer der Magdeburgischen Reiter, von Kattes Leuten gefangengenommen, gab die Versicherung ab: Er und der größte Teil seiner Kameraden seien gut preußisch gesinnt.

So setzte die Freischar ungestört, nachts 2 Uhr, bei Rogätz über die Elbe. Sie lagerte in den Gehöften des Dorfes Schartau. Nach einer Stunde bereits brachte eine preußische Husarenpatrouille die Aufforderung des Platzkommandanten der Stadt Burg: Katte solle sich mit der ganzen Schar schleunigst zu ihm retten, französische Truppen stünden schon diesseits der Elbe, um anzugreifen.

Die Lüge verrät den Verräter. Wohl wissend, daß die Meldung nicht stimmte, die Franzosen den Fluß nicht überschritten hatten, witterte Katte die List, ihn ins preußische Fangnetz zu locken. Der Glaube an die formale Rechtmäßigkeit seines Streifzugs, schon durch den Brief aus Berlin stark erschüttert, war nun in Katte zerstört. Ein letztes Mal rief er seine Leute zusammen. Er stellte ihnen frei, dem Ansinnen des Kommandanten von Burg zu folgen, und ließ aus den erbeuteten Kassen Geld verteilen. Dann bestieg er sein Pferd und ritt nach Nordosten davon. Es muß ein heimlicher, rascher Entschluß gewesen sein. Denn Thielow-Tempsky, der Minuten später nach Katte fragte, war überrascht und fluchte laut hinter ihm her …

Auf dem nächtlichen Rückzug war ein großer Teil der Insurgenten entlaufen. Jetzt rückten noch etwa 150 Mann vor die Stadt Burg. Katte hatte richtig geargwöhnt! Der Kommandant forderte die Niederlegung der Waffen. Aber er mußte erfahren, daß Insurgenten, die das Wagnis der nationalen Erhebung auf sich nehmen, keine preußischen Marionetten sind. Sie luden ihre Gewehre und nahmen drohende Haltung an. Wohl überließen sie dem Kommandanten die Kassen. Sie selbst jedoch zogen davon und zerstreuten sich.

Der nationale Aufstand hatte nur einen Tag und zwei Nächte gedauert. Weder Katte noch Hirschfeld trugen Schuld, daß er scheiterte. Preußische Militärs, auf den Absolutismus, den unantastbaren Willen des Königs eingeschworen, hatten ihn abgewürgt.

Dies sind die Tatsachen.

Am 28. März 1809 erhielt Generalleutnant von L'Estocq, der 70jährige Militärgouverneur von Berlin, eine vertrauliche Mitteilung, die er im Bericht an den König – vom 4. April – näher bezeichnet: Der in der Stadt Burg sich aufhaltende, außer Dienst stehende Rittmeister von Hirschfeld gehe damit um, ein Streifkorps zusammenzubringen, mit dem er willens sei, falls der Krieg zwischen Frankreich und Österreich ausbreche, jenseits der Elbe als Partisan aufzutreten. L'Estocq habe daraufhin schriftlich und mit Androhung strengster Maßnahmen befohlen, einem «so strafbaren und den Intentionen Eurer Königlichen Majestät sowie dem Allerhöchsten Interesse so offenbar widersprechenden Vorhaben auf der Stelle zu entsagen». Auch wurde der Generalmajor von Hirschfeld, Vater des Beschuldigten, in Kenntnis gesetzt, damit er dem «strafwürdigen, höchst unbesonnenen Unternehmen des Sohnes» Einhalt gebiete. Gleichwohl kam am 2. April – diesmal aus Burg – eine Anzeige: Der junge Hirschfeld habe ein Streifkorps gesammelt, er werde in der Nacht vom 3. zum 4. April Magdeburg angreifen. Nun schickte L'Estocq einen Offizier mit dem Brief des Generals von Tauentzien, Oberkommandierender in der Mark Brandenburg, zu dem Verschwörer. Er solle sofort nach Berlin kommen, wo man im Namen Seiner Königlichen Majestät mit ihm sprechen wolle. L'Estocq begründete die Absichten: «Dies tat ich deshalb, um bei dem Hirschfeld nicht zur Unzeit einen Argwohn zu erregen, daß ich sein Unternehmen hintertreiben wolle, und um ihn zu vermögen, daß er willig sich hierher verfüge, weil dadurch aller Eklat vermieden würde. Für den Fall, daß der von Hirschfeld dem Rittmeister von Eisenhard auf die Aufforderung des Generalleutnants Graf von Tauentzien nicht folgen würde, gab ich dem von Eisenhard einen schriftlichen Befehl zur

Verhaftung des von Hirschfeld mit, und nur nachdem dieser ihm vorgezeigt worden war, fand er sich vermöget, dem Rittmeister von Eisenhard hierher zu folgen.»

Wohl hat Hirschfeld – auf Befehl L'Estocqs – seine eigenen Leute vom Aufstand zurückgehalten, aber er war nicht der Schreiber des Briefes, der Katte allzuspät warnte. Dieser Brief, bekanntlich in Berlin datiert, enthält drei Unwahrheiten. Nicht richtig war erstens, daß Hirschfeld die Aufmerksamkeit des Gouvernements in Magdeburg geweckt, zweitens, daß die Franzosen eine Inhaftierung Hirschfelds verlangt, drittens, daß man Hirschfeld bereits verhaftet habe. Hirschfelds Name blieb in Magdeburg ganz unbekannt. Der Schreiber, über die Marschroute Kattes gut unterrichtet, ohne Zweifel ein Mitglied des geheimen Komitees, wußte offenbar von den Maßnahmen L'Estocqs; er mochte aber Gründe haben, die volle Wahrheit zu scheuen. Denn die vertrauliche Mitteilung, die L'Estocq am 28. März erhalten hatte, war grobe Fahrlässigkeit oder gar Verrat.

Die Person des Denunzianten kann nicht mit ganzer Sicherheit bezeichnet werden, doch gibt es Angaben, die ziemlich klare Vermutungen gestatten. In einem undatierten Bericht des Oberleutnants Hünerbein, dem Scharnhorst am 25. April 1809 ein Formschreiben zufügte, wird Chasot genannt: «Die neulich in der Altmark ausgebrochene Insurrektion hat, obzwar der Graf Chasot es durchaus leugnet, er geradezu geleitet ... Was bei dieser Gelegenheit den Grafen Chasot der Untreue selbst gegen die eigene Sache verdächtig macht, ist, daß er den Rittmeister von Hirschfeld, der ... auf die Unternehmung gegen Magdeburg mitwirken und eigens die Zitadelle und Turmschanze nehmen sollte, bei Gouverneur von L'Estocq denunzierte und ihn arretieren ließ, ohne die Altmärkische Partei unter dem von Katte zu warnen ...» Katte selbst, der Chasot auf den Kopf zugesagt haben soll: «Durch Ihre Schuld geopfert, stehe ich hier als Geächteter und Verbannter», wird dessen Geständnis überliefern: «Ich fühle meine Schwachheit und trage die Strafe meiner Sünden gerecht und willig.»

Erst am 3. April war der verratene Hirschfeld bei L'Estocq in Berlin. Er empfing Kopfwäsche und Befehl: «... Alles, was in seinen Kräften stehe, aufzubieten, um seine Unbesonnenheit und Strafbarkeit dadurch zu mildern, daß er nicht nur selbst von dem Unternehmen sofort abstehe, sondern auch alle seine Verbündeten dahin vermöge, daß sie zu Ordnung und Ruhe zurückkehren.» Gegen

Ehrenwort wurde er freigelassen und wieder nach Burg geschickt. Doch soll er noch bei Chasot gewesen sein und diesem mit den härtesten Ausdrücken vorgeworfen haben: Nicht nur der ganze Plan, auch Katte und viele andere Menschen seien geopfert.

Nach Burg zurückgekehrt, hat Hirschfeld die empfangenen Befehle ausgeführt. Er mußte sich aber die Aufsicht des Platzkommandanten gefallen lassen. Sämtliche Militärkommandos an der preußischen Grenze waren überdies angewiesen, übertretende westfälische Insurgenten zu verhaften.

Am 5. April kam Katte nach Berlin – nicht auf schwarzem Roß, nicht im Ehrenkleid des königlich-preußischen Offiziers. Im Rock eines Windmüllers schlich er sich zu Fuß in die Stadt. Schon bei Spandau, in einer Kneipe, traf er auf Leute, die über ihn und seine Freischar erzählten und einen phantastischen Faden spannen: «Sie sollen sich vor Magdeburg tüchtig geschlagen haben, 2000 Franzosen sind auf dem Platze geblieben.» Katte logierte unerkannt in der Roßstraße, im Gasthof «Zum schwarzen Bären», kleidete sich neu ein und überraschte am Tage darauf die Mitverschworenen beim Mittagsmahl. Verlegenen Reden, in denen wiederum Chasot anklagend genannt wurde, soll Katte hart begegnet sein: Windgenies, die hier auf Stelzen laufen ... Zwerge in Löwenhäuten, die vor Enthusiasmus zerplatzen.

Nach Kattes eigenen Mitteilungen hat ihn am Abend Chasot aufgesucht. Der Sinn von dessen Erklärungen – Rechenschaft und Selbstanklage zugleich – ist mit folgenden Worten überliefert: «Waren jene großen Ideen, welche zu leiten ich mich erkühnte, unsicher und wankend, so lag dies in meiner zweifachen, sich entgegenstrebenden Stellung. – Mir ist nur das Kommando dieser Hauptstadt anvertraut. – Der König hat jenen Insurrektionsplan unwillig verworfen und streng untersagt. Aber überall hatte man schon dazu Brennstoff zusammengetragen und die allgemeine Ansicht war, daß nur allein auf diesem Wege die Rettung Deutschlands herbeigeführt werden könne. – Da ich nun mit Vergnügen die Riesenschritte bemerkte, welche jenseits gemacht wurden, so ergriff ich um so vertrauender und kecker die Zügel zu dieser Leitung mit denen meines Amtes und hatte den irrigen Wahn, beiden genügen zu können. Aber ... ich sah mit unlauterem Gewissen und Grausen dem Augenblick der Explosion entgegen ... Welch heterogenes Bestreben lag daher in meinen

Handlungen ...» Das war der Widerspruch, in den sich ein Diener des Absolutismus begab, wenn er mit Konspiration und Nationalaufstand spielte. Nur die Entschlossenheit, wenn nötig, mit den Volksmassen Rebellion zu treiben und den König in die Bewegung hineinzuzerren, war das Schwert, das diesen gordischen Knoten zertrennen konnte. Schill hatte immerhin vom Versuch einer Palastrevolution gesprochen. Gneisenau hatte sogar «einen in Berlin zu erregenden Volksaufstand» wagen wollen, und im Brief an Wiesner – vom 5. Februar 1809 – bejahte er die Notwendigkeit des «vulkanischen Weges», auf dem der zerrüttete Staat allein wiederherzustellen sei.

Chasot war aus weicherem Holz geschnitzt. Was er gegen Napoleon wünschte, schien ihm für Preußen gefährlich zu sein. Er wollte und fürchtete zugleich die Aktivität der Massen. Daher wohl seine angebliche Rede zu Katte: «Die diesseitigen Länder konnten nur durch die allerruhigste Politik gesichert werden; dahingegen erheischte das jenseitige Treiben, womit doch auch wieder das diesseitige notwendig verbunden sein mußte, die konsequenteste Kraft und Energie ... Was ich auf der einen Seite zu fördern suchte, sollte ich nach Pflicht auf der anderen wieder hindern. Jenseits ist leider eine Mine in die Luft gesprengt – und Sie mit ihr. Indessen hoffe ich, es wird auf diesseits noch keine unglückliche Rückwirkung haben; aber hier glimmt ein Feuer unter der Asche, welches Unheil bringen kann – und wird nicht zu löschen sein.»

Für Katte war das fehlende Einverständnis des Königs die bedrükkendste Last. Nun wurde schlimmes Befürchten zur niederschmetternden Gewißheit. «Also hat der König jene Ideen nicht genehmigt ... Jetzt bin ich ein Verbrecher! und alle meine Opfer sind um Nichts gebracht. – O! warum sagte man mir das nicht früher? Keine Macht der Welt hätte mich beredet zu dem, was ich aus innigem und anhänglichem Herzen für meinen geliebten König und für mein Vaterland zu tun mich verpflichtet glaubte.» Es war der Zusammenbruch eines naiven Monarchisten. Was in Chasot noch unentschieden war, kam in Katte zum bitteren Ende. Seine Katastrophe war individuelle Leideform eines allgemeinen, von mancherlei Zeitgenossen getragenen Irrtums: Mit dem Kadavergehorsam im Banne feudalrestaurativer Ideologie konnte der Kampf für die nationale Befreiung nicht gewonnen werden.

Am Abend des 7. April verläßt Katte heimlich Berlin. Er wird das

Gefühl der Niedergeschlagenheit, das eine seelische Nachwirkung seines mißglückten Aufstands ist, niemals mehr von sich abstreifen können. Aber sein Urteil über die Menschen, die ihn enttäuschten, bleibt maßvoll. So spricht er über den Mann, von dem er glaubt, verraten worden zu sein: «Chasot hatte viel Verstand und einen geachteten Willen, aber nicht Beharrlichkeit und Kraft genug zur Führung der Zügel.» Und so urteilt er über jenen anderen, dessen allbekannter Name Erleuchtung und Hoffnung der Aufständischen gewesen, dessen Spur aber im tagelangen Widerstreit um Kattes Insurrektion für den Geschichtsschreiber verlorengegangen ist: «Schill — von entschlossener, mutiger Tätigkeit und physischer Kraft, wollte unablässig das Gute, das Richtige; aber es zu wählen, war er bald zu schwankend, bald zu eilfertig; er vergriff sich unzählige Male. Der Sache war er mit dem innigsten, herzlichsten Gefühl ergeben, aber sein Entschluß war nie so bestimmt als sein Kommando: Marsch!»

Katte floh in die Emigration nach Prag, wo er sich dem Herzog von Braunschweig zu neuer Insurrektion zugesellte. Hinter ihm knallten die Schüsse französischer Hinrichtungskommandos: 14 Teilnehmer seines Aufstands starben auf dem Sandhaufen, die ersten am 13. und 14. April 1809 in Stendal und Magdeburg. Weitere Insurgenten gerieten ins Zuchthaus und auf die Galeere.

Aber die preußische Regierung war um ein gutes Einvernehmen mit dem französischen Nachbarn bemüht. Sie ließ Nachrichten dementieren, wonach der Kattesche Aufstand von preußischem Gebiet ausging. Und Friedrich Wilhelm III. befahl in der Kabinettsorder vom 10. April 1809: Insurgenten zu verhaften und nach der Festung Kolberg zu überführen. Er tat dies mit Furcht vor den eigenen Untertanen. «Bei Eurem ganzen Benehmen in dieser Angelegenheit», so schrieb er an Sack und L'Estocq, «mache Ich Euch zur angelegentlichsten Pflicht, möglichst alles zu vermeiden, wodurch Aufsehen und Erbitterung erregt werden könnte und überall für tiefste und strengste Geheimhaltung zu sorgen.»

Wenn Akteure mit ihren Handlungen der objektiven Notwendigkeit des geschichtlichen Prozesses dienen, so ist selbst ihr Scheitern nicht vergeblich. Bewegt sich doch jeder in einer Staffel, in der er die Fackel weiterreicht. Er ist Vorläufer für Nachfolgende: Seine Taten sind schätzbar, seine Erfahrungen übertragbar, seine Fehler korrigierbar, sein Streben lebt fort. So hatte auch Kattes mißlungener Streifzug einen Sinn für den weiteren Kampf um Unabhängigkeit.

Die Männer um Katte hatten getan, was andere nur zu denken wagten. Sie hatten ein Beispiel gegeben. War es auch nur der Aufstand simpler Soldaten, die auf Sold und angestammte Krone setzten, nicht auf die Demokratie nationalbewußter Massen, so kräftigten sie doch den Gedanken des nationalen Widerstands. War Kattes feudale Zielsetzung – die Wiederherstellung des alten Gesellschaftssystems im bürgerlich regierten Westfalen – auch eine Plattheit des Altpreußentums, kein vorwärtsweisendes Programm im Sinne von Stein, Scharnhorst und Gneisenau, so paarte sich diese Rückständigkeit doch mit dem objektiven Wagnis eines Ungehorsams, der den Bannkreis des Absolutismus durchbrach. Die gescheiterten Insurgenten konnten kräftigere Nachfolger finden: gewappnet mit dem Mut zur nationalen Massenerhebung und mit der Einsicht in die Notwendigkeit des sozialen Fortschritts.

Wohl wurden die Einzelheiten des Streifzugs kaum bekannt. Doch es war für alle Eingeweihten möglich, sofort eine Lehre zu ziehen: Mit bürokratischen Würgengeln vom Schlage L'Estocqs und Tauentziens war der Unabhängigkeitskampf nicht zu führen. Man mußte entschlossener wirken und Ungehorsam wagen.

Justus Gruner, Berlins neuer Polizeipräsident, ermutigte hierzu. Er begann seine Amtsführung mit der Verhaftung eines Kommissars, der den Franzosen zugearbeitet hatte, und erntete Beifall dafür. Er rüstete vier ehemalige Offiziere, die sich an Kattes Insurrektion beteiligt hatten, mit Geld aus und ließ sie in der Provinz untertauchen. Es gab also Beamte, deren Handeln der nationalen Bewegung entsprach.

Auch Oberpräsident Sack widerspiegelte treulich die Ansichten der Patrioten. Am 8. April berichtete er an den Innenminister, daß Kattes Aufstandsversuch starke Anteilnahme errege und «die meisten sich heimlich darüber freuen».

In diese Stimmung peitschte am 15. April 1809 die Nachricht vom Kriegsausbruch: Seit dem 9. schon loderten auf den Berggipfeln Tirols die Feuersignale des Volksaufstands, stürzten sich waffenkundige Bauern in organisierter Masse auf die bayrischen Rheinbundtruppen. Am selben Tage hatte Erzherzog Karl, österreichischer Oberbefehlshaber, den Krieg an Frankreich erklärt und mit sechs Armeekorps den Vormarsch an Donau und Inn begonnen.

«Hier machen diese Nachrichten des nun also wirklich losgebrochenen Krieges große Sensation ... Die Stimmung ist allgemein, daß jetzt oder nie eine Rettung aus der Abhängigkeit und Übergewalt möglich sei», meldete und drängte Sack im wöchentlichen Regierungsbericht.

Aus Königsberg aber kamen Anordnungen, die wie schwerflüssiges Öl die Wogen des Patriotismus glätten sollten: Friedrich Wilhelm III. mißbilligte den Aufstand Kattes und verbot jede Freikorpswerbung, er tat dies höchstselbst am 18. April in der Spenerschen Zeitung. Die Staatsräson des Gottesgnadentums befahl in gewohnter Anmaßung, daß wieder einmal Ruhe die erste Bürgerpflicht sei.

Von vielen, die sich für den Krieg begeisterten, wurde aber der landesväterliche Drohfinger kaum wahrgenommen. Trat doch an diesem Tage der naive Monarchismus, das partikulare Staatsbewußtsein des Preußentums, hinter ein Idealbild gesamtdeutscher Interessen zurück. Man wußte von Bestrebungen einer österreichischen Reformpartei, von der Aufstellung einer Landwehr zum Kampf gegen Frankreich — das mochte genügen. Als nun die Proklamation eintraf, in der Österreichs Oberfeldherr die «deutsche Nation» zum Kampfe rief, horchten die Patrioten auf das vaterländisch gestimmte Wortgeklingel, mit dem die Dynastie Habsburg alte und neue Verdienste um Deutschland beanspruchte: «Wir kämpfen, um die Selbständigkeit der österreichischen Monarchie zu behaupten, um Deutschland die Unabhängigkeit und Nationalehre wieder zu verschaffen ... Unsere Sache ist die Sache Deutschlands. Mit Österreich war Deutschland selbständig und glücklich; nur durch Österreichs Beistand kann es wieder beides werden. Deutsche! ... Wirkt mit zu Eurer Rettung!»

Auch das war Aktion, die den politischen Blick nach rückwärts bannte. Was da als Zeugnis eines vergangenen Glücks unter Habsburgs Fittichen beschworen wurde, war des alten deutschen Reiches makabre Herrlichkeit — von Friedrich Engels späterhin ein «Dunghaufen der Fäulnis und des abstoßenden Verfalls» genannt. Wie ein Alp lastete die Ideologie des feudalen Legitimismus auf den Hirnen vieler Napoleongegner, und auch Heinrich von Kleist hat nationale Dichterwürde bloßgestellt: Sein «Katechismus der Deutschen», der Napoleons vieldeutige Gestalt grobschlächtig nur als Ausgeburt der Hölle und Erzfeind aller Deutschen karikiert, lehrt kindisches Vertrauen auf Franz, den alten deutschen Kaiser; er verheißt die Wiederherstellung des früheren Reiches und bietet für solcherlei Zielsetzung «Gott und Vaterland, Kaiser und Freiheit, Liebe und Treue, Schönheit, Wissenschaft und Kunst» als wohltönende Phrasen auf. Die wortreiche Hoffnung auf Unabhängigkeit ließ Spielraum für eine feudale Restauration.

Doch da nun einmal gekämpft werden mußte, bot Österreich immerhin einen wirklichen Beginn. Sein national getönter Schlachtruf ließ deutsche Herzen höher schlagen.

Schill war im Innersten ergriffen. So sah ihn Graf Voß, der von einer heimlichen Sendung aus Prag zurückkehrte, schon am Morgen des 18. April: «Ich fand sein Zimmer voll Menschen ..., mehrere sahen aus, als wenn sie eben von der Reise kämen. Er selbst begrüßte mich freudig, hatte aber seinen Kopf so voll und diktierte so eifrig, daß ich ihn bat, zu Mittag mit mir zu essen, wo wir ruhiger sprechen könnten. Er sagte es zu und kam pünktlich. Niemals hatte ich ihn so bewegt gesehen.» Bei Tisch gestand Schill: Er habe eine Proklamation an die Bewohner Westfalens geschickt, worin er verspreche, in Kürze in ihrer Mitte zu sein. Voß sollte ihm rasch ein Gespräch mit der Kurprinzessin von Hessen-Kassel vermitteln.

Am Abend feierte Schill die kommenden Entscheidungen mit den Husaren seiner Leibschwadron. Er zog bei Marschmusik vom Tiergarten zur Mittelstraße, zahlte dort für alle die Zeche bis zum Morgen des folgenden Tags. Dann ging er zur Kurprinzessin Auguste, der Schwester des Königs, damit sie künftige Taten westlich der Elbe legitimiere. Doch goß man ihm Wasser statt Wein in den Becher der Freude. «Wie die Sachen noch standen, durfte und konnte sie nicht öffentlich mitwirken», sagt lakonisch Graf Voß, fügt aber anteilnehmend hinzu: «Wie wogte und glühte es in ihm! Noch war er nicht entschieden, ob er allein oder mit seinem Regimente fortgehen sollte. Wir sprachen viel darüber; ich war für das erstere. Er schien mir nachzugeben, hat aber später dieser Frage nie mehr Erwähnung getan.» Am 22. tafelte Schill erneut mit Graf Voß, der einerseits fand, sein Gast sei der Größe seines Namens nicht gewachsen, andererseits aber dem Scharm des Patrioten erlag. «Wie schwärmten wir in die Zukunft, und wie liebenswürdig war er in solchen Augenblicken, wo das reine Feuer in seiner Brust hell aufloderte! Ein schöner Ausdruck von Treue und wahrem, heiligem Willen war mir in seinem ganzen Wesen unverkennbar, und wenige Menschen, vielmehr keiner, haben jemals so auf mich gewirkt.»

Auch Chasot knüpfte an Österreichs Kriegsbeginn neue Erwartungen auf eine Teilnahme Preußens. Er bewog Major von Klüx, einen Flügeladjutanten des Königs, in Berlin zu bleiben: «Du bist hier nicht unnütz, denn wenn es losgeht, müssen noch Truppen errichtet werden. Offiziere wie Du, zum Kommandieren, werden nötig tun, und Du kannst ja dann gleich eine Brigade nehmen und damit vorgehen.» Auf die lässige Frage des Klüx, ob die Berliner dem Kriege nicht abgeneigt seien, soll Chasot mit Eifer erwidert haben: «Nein, das glaube ich nicht. Der größte Teil will den Krieg gegen Frankreich und es ist so allgemein, daß ich fürchte, wenn der König sich nicht für Österreich erklärt, so werden die Truppen mißmutig werden ...»

Nicht nur der Ruf Österreichs, auch die preußische Städtereform — Steins fortschrittliche Hinterlassenschaft — bewegte Berlins Bürger. Zum ersten Male wählten sie ihre Stadtverordneten. Wohl zwängten Bürokratie und Geistlichkeit das Ereignis in ein Schnürkorsett preußisch-protestantischer Bigotterie, sie ließen den Wahlakt in den Kirchen vollziehen, befahlen den Liedtext: «Es wolle uns Gott gnädig sein», tischten Predigten nach dem 2. Buch Mose, Kapitel 18, Vers 21 auf: «Siehe Dich um unter allem Volk nach redlichen Leuten, die Gott fürchten, wahrhaftig und dem Geiz feind sind.» Aber die frömmelnde Demut war nur das Feiertagsgewand, unter dem die Wünsche und Leidenschaften weiter rumorten.

Mit dem vorgetäuschten Eifer des polizeilichen Ordnungshüters meldete Gruner am 22. April dem Staatsminister Graf von Dohna einen «verderblichen Fraktionsgeist» unter Militär und Bürgerschaft, er fügte sogleich aber als Patriot anteilnehmend hinzu: «Krieg wäre das sicherste Mittel, ihn unschädlich zu machen.» Diese Gesinnung bekräftigte er am Tage darauf bei einem Festessen mit Schill.

Am 24. sprach erneut auch Oberpräsident Sack für Krieg: «Wie verschieden die Meinungen und Ansichten der einzelnen sein mögen, so treffen sie doch darin wie in einem Brennpunkt zusammen, daß jetzt oder nie die Zeit der Erlösung von dem Joche Napoleons gekommen ist.»

Sogar Generalleutnant von Tauentzien erklärte unmutig dem König: Er stehe für nichts, wenn nicht schleunigst die Schilderhebung gegen Frankreich erfolge; auch brauche er für Berlin zuverlässige Truppen. Und Außenminister Graf von der Goltz schrieb an die Königin: «Wenn der König länger zaudert, einen der öffentlichen Meinung, die sich laut für Krieg gegen Frankreich erklärt, entsprechenden Entschluß zu fassen, so wird unfehlbar eine Revolution ausbrechen.»

Auf den österreichischen Krieg reagierte Preußen also mit Krise. Zwischen Angeboten aus Wien und Paris, London und Petersburg schwankend, trieb es in einer Situation, in der Unruhe, Aufregung, Rebellentum gärten.

So empfand es auch König Friedrich Wilhelm in Königsberg.

Er hatte das Bündnisangebot der Wiener Regierung zuletzt nicht brüsk zurückgewiesen, sondern Bedingungen gestellt: Erst müsse Österreich in Süddeutschland und Italien militärische Erfolge erringen, im Osten das Herzogtum Warschau erobern, in Norddeutschland ein Armeekorps durch Sachsen nach Kassel entsenden, und England müsse mit Geld, Waffen, Truppen helfen. Diese ablehnende Zusage oder auch zusagende Ablehnung, ein Gummistück entscheidungsloser Diplomatie, war am 6. April 1809 an Wessenberg abgegangen, sie verschob die preußische Teilnahme auf den Sankt-Nimmerleins-Tag, falls nicht österreichische Waffen Wunder wirkten. «Preußen muß sich also fürs erste ruhig halten!» lautete die Losung, zumal ein Regierungssturz in Stockholm soeben die Annäherung Schwedens an Frankreich und Rußland vorbereitete.

Der zaudernde Monarch war aber durch Kattes Insurrektion, durch Widerstand und rebellischen Ungehorsam aufgeschreckt worden. Er begriff das Krisenhafte der Lage und klagte schon am 12. April in sein Tagebuch: «Wäre es nach allen diesen Erfahrungen noch als etwas Unerhörtes und ganz Unerwartetes anzusehen, wenn auch bei uns der Fraktionsgeist über kurz oder lang dahin trachten möchte, eine Regierungsveränderung herbeizuführen oder einen anderen, von der Meinung Begünstigteren auf die Stelle zu setzen, zu der ich von der Vorsehung bestimmt war und die mir wahrlich sehr wenig frohe Augenblicke, wohl aber Kummer und Gram mancherlei Art gewährt hat?» Mit ruheheischenden Geboten für seine Untertanen, mit Beschwichtigungen für den österreichischen und den französischen Gesandten glaubte der König am Staatsruder bleiben zu können, und er nährte die Hoffnung, die Gefahr des Krieges werde vergehen.

Da kam die Nachricht des Kriegsbeginns am 22. April auch nach Königsberg. Sie vertrieb Illusionen, konnte aber zur schnellen Entscheidung nicht anspornen. Erst am 26. hielt Friedrich Wilhelm die Mitglieder des Staatsministeriums und die stimmberechtigten Prinzen um eine Begutachtung der an Österreich gegebenen Erklärung an. Alle entschieden sich für Krieg, Prinz Heinrich und das Staatsministerium sogar für sofortiges Losschlagen — aber der Amtsschimmel der hohen Bürokratie schritt in grotesker Langsamkeit, so daß die letzten Gutachten erst am 4. Mai eingingen. Zeit genug, um Erfolg oder Mißerfolg Österreichs feige abzuwarten. Zeit genug auch für neue innenpolitische Schwierigkeiten ...

Bereits vor Kattes Erhebung hatte sich abermals Kundschafter Romberg von Bielefeld nach Berlin geschlichen, wo französische Agenten die Wege zu Schill und Chasot belauerten. Es schickten ihn seine alten Auftraggeber: Bürgermeister Meyer und Friedensrichter Meyer in Heiden, Amtmann Meindersen in Ravensberg, Landrat von Ledebur in Schülske (Schildesche) und Amtmann Parkhusen im Fürstentum Lippe. Schill, noch im Bett liegend, ließ den Boten sofort zu sich kommen, empfing vier kleine, adressenlose Billetts, auf denen die Kantonalbeamten mit Einstimmigkeit drängten: Sie seien Preußen mit Kopf und Herz, könnten die französische Bedrückung nicht länger ertragen, Schill solle zu Hilfe eilen.

Diesmal wurde Romberg nicht in Klausur gesperrt, zumal er die strenge Befragung nach Bielefelds Land und Leuten, von ortskundigen Männern vorgenommen, gut bestand. Erst am 5. April — nach dem Mißlingen der Katteschen Insurrektion — wurde Romberg für die Rückreise abgefertigt: Adjutant Bärsch übergab einen von Schill signierten Paß, eine Quittung für den Empfang der geheimen Billetts, vier Antwortbriefe, die er geschrieben und Schill unterzeichnet hatte, dazu noch ein Handschreiben des Majors von Blücher, Sohn des bekannten preußischen Generals.

Die Briefe sind fast gleichartig formuliert. Für Landrat von Ledebur lautete der Text: «Herr Provinzialrat! Der Landsmann Romberg aus dem Amtsbezirk Heiden war schon vor einigen Monaten bei mir und versicherte, daß Sie mir Ihr sehr liebes Andenken bewahrt hätten. Diese Versicherung war mir zu schmeichelhaft, um zunächst den Worten des Landsmannes Romberg Glauben beizumessen. Aber da Romberg tatsächlich wiederkam und dieselbe Versicherung erneuerte, bleibt mir kein Zweifel, und ich danke Ihnen dafür von ganzem Herzen. Es ist möglich, daß einer meiner Freunde bald in Ihrer Gegend ankommt und sogar mit diesem Brief. Ich habe ihn beauftragt, Ihnen in meinem Namen Ihre Freundschaft zu erwidern. Ich hätte vorgezogen, selbst Ihre liebe Bekanntschaft machen zu können, wenn die Umstände es mir erlaubt hätten, ich behalte es mir vor, ebenso wie ich Sie bitte, die Versicherung der Bündnistreue freundlichst anzunehmen ...»

Es scheint, als habe ursprünglich die Absicht bestanden, einen Freund aus dem Kreise der Konspirateure mit der Überbringung der Briefe zu betrauen, da der Text in solcher Voraussicht geschrieben ist. Weil aber in den Tagen von Kattes unglücklicher Insurrektion der Grenzübergang für preußische Offiziere zu gewagt schien, hat wohl Romberg, der als westfälischer Geschäftsreisender getarnt war, die Briefschaften übernehmen müssen. Auch erhielt er – in eine Rolle verpackt – drei Kupferstiche, die in drei Briefen erwähnt sind. So lautet Schills Postskriptum zum Schreiben an Ledebur: «Ich möchte Ihnen eine Probe meiner Freundschaft geben. Romberg hat mir versichert, daß mein Porträt Ihnen Vergnügen machen könnte, und ich nehme mir die Freiheit, es Ihnen zu schicken, und es wird nur dann von Wert sein, wenn Sie es annehmen.»

Mit seiner scheinbar ungefährlichen Last reiste Romberg zur Elbe zurück, um den Grenzfluß südlich von Magdeburg zu überqueren. Aber er trug im Gedächtnis den Sinn von Schills Worten als verfängliche Konterbande: Gruß den Landsleuten in Westfalen, die bald in Freiheit leben – denn in drei Wochen wird marschiert ...

Als nun die Nachrichten vom Kriegsausbruch in Berlin eingetroffen und die Patrioten in Hochstimmung waren, drängte zu Schill wieder ein Bote aus Westfalen – abgehetzt, in fliegender Erregung: Alexander von Bothmer, Beamter im Kasseler Staatsministerium, meldete im Auftrage Dörnbergs, daß die Verschwörung verraten sei, der bewaffnete Aufstand deshalb vorfristig in der Nacht zum

22. April losbrechen werde. Nach dieser ersten Botschaft, die ohnehin alle Nerven auf eine Zerreißprobe stellte, wirkte die zweite wie ein Keulenhieb: Die Franzosen haben Romberg in Berlin bespitzelt und am 10. bei Aken an der Elbe verhaftet. Romberg ist geständig. Seine Bielefelder Auftraggeber sind ebenfalls verhaftet.

Im westfälischen Regierungsbericht vom 19. April ist Anklage gegen Katte und Schill erhoben worden: «Man hat in Stendal gehandelt wie in einem regelrechten Kriegszustand. Der Offizier von Katte und seine Truppen sind als Partisanen geführt worden ... Alles das gewinnt immer mehr Gestalt und Farbe ..., wenn man sieht, daß in derselben Zeit aktive Offiziere wie die Majore Schill und Blücher ... verbotene Hoffnungen nähren, den Krieg versprechen ..., und Major Schill ließ sein Porträt verteilen wie das eines Befreiers.» An diesen Tatbestand werden Empfehlungen für König Jérômes außenpolitische Aktion geknüpft: «Eure Majestät sollte die Bestrafung der Majore Schill und Blücher verlangen; wird sie verweigert, so würde die preußische Regierung den sehr begründeten Verdacht bestätigen, daß nichts ohne ihre Einwilligung geschehen ist ...» Und wirklich sind Schills belastende Briefe mit schärfster Beschwerde dem preußischen Gesandten in Kassel vorgelegt worden, der auch sofort an den Hof nach Königsberg berichtet hat.

Merkwürdige Wiederholung unliebsamer Zwischenfälle! Zwei Wochen zuvor hatte Katte jenseits der Elbe den Aufstand begonnen, diesseits aber war Hirschfeld denunziert und bei Androhung strengster Strafe zurückgehalten worden. Jetzt stand Dörnbergs Erhebung unaufhaltsam bevor – und Schill war verraten. Nur eine kurze Zeitspanne blieb für Furcht oder Hoffnung: Anklage wegen Hochverrats oder Beglaubigung durch Preußens Kriegseintritt.

Schon aber bereiteten preußische Denunzianten der herandrohenden französischen Beschwerde den Weg. Die höfische Partei der Kollaborateure nutzte die Zeit, setzte in Königsberg jedes Mittel ein, um Einfluß auf den schwankenden Monarchen zu gewinnen und die Kriegspartei anzuschwärzen. Graf von Krockow intonierte den Verdacht: Ein Bund, mit Scharnhorst an der Spitze, wolle den König vom Throne stoßen und den Prinzen Wilhelm küren.

Der Denunziant Hünerbein, ein Oberleutnant und Beauftragter L'Estocqs, zielte scharf auf das geheime Widerstandskomitee in Berlin. Seinen undatierten Bericht mußte Scharnhorst am 25. April wohl oder übel an den König weiterreichen. Der Berichterstatter schießt Streufeuer gegen die illegal tätigen Offiziere, er richtet die schweren Kaliber altpreußischer Entrüstung zunächst gegen Professoren und Priester, die vermöge ihrer Gewandtheit in Rede und Schrift Zuspitzer der gesetzwidrigen Bewegung seien: «Dies war der Grund, daß ... der Egoismus, die Exaltation, die Herrschsucht, der Neuerungsgeist und der den Männern von der Feder gewöhnlich anklebende Republikanismus allmählich die Furien gebildet hat, die, wenn nicht mit Kraft entgegengewirkt wird, Ew. Majestät und das Vaterland in rettungsloses Verderben stürzen müssen ... Durch zwei rasende Menschen, den Professor Kiesewetter und den Prediger Schleiermacher aufgeregt, haben Graf Chasot und sein Anhang durchaus nicht die Sache Ew. Königl. Majestät oder seines Vaterlandes, sondern nur die teutsche Sache vor Augen, und sie haben auch mit dem österreichischen Hofe unterhandelt und ... Truppen zur Hilfe angeboten.» Der Anschwärzer sammelt die Worte derer, die Krieg gegen Frankreich wünschen, zu staatsgefährdender Blütenlese. So habe Kiesewetter gesagt, daß «nunmehr der Zeitpunkt des Handelns für teutsche Völker gekommen sei, daß auf die regierenden Dynastien keine Rücksicht zu nehmen sei und daß – wenn sie keine Kraft hätten – man sie geradezu absetzen müsse». Und natürlich handele auch Schill «in eben dem Geiste». In der Popularität dieses Mannes fürchtet Hünerbein die gefährlichste Kraft, die durch den Staat kaum mehr überwindbar sei: «Bei der Menge der Anhänger, bei der Stimmung der Nation gegen die Franzosen, bei dem Ruf des Majors von Schill ist die Partei immer zu mächtig geworden, um sie öffentlich anzugreifen.»

Diesmal bewies Friedrich Wilhelm, daß er auch schnell reagieren konnte. War er doch ganz so vertrottelt nicht, wie ihn spätere Kritiker nennen – nur mußte es gegen jene gehen, denen sein Unbehagen immer schon nachstellte. Noch am selben 25. April 1809, da ihm zu allen anderen Unglücksbotschaften noch Hünerbeins Denunziation zu Gesicht kam, trieb er Eilboten nach Berlin. Zuerst zum Außenminister von der Goltz, damit dieser den Schriftwechsel mit Siméon und Fürstenstein, den Ministern der westfälischen Regierung, gehörig pflege: «... Ich lege einen desto größeren Wert darauf, als die Ansichten und Handlungen vieler Meiner Diener in diesem wichtigen Zeitpunkte sehr übereilt sind und Mir zur Unzufriedenheit gereichen. Ohne feste Leitung und strengen Gehorsam besteht keine Ordnung. Jene müssen daher mit allen Mitteln gehandhabt und bewirkt werden ... Ich befehle dem Major Graf Chasot ..., zugleich aber auch dem Major von Schill, sofort hierher zu kommen, Ich mache Euch solches mit dem Befehle bekannt, solches ganz geheim zu halten. Wenn solche abgereist und von dort entfernt sein werden, so habt Ihr dem Siméon und besonders dem Graf Fürstenstein zu erwidern, daß Ich auf die jenseitige Beschwerde den von Schill einberufen hätte und die Sache unter Meinen Augen genau untersuchen lassen würde ...» Die Kabinettsorder an Gouverneur L'Estocq bezieht sich unmittelbar auch auf Hünerbeins Denunziation: «Mit unbeschreiblichem Mißfallen habe Ich Alles Dasjenige vernommen, was diese Berichte über den Zustand und die Lage der Sachen in Berlin enthalten. Ich bin Ihnen vielen Dank schuldig, daß Sie mir so bestimmte Data geliefert haben. Die Majors Chasot und Schill haben heute den Befehl von Mir erhalten, augenblicklich nach Königsberg abzugehen, wo Ich das Weitere Erforderliche nach Umständen zu verfügen Mir vorbehalte ...»

Das mochte, obschon in lächerlichem Kanzleideutsch, die Androhung eines kriegsgerichtlichen Verfahrens sein.

Noch aber war nicht die Zeit der Telegrafen und Ferngespräche — fahrende und reitende Königsboten, so schnell sie auch jagten, benötigten drei, vier Tage von Königsberg bis Berlin. Für die Konspirateure waren es Tage nervöser Spannung, aber auch Tage der Zuversicht und der mutigen Entscheidung.

Am 25. erfuhr Berlin vom Sieg der Tiroler auf dem Berg Isel und von der Eroberung Innsbrucks (12./13. April). Sofort schickte Chasot den Plan zur Bildung eines «Preußischen Freikorps» an Erzherzog Karl: «Mit Schmerzen sieht der preußische Untertan, dem die Deutschheit am Herzen liegt, daß der König von Preußen an diesem entscheidenden Kriege keinen Anteil nehmen dürfte. Eine Anzahl kräftiger preußischer Männer sind entschlossen, Preußen zu verlassen, um für die Sache Deutschlands zu fechten. Von Österreich erwartet Deutschland sein Heil. Österreich tragen diese Männer ihre Kräfte an.» Das Freikorps solle in Norddeutschland eingesetzt werden, wo der Haß gegen Napoleon in der Anhänglichkeit des Volkes an seine alten, vertriebenen Fürsten eine Nahrung finde ... Geschah dies mit Schills Einverständnis? War Chasot auch hier dem Geiste des Legitimismus verhaftet, der schon den Dichter Kleist für Österreich gefangen nahm? – Der denkwürdige Plan wird den hohen Adressaten niemals erreichen, denn Wiens Bürokraten werden ihn fein säuberlich hinter Aktendeckel sperren.

Zwei Tage später, am 27., untersagte eine königliche Verordnung in der Spenerschen Zeitung allen preußischen Offizieren den Aufenthalt westlich der Elbe. Aber die Nachricht von einem Erfolg der Österreicher bei Hof ergab Freudentaumel und Mut genug, dieses Verbot Seiner Majestät in den Wind zu schlagen, und Stadtkommandant Chasot verkündete der Berliner Garnison die Tagesparole: «Karl und Hof». Eine weitere gute Botschaft brachte Kammergerichtsassessor Eichhorn aus der westfälischen Hauptstadt mit: Von Kassel bis Marburg seien die Hessen im Aufstand, mit 50000 Mann ziehe Dörnberg zum Sturm gegen König Jérômes Residenz ...

Nicht immer ist Augenzeugenschaft schon Wahrheitsbeweis, nicht immer behält eine Jubelnachricht ihre Gültigkeit bis zum Ende. Aber Eichhorn schien sich seiner Sache gewiß zu sein. Er rühmte Dörnbergs guten Ruf als eine Sicherheitsgarantie des Erfolgs: «Alle Stände zeigen die höchste Einmütigkeit ... Es werden die angesehensten Menschen genannt, die mit Dörnberg im Bunde sein sollen. Übrigens selbst habe ich überall nur eine Stimme gehört. Nicht Ehrgeiz, nicht Gewinnsucht, nicht Rache hat ihn zum Aufrührer gemacht; die reinste Liebe und die höchste Begeisterung für Teutschland und teutsche Nationalität ... haben in ihm den Mut erzeugt, ... der Not des Vaterlandes zu Hilfe zu kommen, mit Aufopferung seiner selbst und von den Seinigen.» Eichhorn beurteilte die Westgebiete nach den Wünschen des Nationalbewußtseins: «Wie die Hessen, denken auch die Völker am Rhein und am Main ... In allen glüht nur ein Haß und nur ein Verlangen, Teutsche zu bleiben und teutsche Nationalität zu behaupten.» In diesem Bericht schwingt das Gefühl patriotischer Zeitgenossen, die für den Sieg der hessischen Rebellen fieberten.

Wie sehr mußte der helle Ton dieser Botschaft in jenem Manne nachklingen, auf den die Patrioten seit Monaten blickten. In dem Bewußtsein, daß nun die Stunde seiner Bewährung schlüge, von der alles mit abhing: Glaubwürdigkeit oder Lächerlichkeit der eigenen Person, Erfolg oder Mißerfolg Dörnbergs, Kraft oder Schwäche der ganzen nationalen Bewegung – trug Schill die Bande, die widerspruchsvoll an ihm zerrten. Dienstgehorsam und Treueid gegen den absoluten König hielten ihn zurück. Nationalgefühl und Solidarität

Der Held der Berliner

Ferdinand v. Schill 1808/09 (Radierung von K. L. Buchhorn)

Berlin um 1809

Rechts: Der Platz am Eingang der Linden 1804 (Kupferstich von F. L. Catel)

Unten links: Der Lustgarten mit Domkirche und Schloß (Radierung von F. A. Calau)

Unten rechts: Der Alexanderplatz (Kupferstich von F. L. Catel)

Aus der Armee entlassen

Der sinnende Hauptmann (Kreidestudie von G. Schadow)

Napoleon
(Kupferstich von Bertrand)

Friedrich Wilhelm III.
(Kupferstich von Meno Haas)

Kampfgefährten

Major Ferdinand v. Schill
(Holzschnitt von E. Sachse)

Major Adolf v. Lützow
(Kupferstich von G. Longhi)

Oberst Wilhelm Freiherr v. Dörnbe
(Radierung von L. E. Grimm)

*Theoretiker des Volks-
widerstands gegen
die napoleonische
Fremdherrschaft*

Rechts: Gerhard Johann
David v. Scharnhorst
(Gemälde von Gebauer)

Unten links: August Neit-
hardt Graf v. Gneisenau
Kupferstich von K. L. Buchhorn)

Unten Mitte: Karl Freiherr
von und zum Stein
Kupferstich von F. W. Bollinger)

Unten rechts: Friedrich
Ernst Daniel Schleiermacher
(Zeichnung von F. Krüger,
lithographiert von Gentili)

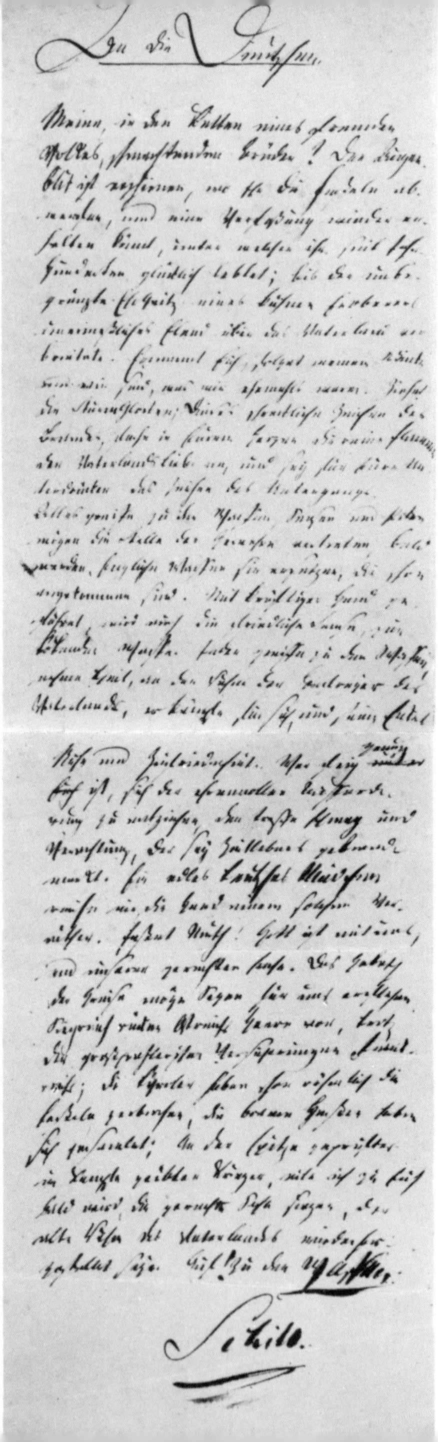

Schills Aufruf
„An die Deutschen“

Attacke Schillscher Reiter

2. Brandenburgisches Husarenregiment „v. Schill", 1809
(Zeichnung von R. Knötel)

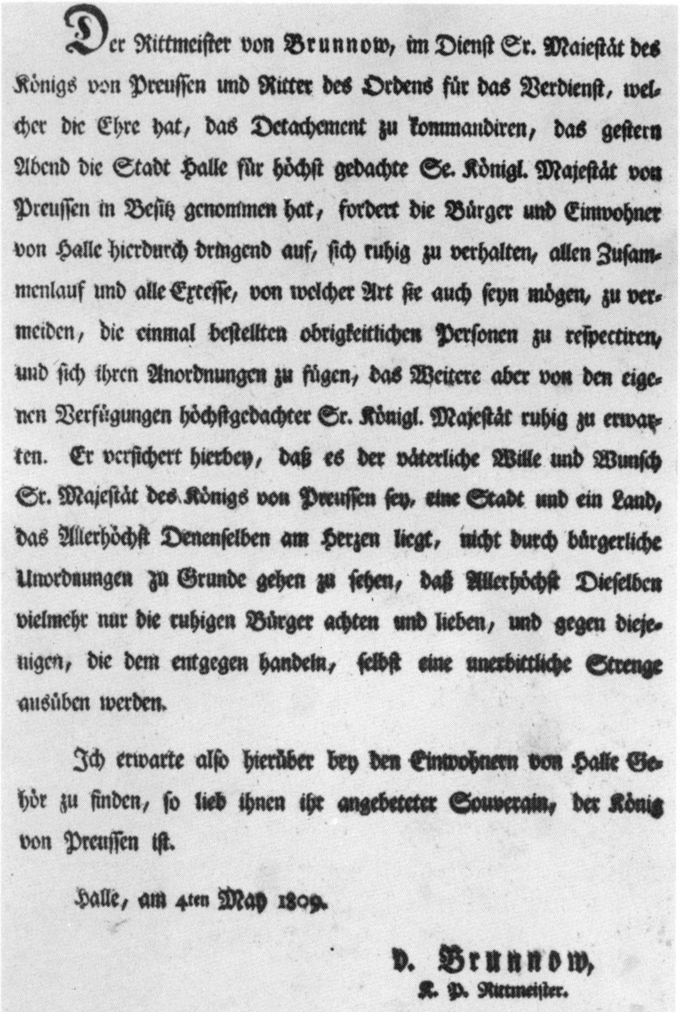

Der Rittmeister von Brunnow, im Dienst Sr. Majestät des Königs von Preussen und Ritter des Ordens für das Verdienst, welcher die Ehre hat, das Detachement zu kommandiren, das gestern Abend die Stadt Halle für höchst gedachte Se. Königl. Majestät von Preussen in Besitz genommen hat, fordert die Bürger und Einwohner von Halle hierdurch dringend auf, sich ruhig zu verhalten, allen Zusammenlauf und alle Exzesse, von welcher Art sie auch seyn mögen, zu vermeiden, die einmal bestellten obrigkeitlichen Personen zu respectiren, und sich ihren Anordnungen zu fügen, das Weitere aber von den eigenen Verfügungen höchstgedachter Sr. Königl. Majestät ruhig zu erwarten. Er versichert hierbey, daß es der väterliche Wille und Wunsch Sr. Majestät des Königs von Preussen sey, eine Stadt und ein Land, das Allerhöchst Denenselben am Herzen liegt, nicht durch bürgerliche Unordnungen zu Grunde gehen zu sehen, daß Allerhöchst Dieselben vielmehr nur die ruhigen Bürger achten und lieben, und gegen diejenigen, die dem entgegen handeln, selbst eine unerbittliche Strenge ausüben werden.

Ich erwarte also hierüber bey den Einwohnern von Halle Gehör zu finden, so lieb ihnen ihr angebeteter Souverain, der König von Preussen ist.

Halle, am 4ten May 1809.

v. Brunnow,
K. P. Rittmeister.

Brünnows Abwiegelungsbefehl an die Bürger von Halle mit der Aufforderung zu Ruhe und Gehorsam (Faksimile)

chlußteil von Schills Brief
an Karl von Österreich
(Faksimile)

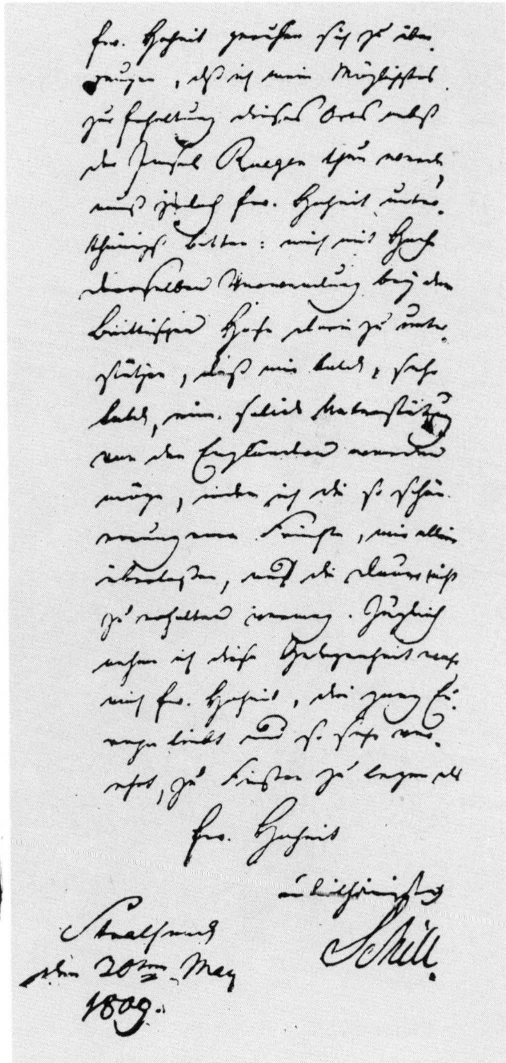
Ew. Hoheit

unterthänigster

Schill

Stralsund
den 20ten May
1809.

Siegel der Freischar Schills

Phantasiebild von Schills Tod in den Straßen von Stralsund
(Zeichnung von E. Zimmer)

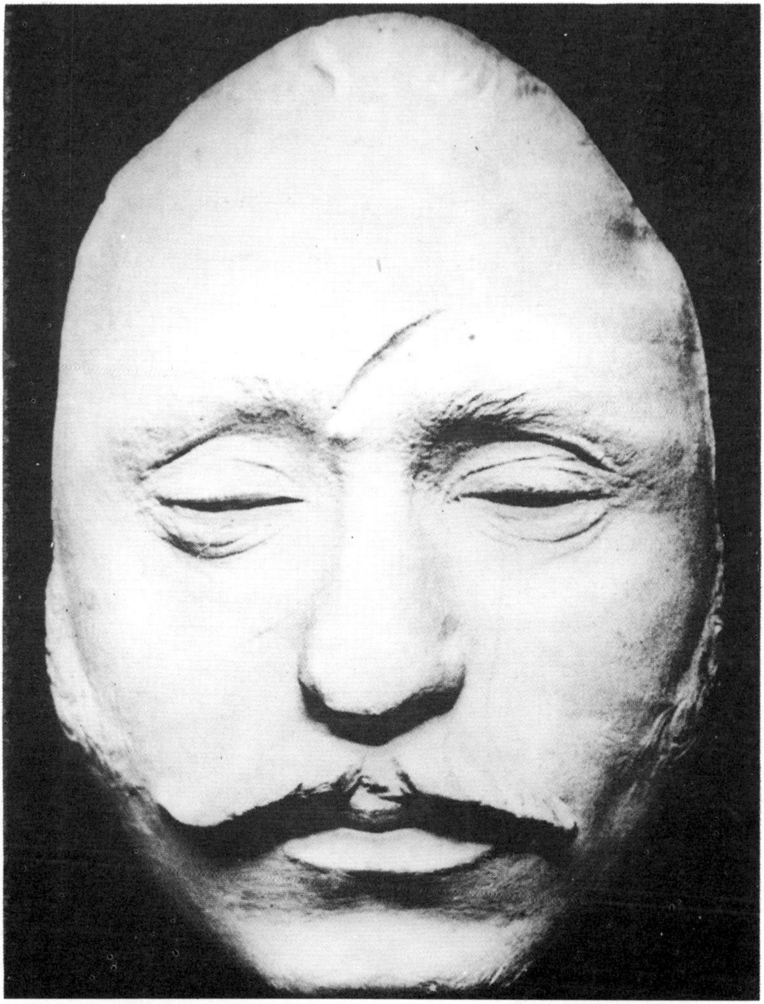

Überlieferte Totenmaske Schills (Abguß von G. Howaldt, 1838)

Nachfolger der Freischar – die Lützower

Im Befreiungskrieg 1813 operierte das Freikorps Lützows selbständig und unabhängig in dem vom Feind besetzten Gebiet (Gemälde von Trache)

Reitergefecht zu Leipzig am 18. Oktober 1813 (Lithographie eines unbekannten Meisters, Mitte 19. Jahrhundert)

Ehrung für Schill

Kranzniederlegung am Schilldenkmal in Stralsund

für den rebellischen Dörnberg zogen ihn vorwärts. Welch ein Kampf in der einsamen Brust des allbekannten Mannes! Welch ein Für und Wider, Auf und Nieder gegen die Normen gesellschaftlicher Moral! Welche Kleinheit und Unfreiheit im Gefühl unsagbar schwerer Verantwortungen, die Rücksicht heischten gegen zwiespältige Mächte und Interessen! Aber auch welches Selbstbewußtsein und Freiheitsstreben, wenn ihm die vage Gewißheit aufblitzte, er werde zuletzt doch handeln! «Ich muß! Ich muß!» so hörten ihn Freunde mit sich ringen. Sollte Dörnberg nicht wie Katte geopfert werden, dann mußte Schill anders als Hirschfeld sein – nicht zurücktaumelnd in die Fessel absoluter Unterordnung, nicht Tatfreiheit preisgebend unter den Drohungen feudaler Militärbürokraten. Vielleicht fand Schill aber auch in Hoffnungen eine Kraft. Wer weiß es genau, ob er nicht erwartete, die Treue zum König und die Treue zur Nationalbewegung in Einklang bringen zu können? Noch hatten die unheilvollen Befehle seines Königs ihn nicht erreicht. Noch schien es möglich, daß der Monarch der Volksstimmung nachgab und sich selbst gegen Frankreich entschied.

Am Morgen des 27. war Schill vor den Toren der Stadt, er übte mit dem Regiment vor den argwöhnischen Blicken des Gouverneurs L'Estocq. Es mag ein echt Schillsches Exerzitium gewesen sein, wie es von Zeitgenossen geschildert worden ist: Die Reiter preschen in schärfstem Galopp, zügeln plötzlich die Pferde zum Stand, springen herab, legen das Gewehr auf den Sattelknopf, zielen, schießen, schwingen sich behende empor, im wiederum jagenden Ritt die Büchse neu ladend. Die Infanteristen üben den Angriff nach dem taktischen Vorbild der französischen Tirailleure, gehen nicht in Paradeschritt und friderizianischer Linie, sondern in geöffneter Ordnung vor, benutzen die natürlichen Deckungen des Geländes, laden, zielen, feuern mit hoher Geschwindigkeit.

In die Stadt zurückgekehrt, empfing Schill in unbewachtem Augenblick eine Geheimdepesche aus Königsberg. Friedrich Ribbentrop, Tugendbundmitglied und General-Kriegskommissar, warnte vor dem König, trieb zu sofortigem Losbruch, damit Schill der Verhaftung zuvorkomme.

Die Fäden der Konspiration lagen also entblößt. Aber noch waren sie nicht zerschnitten.

Da rief Schill seine vertrautesten Offiziere, Leutnant Bärsch und

Major Adolf von Lützow, zur Beratung. Sie sahen des Königs Haftbefehl kommen, sahen die furchtbaren Folgen: das riesige Wagnis der Geheimbündelei, die großen Pläne, die gefahrvollen Treffen und Kundschaftergänge, die Tatbereitschaft von Hunderten, die Erwartung von Tausenden, die Befreiung von Millionen würden vertan, verloren, verraten sein – wenn Schill und Chasot jetzt fielen. Wie ein Springer, dem im Augenblick seines kraftvollen Anlaufs die Sehnen zerschnitten werden, so würde die Volkserhebung gegen Napoleon zusammenstürzen – wenn das Pflichtgefühl jetzt nur für den König, nicht auch für Deutschland entschied, wenn Untertanengehorsam über Nationalbewußtsein siegte.

Aber Scharnhorst hatte vor Übereilung gewarnt! Das verheißene Zeichen zum Angriff war noch nicht eingetroffen. Und von Gneisenau fehlte seit zehn Wochen schon jede persönliche Nachricht.

Bärsch zögerte, und weil er die belastenden Briefe, die Aufrufe geschrieben hatte, wollte er alle Schuld auf sich nehmen. Er wollte sich dem Spruch des Kriegsgerichts opfern.

Schill wies den Vorschlag zurück: Er mochte seinen Namenszug auf den belastenden Dokumenten nicht ableugnen. Überhaupt zwang nun alles, den Ruf, den er als eine Berufung empfand, zu rechtfertigen. Soldaten und Volk hatten ihm die verpflichtende Rolle des Nationalhelden zugewiesen. Gneisenau und Scharnhorst hatten ihn einen Führer des Kleinen Krieges, einen Erreger des nationalen Aufstands genannt. Dörnberg, im Vertrauen auf Schill, hatte losgeschlagen. Unerbittlich schroff stand die Alternative: blinde Unterwerfung unter die zaudernde Politik des Königs – oder kühne Erhebung zum Krieg gegen Napoleon Bonaparte.

Da dachten die Männer auch an die Gesamtlage in Europa. Frankreichs Armeen waren im Krieg gegen England, Spanien und Österreich gebunden. Und der Volksaufstand war aus der abstrakten Theorie in die Praxis getreten, zeigte längst schon begeisternde Erfolge: die Guerillas in Spanien, Andreas Hofer und seine Bauern in Tirol, Dörnberg und seine Rebellen im Königreich Westfalen. Jetzt endlich war der richtige Augenblick, in ganz Norddeutschland die Fahne des Aufruhrs zu entrollen. Jetzt mußte Schill die Erwartungen seiner patriotischen Anhänger erfüllen. Jetzt galt es, den König durch einen Gewaltakt der Selbsthilfe von der Notwendigkeit des nationalen Kampfes zu überzeugen.

So muß Schill es gesehen haben.

Und anders als Bärsch war auch Lützow ein Mann, der hier vorwärts riß. Im letzten Krieg schon ein Mitstreiter Schills bei der Verteidigung Kolbergs, hatte er in den vergangenen sieben Monaten vier Kundschafterreisen nach Westfalen, Hessen, Nassau und Ostfriesland gemacht, um den Volksaufstand vorzubereiten. Er war ein Verbindungsmann zu Dörnberg gewesen. Er kannte die Gefahren illegaler Tätigkeit und mochte nun auch das Letzte wagen, um den Preis aller Mühe einzuholen. Immer hat Lützow fest daran gehalten: «Der Augenblick war richtig gewählt. Fraglich war der Erfolg, nicht gewiß, aber möglich. Das Unternehmen war groß.»

So beschlossen drei Männer in aller Heimlichkeit die nationale Erhebung.

Nur Stadtkommandant Chasot erhielt einen Wink für den nächsten Tag.

Getarnte Rebellion

Am Freitag, dem 28. April 1809, nachmittags vier Uhr, stampfte das Zweite Brandenburgische Husarenregiment über regenfeuchte Straßen. Zwei Schwadronen Husaren und eine Schwadron reitender Jäger verließen Berlin durch das Hallesche Tor. Zwei weitere Husarenschwadronen ritten die Linden entlang, passierten die Posten des Brandenburger Tores, bogen dann nach Südwesten ab, um dem Regiment in Richtung Potsdam zu folgen.

Die Pferde trabten mit allem Kriegsgerät — als sollten sie sich an die Lasten des Ernstfalls gewöhnen. Doch die aufgeschnallten Mantelsäcke waren mit Heu, nicht mit Wäsche gefüllt, und in den Köpfen der Reiter war Manöver, nicht Krieg die Vorstellung von kommenden Stunden: Man wird einen Übungsritt machen, die Nacht, den morgigen Tag, schon wieder bei Würfel und Kartenspiel, in den Armen der Freundin genießen ...

Gegen sechs Uhr ließ Schill plötzlich halten. Das Regiment mußte Aufstellung nehmen. Die Offiziere rückten vor die Front.

Schill straffte sich zur Rede. Und als seine Worte in scharfer Leidenschaft tönten, mochte in den Zuhörern die Erkenntnis aufblitzen: Jetzt wird Geschichte gemacht. Adjutant Bärsch hat Schills Ansprache aus dem Gedächtnis nachgeschrieben.

«Der Augenblick ist gekommen, die Schmach des Vaterlandes an dem gehaßten Feinde zu rächen. Darum soll das Regiment zur Befreiung vom schweren Joch ausziehen. Schon haben die Österreicher einen Sieg erfochten, in Westfalen ist alles zum Aufstand bereit, sobald wir uns als Befreier zeigen. Spanien ringt kräftig und mit Erfolg für seine Freiheit, so auch Tirol. Wie Napoleon dort den angestammten Herrscher vom Throne warf, so sinnt der tückische Thronräuber darauf, auch Preußens geliebtes Herrscherhaus zu stürzen, das Volk noch tiefer zu erniedrigen, zu unterjochen. Das aber soll dem Bösen nicht gelingen!»

Schill schloß die Rede mit einem rhetorischen Pistolenschuß, der bei seinen Soldaten ins Schwarze treffen konnte: Freudig werde er sein Leben für die gerechte Sache des Vaterlandes opfern, und er sei überzeugt, daß seine Waffenbrüder diese Gesinnung mit ihm teilten.

Er reckte den Arm in die Luft, hielt in der Faust eine Brieftasche aus rotem marokkanischem Ziegenleder, die er in Königsberg von der Königin empfangen hatte. «Dieses Gnadenbeweises will ich mich würdig erweisen!»

Die Zuhörer, von Schill selbst zum Reiterkorps geschmiedet, zum soldatischen Ruhm emporgeleitet, schauten auf ihn als ihren Führer. Kriegerische Gefühle, Gedanken, Phantasien – in Übungen und Manövern wieder und wieder hervorgelockt, doch ebensooft für die Stunde des Kampfes zurückgedämmt – wurden durch die Rede entfesselt, strömten wie eine Springflut.

Vielleicht wußte niemand, ausgenommen Bärsch und Adolf von Lützow, daß Schill in rebellischer Eigenmächtigkeit handelte. Ohne das Einverständnis des Königs! Aber ein jeder sah die rote Tasche, erblickte wohl mehr in ihr als nur ein Souvenir mit Luises harmloser Widmung: «Für den braven Herrn von Schill.» Die Tasche konnte den Geheimbefehl Seiner Majestät des Königs enthalten ...

So fand Schill, was viele Zeugen versichern werden: die flammende Begeisterung der Patrioten und die stoische Gefaßtheit disziplinierter Berufssoldaten – immer aber die laute oder stille Zusage, er möge sie gegen den Feind führen. Freilich, je fernstehender die patriotischen Zeitgenossen, desto schwärmerischer ihr Urteil über diese Szene: «Wer hätte sein Herz vor dem schönen Ausdruck von Treue und dem wahren, heiligen Willen verschließen können, welche das ganze Wesen dieses Mannes beseelten?»

Bei sinkender Nacht zog das Regiment durch Potsdam. Es empfing dort vorbestellte Gewehre, ritt weiter nach Westen und überquerte die Havel in der Nähe von Werder. Offiziersburschen, denen Chasot gültige Pässe ausstellen ließ, eilten mit allem Gepäck hinterdrein; ihre Ankunft beim Regiment mochte auch jene beruhigen, die eine Rebellion argwöhnten.

Erst am Tage darauf, in Großkreutz, jagte Major von Zepelin, ein Beauftragter L'Estocqs, heran: Schill solle unverzüglich nach Berlin zurückkehren! Doch Zepelin sprach, insgeheim wohl selbst Bundesgenosse, ohne Zeugen mit Schill, er empfing dessen ablehnende Antwort ganz ruhig und ritt nach der Hauptstadt zurück. Gut möglich, daß er Schill von einem Angriff auf Magdeburg abriet, weil General Michaud schon gewarnt war und die Elbfähren zerstörte.

Sogleich ließ Schill das Regiment scharf nach Süden abschwenken. Die Marschrichtung zielte auf Brück, den nächstliegenden Grenzort des sächsischen Hoheitsgebiets. – Nur zu wenig weiß der Geführte zumeist vom Kalkül seiner Führer, nur zu sehr blieben Schills Soldaten auf Vermutungen über die Absicht ihres Kommandeurs angewiesen: Sie deuteten die Marschänderung als Folge eines heimlichen hohen Befehls, den soeben der Reiter gebracht hatte.

Auch trug der Soldat an individuellen Beschwernissen, die seinen Blick für Größe und Tragweite des beginnenden Feldzugs trübten, die sein Ohr für den Stundenschlag der Geschichte taub machten. Denn obgleich Persönlichkeiten, die die gesellschaftlichen Bewegungen leiten, von Bedürfnis und Wirken der Massen getragen sind, so ist doch ihr hoher Gedanke nicht stets auch Bewußtsein der einzelnen, die in der Masse ihre Kraft und ihr Leben daransetzen, damit sich Geschichte vollzieht. Wie also denkt ein Schillscher Reiter bei Feldzugsbeginn? Von welcher Art ist das Individuelle des Menschen im Besonderen des Soldaten?

Patriot Bärsch steht ganz auf historischer Höhe und läßt seine Frau Julie Anteil nehmen: «Es geht mir wohl und die schönsten Hoffnungen für die allgemeine Sache beleben mich. Der Himmel nehme Dich in seinen gütigen Schutz. Erhalte mir Deine Liebe ...» Auch Soldat Haenel sieht wichtige Entscheidungen voraus und schreibt an seine Berliner Quartierwirtin: «Grüßen Sie doch heimlich meine Frau und Kinder und in Zeit von sechs Tagen werden sie ganz was neues erfahren.» Soldat Halsband, der sich unbeglichener Schulden erinnert, knüpft dreist an das allgemeine Siegeserwarten die Lösung seines individuellen Konflikts, schreibt an den Bürger Fuscher: «... Ich bin auch noch in ihrer Schuld. Dieses werde ich entrichten von die Beute, die ich werde machen.» Hier sind Erkenntnis und Empfinden wie eine Leiter, auf der man von oben nach unten steigt – von Schills Regimentsadjutanten zum Gemeinen im letzten Glied.

Doch muß die beschränkte Einsicht biederer Mitstreiter nicht sogleich Zielscheibe der Kritik sein. Denn der Schwimmer im Strom sieht selten die Landschaft, und das Mittendarinsein im Fluß der Ereignisse schafft nicht allein schon Verständnis für den historischen Vorgang. Konkrete Bedingungen fördern oder hemmen die unmittelbaren Akteure, bringen die Vielstufigkeit ihres Denkens und Fühlens hervor. – Schills Soldaten sind plötzlich, ohne Vorwissen, ins Feld gezogen, und aus Gründen militärischer Geheimhaltung ist ihnen nun auch verboten, Briefe zu schreiben. Voll Unruhe denken sie an ihre Habseligkeiten, die ungeordnet zurückgelassen, an liebe Menschen, die ohne Abschied in Berlin geblieben sind. Da hat ihnen der 30. April 1809, an dem das Regiment in den Dörfern Plötzin und Göhlsdorf Quartier bezog, einige Stunden willkommener Muße gebracht. Heimlich schreiben sie auf Papier aller Art und jeden Formats, geben sie Lebenszeichen auf Normalbogen, Handzetteln, abgerissenen Papierfetzen, und sie schicken einen Kameraden als Briefträger nach Berlin zurück.

Soldat Häckel schildert für Madam Thomas die Situation und seine Bedürfnisse: «Da wir so unvermutether weise von Berlin sind weggekommen wobei ich faßt nackent aus Berlin gekommen bin und weiter nichts auf dem Leibe habe als was ich an habe und ich schon durch und durch geweicht bin, indem weil wir die Nacht marschiert sind und wir jetzt alle Nächte marschieren, also wolte ich dir wohl bitten das du mir doch die Strümpfe und die Tücher dem überbringer dieses verabfolgest.»

Ein unbekannter Soldat, der Dorothea Kahmecken sein «liebes, bestes Kindt» nennt und als «dein treuliebender Engel» unterzeichnet, hegt die gleichen Sorgen: «In der Größte Traurigkeit thu ich dieses Schreiben dieweil ich so Unglücklich hab Marschieren müssen, denk ein mahl an was hab ich vor Schaden. Sei doch so gutt und thu dich so viel mühe geben als Möglich das du es in Ordnung kriegest, und die Wäsche wen es nicht anders sein kann wie auch die Übrigen Sachen so nim alles zu dier und heb es auf ...»

Die Husaren Kuß, Voß und Behlow «wissen noch nicht, was aus der ganzen Geschichte noch werden wird», tragen aber leichter an ihrem Verlust, schreiben an ihre Quartiermutter Raben mit Dank für gute Aufwartung und Grüßen an «die Mädchen im Hause».

Soldat Schwartz empfindet nur für sein «Lottchen», das er so jählings lassen mußte: «Viel mahl es thut mir leidt das ich nicht habe können Abschied nehmen den ich habe es selber nicht gewußt das wirr werden Marschiren nicht ehr haben wirr es erfahren ...» Aber Soldat Sanckendorf denkt an Materielles und Liebe zugleich, träumt über den Feldzug hinaus in eine Zukunft ohne Waffenrock: «... Was mich anbetrifft ist mir nicht gut zu mute das kannst du dir wohl vorstellen mein Kind und über Haubt binn ich nackend und bloß ... Liebes Kind sei so gutt und gehe doch nach mein quartier und nim doch alle die sachen an dich die da sein und verware sie doch alle bis das ich wieder komme. Liebes Kind habe gedult wen mich der liebe Gott würd gesund laßen alsden werde ich sogleich ein Ende machen. Liebes Kind wen du mich gutt büst so hoffe ich du würst mich nachkommen so bald als möglich.»

Ähnliche Empfindungen scheint ein Unbekannter zu hegen, der mit barschem Ton und gutem Herzen eine Bestellung an seine Liebste aufgibt: «Empfehlung an diese Jungfer und Sie möchte sich gut aufführen, wenn ich wieder komme, dann würde ich mein Versprechen halten, ich bedauerte sehr, daß ich so unverhofft mir von Ihr hätte trennen müßen.» Und Soldat Wendisch schließt den literarischen Reigen, bemerkt stumpf von gewohnter Sorge zu seiner Frau: «Ich Weiß dich nichts zu schreiben. Wie es mit uns ist kann ich dich biß dahin nichts schreiben du Mußt sehen, waß die andern Frauen Machen daß Mache du auch du Mögst sehen ob du vom Leutnant v. Kester nicht geborgt bekömmst. So borge dir Ein Pahr Daler der Leutnant wirth doch wohl kommen dan wil ich ihm Es Gerne wieder geben.»

Es waren nicht Bilderbuchhelden, idealische Gestalten, die nur das Allgemeine, das Große erblickten, als sie Schill in den Kampf folgten. Es waren Menschen, von denen Karl Marx sagt, daß sie vor allem essen, trinken, sich kleiden müssen, ehe sie um die Herrschaft streiten, Politik und Philosophie treiben können — und es gab nicht wenige unter ihnen, die Geborgenheit und Liebe suchten. Es waren Menschen, deren tätige Vielzahl wie das Meer ist, das die Schiffe trägt: Sie trugen ihren Helden ins Pantheon der Geschichte.

Sie waren die Ungenannten, nach denen Bertolt Brechts lesender Arbeiter fragt — Leute, die hungerten und froren, kämpften und starben und eben dadurch Geschichte machten. Was ihnen an Bewußtheit und Einsicht mangelte, das aber konnten gebildete Patrioten genau fassen und formen.

So reflektierte im fernen Berlin eine geistvolle Frau die Unruhe ihres Herzens und die Erregung der Daheimgebliebenen. Marie von Brühl schrieb am 29. April 1809 an Carl von Clausewitz: «Was Du als Militär zu dieser kühnen Tat sagen wirst, weiß ich nicht; aber ich kann mich nicht enthalten, ihm meine höchste Bewunderung zu zollen und dem lieben Flüchtlinge von Grund der Seele Glück und Segen zu wünschen. Innig gerührt hat es mich, daß er sich noch in den letzten Augenblicken unsrer erinnerte und noch, ehe er mit dem Regimente ausrückte, auf einen Augenblick zu uns kam, wahrscheinlich, un stillschweigend Abschied zu nehmen. Der gute Schill! Er wußte wohl, welchen herzlichen Anteil wir an ihm nehmen, und mit welchen aufrichtigen Segenswünschen wir ihn begleiten würden! — Die alten Damen und die alten Stabsoffiziere schneiden erschreckliche Gesichter, aber das Publikum soll im höchsten Enthusiasmus über den Entschluß seines Helden sein, und es sollen ihm, wie man versichert, eine Menge Leute heimlich folgen. Daß ihn diejenigen, die sich nicht über das Gewöhnliche und Hergebrachte erheben können, strafbar finden, begreife ich sehr wohl, und nach dem Gesetz ist er es auch wirklich, aber in so außerordentlichen Zeiten kann nur das Außerordentliche helfen, und es ist doch besser, durch einen kühnen Entschluß gerettet zu werden als nach allen Regeln zugrunde zu gehen. Übrigens halte ich unseren Helden bei aller seiner Lebhaftigkeit für nichts weniger als unüberlegt, und ich bin überzeugt, daß er diesen Schritt nicht gewagt hätte ohne wichtige Ursachen und ohne die Gewißheit, ihn mit Ehren und zum Heile seines Königs und seines Vaterlandes behaupten zu können.»

Clausewitz wird diesen Brief nicht unbeantwortet lassen. Er wird Schills Tat gutheißen und die alten Herren des Königsberger Hofadels verspotten, weil sie «die Schrecken einer Revolution fürchten und darum so lange und blasse Gesichter machen».

Scharnhorsts engster Mitarbeiter ist berechtigt zu diesem Spott. Im Verein mit den Ideen und Handlungen der anderen preußischen Reformpatrioten setzt auch sein Denken einen ideologischen Maßstab, an dem sich Schills sprichwörtliches Heldentum messen muß. Am 21. Mai 1809, noch immer wird der Rebellenzug die Königsberger Regierung aufs äußerste beunruhigen, schreibt Clausewitz seinen Bekenntnisbrief an Marie von Brühl: «Ich glaube, daß der Gärungsstoff überall zu tief liegt und in zu großer Masse vorhanden ist, um nicht noch ganz andere Erscheinungen hervorzubringen als die bisherigen. Einer großen und allgemeinen Revolution kann Europa nicht entgehen, es mag Sieger bleiben, wer da will; nur wird sie gewiß weniger blutig und von kürzerer Dauer sein, wenn Österreich und Deutschland den Sieg davonträgt. Im anderen Falle könnte leicht unsere Generation zugrunde gehen, ehe die wahre Krisies einträte. Von dieser großen und allgemeinen Revolution (die, nebenher gesagt, eben keine französische zu sein braucht) würde selbst eine allgemeine Insurrektion der deutschen Völker nur ein Vorläufer sein. Nur die Könige, die in den wahren Geist dieser Reformation einzugehen, ihr selbst voranzuschreiten wissen, werden sich erhalten können. Wie erbärmlich müssen einem die unwissenden, gedankenlosen Geschöpfe erscheinen, die, noch dazu in geringer Anzahl, diese allgemeine Flut aufhalten wollen ...; wehe den Königen, die ihren Ratschlägen sich hingeben!»

Clausewitz dokumentiert ein historisches Bewußtsein, dessen grundlegender Gedanke darin besteht: Zeitgenosse einer revolutionären Weltepoche zu sein, in der die bürgerliche Umwälzung von Staat und Gesellschaft das objektive Gesetz der Geschichte ist. Aus der Überzeugung heraus, diesem Fortschritt der Menschheit dienen zu wollen, stellt er gegen die inhumane Wirklichkeit der Hegemonialpolitik Napoleons das Wunschbild, die weitere Revolution in Europa möge weniger blutig und zeitraubend sein, indem sie von aufgeklärten Fürsten mit Hilfe von freiheitlichen Reformen vollzogen würde. Es sind Wünsche, die Clausewitz auf der Suche nach möglichen Entwicklungswegen nur im Konjunktiv denkt und formuliert – in denen vielleicht sogar die mögliche Konsequenz eines Umsturzes enthalten ist.

III. Im Königreich Westfalen

«Einer großen und allgemeinen Revolution kann Europa nicht entgehen, es mag Sieger bleiben, wer da will ... Von dieser großen und allgemeinen Revolution würde selbst eine allgemeine Insurrektion der deutschen Völker nur ein Vorläufer sein.»

Carl von Clausewitz an Marie von Brühl,
Königsberg, 21. Mai 1809

«Schill war von Natur mit vielem Verstand, einem unerschütterlichen persönlichen Mut und vorzüglicher Verschlagenheit begabt. – Als Soldat war er kühn, jedoch wo er als Feldherr, das heißt als Befehlender auftrat, da trugen seine Unternehmungen, seine Pläne, nicht den Stempel der Kühnheit. Lächerlich ist es, ihn als einen verwegenen Parteigänger zu schildern, da alle seine Umgebungen bezeugen, daß er jede Gelegenheit vorbeigehen ließ, sich als solchen zu beweisen.»

Adolf von Lützow, Schill und dessen Charakter

Über die Elbe

Auf der Landstraße, die südlich von Niemegk über die Höhen des Fläming und gegen Wittenberg hin mit sanftem Gefälle in die Elbniederung führt, trabten am 1. Mai 1809 etwa 550 Husaren und Jäger des Schillschen Regiments, das am Vorabend die Grenze des rheinbündischen Sachsen, Königreichs von Napoleons Gnaden, überschritten hatte.

Bestürzt blickte das Landvolk auf die fremden Reiter, die Pferdefutter und sächsische Staatskassen verlangten. Und sobald sich die Kunde von dem plötzlichen Vorstoß der Preußen ausbreitete, verließ mancher Bauer seinen Hof, flüchtete mit Weib und Kind in die Wälder und in das nahe Wittenberg.

So war denn die Stadt und Festung, deren Geschütze die Elbbrücke sperrten, längst alarmiert, bevor Schills Reiter aus Gehölzen und Hohlwegen hervorbrachen, in Kanonenschußweite von den Pferden sprangen und sich zum Sturmangriff versammelten.

Früh um halb neun eilte Leutnant Bärsch, zusammen mit einem Trompeter, als Unterhändler vor das südliche Tor. Er ließ sich mit verbundenen Augen zum kommandierenden Hauptmann von Wittern führen und wagte dreist, ihn zu bluffen: Das vor der Stadt stehende Korps sei die Avantgarde der preußischen Armee, in deren Namen er Kapitulation und Flußübergang fordere.

Wittern behielt seine Nerven. Ein Vormarsch der preußischen Armee sei nicht gemeldet, und ohne Befehl seines Königs wolle er keinerlei Forderung annehmen. Bärsch zog sich mit Drohung zurück: Major Schill, Kommandeur der Avantgarde, werde sehr zornig sein!

Mit der ablehnenden Antwort brachte Bärsch aber auch die Nachricht mit, die ihm von einer Bürgerin zugeflüstert worden war: Ein Schiff, mit einem Teil des sächsischen Staatsschatzes an Bord, liege unter dem Schutz der Festungswälle vor Anker. – Das war Ohrenschmaus für Haudegen und planende Strategen, deren Krieg der finanziellen Mittel bedurfte. Sie warteten auf das Signal zum Angriff, schlossen in ihrer Ungeduld Wetten ab, wer wohl als erster durch die überfluteten Gräben stürmen und den Wall ersteigen werde.

Da stellte Schill Tatendurst und Kampfbegierde auf eine harte Probe.

Er bat den Kommandanten um eine persönliche Aussprache, traf ihn auch wirklich im Torschreiberhaus, das vor den Wällen lag. Dort wiederholte er sein Verlangen und fügte, halb besänftigend, halb drohend, hinzu: Sein Ziel wünsche er auf dem Wege der Güte zu erreichen, wo er aber auf Widerstand stoße, werde er Gewalt anwenden.

Der Kommandant beharrte auf Ablehnung. Er habe gemessenen Befehl, weder Freund noch Feind in die Stadt einzulassen und werde Gewalt mit Gewalt zu vertreiben wissen. — Nun war es an Schill, sich unwillig zurückzuziehen. Und zögernd gab er Befehl zum Angriff.

Die Festung war mit Kanonen bestückt, und die Verteidiger hatten den Schutz des Wassergrabens und des Walles für sich. Doch ihre Zahl war gering. Nur 140 Garnisonsoldaten und 140 Bürgerschützen harrten des Kampfes, und der Regierende Bürgermeister hatte sogar schärfsten Protest erhoben, weil er im Falle der Niederlage eine Plünderung der Stadt fürchtete. Die folgenden Ereignisse, vom Standpunkt der Verteidiger betrachtet, waren ganz so kriegerisch nicht: «Nach Verlauf einer Stunde rückte der Feind gegen die Stadt heran, machte Demonstrationen gegen das Dresdner Tor und ließ seine Plänkler bis an die Contrecarpe vordringen; zog sich aber bald wieder in die Rote Mark, ein Gehölz in der Nähe der Stadt, zurück; worauf abermals der Kommandant von Wittern zu einer Unterredung aufgefordert wurde. — Schill kam unter dem Vorwand, daß er den Kommandanten nochmals vor einem zwecklosen Widerstand warnen wolle, wodurch die Stadt, deren Schwäche er kenne, geopfert würde, und er forderte ihn auf, sich selbst von der Übermacht zu überzeugen.» Zwei sächsische Hauptleute wurden in die Rote Mark geführt, erblickten dort zahlreiche Reiterei, die so verstreut lagerte, daß ihre wahre Stärke nicht erkennbar war.

Indessen verlief Schills weitere Unterhandlung ganz anders als glücklich. Nach dem Wahlspruch: Hoch fordern und gering ablassen, wollte er anfangs 80000 Taler Entgelt für eine Schonung der Stadt, senkte Schritt für Schritt sein Verlangen auf 2000 Taler — und bekam endlich gar nichts. Der Kommandant gewährte nur einen Waffenstillstand, den ungehinderten Marsch über die Elbe und eine Anweisung für Nachtquartiere auf dem jenseitigen Ufer.

Es war Rücksicht, nicht Feigheit, die Schill zum Nachgeben zwang: Man dürfe mit Sachsen nicht zerfallen, das große Werk der Befreiung des Vaterlands nicht mit dem blutigen Sturm gegen eine deutsche Stadt beginnen. Schills Offiziere fanden diese Vernunftgründe überzeugend. Die Mannschaften aber waren ungehalten und fügten sich nur der Strenge des Befehls.

Dann wurde aufgesessen.

Auf den Festungswällen stand die Garnison unter Gewehr, und hoch ragte über spitzgiebligen Dächern, über Wiesen und Elbstrom, der Rundturm der Schloßkirche, den Luthers trotziger Sinnspruch krönt: «Ein feste Burg ist unser Gott, ein gute Wehr und Waffen ...»

Wohl blieben Stadt und Festung für Schill verschlossen. Doch mit klingendem Spiel und tänzelnden Rossen zog das Regiment über die Schiffsbrücke, die einzige am Mittellauf der Elbe. Es war ein unwiderruflicher Vorgang, und die Herzen der Reiter mochten schneller schlagen: Der Fluß war Land- und Lebensscheide. Hinter schaukelnden Kruppen und wehenden Schwänzen versank das Ufer Ostelbiens, des Landes, wo auch Preußen lag, wo Eltern, Weib und Kind verblieben, wo eine politisch-moralische Größe wirkte – Seine Majestät der König genannt. Unter die ausgreifenden Pferdeläufe aber kam Ufer des Westens, des vielgenannten Landes bis zur Weser, zum Rhein, wo Deutsche – Schill hatte es gesagt! – in französischen Ketten schmachteten und sich aufbäumten, wo es Napoleon Bonaparte zu stürzen galt.

Bei dem Dorfe Pratau wurde Biwak bezogen. Posten sicherten des Nachts gegen ein sächsisches Kürassierregiment, das von Wittern zu Hilfe gerufen und dessen Anmarsch von Leipzig her gemeldet war.

Doch alles blieb ruhig. Nur ließ Wittenbergs Kommandant einen Teil der Brücke abbauen, und er stellte ans östliche Ufer 40 Soldaten und eine Kanone.

Nachschub und Rückweg waren den Preußen nun verwehrt.

Am 2. Mai drang das Regiment in das Fürstentum Anhalt-Dessau ein, wo ein Adjutant des Generals Michaud, aus Magdeburg kommend, Schills Anrücken schon am Vortage gemeldet und die Versenkung der Elbfähre gefordert hatte. Dort huldigte Herzog Leopold

Friedrich Franz einer zwiespältigen Staatsklugheit: Als Rheinbündler, Vasall Napoleons, hatte er sechs Teilnehmer des Katteschen Aufstands fangen lassen und an französische Behörden ausgeliefert, flüchtete er sich nun in die schöne Einsiedelei von Wörlitz, schimpfte er Schills Zug ein «tolles Unternehmen, das Land und Leute unglücklich machen wird». Als Mäzen aufgeklärter Kulturschaffender aber trieb ihn das Gefühl, deutsche Nationalität habe doch Eigenwert und der Kampf für Unabhängigkeit sei im Volke beliebt, auf die Oranienbaumer Heide: «Ich will aber dem Major Schill entgegenfahren. Vielleicht kann ich den unglücklichen Mann bewegen, umzukehren und an seine Rettung zu denken. Ich bin es meiner Lage und meinen Verhältnissen schuldig, ihn vom weiteren Vorrücken abzuhalten.»

Weil Zeugen unerwünscht waren, fuhr der siebzigjährige Fürst ohne Begleitung zu Schill. Er traf ihn und die Offiziere auf offenem Felde, wetterte und warnte und bat vergeblich. Schill soll erwidert haben: «Ich kann nicht zurück. Ich habe mir und anderen das Wort gegeben, etwas zu unternehmen und auszuführen. Ich muß vorwärts, ich werde getrieben und gestoßen. Ich weiß es wohl, ich bin das Opfer, der Versuch kostet mich Kopf und Kragen.» So hat es Fürst Franz sogleich dem Wörlitzer Hofprediger Reil erzählt und enttäuscht hinzugefügt: «Ich habe ihnen alles gesagt, was sie wissen mußten. Ich habe ermahnt, gebeten, dringend zugeredet — alles umsonst!»

Auch für die Männer um Schill lief die Szene nicht ohne Rührung ab. Sagte doch Adolf von Lützow einige Stunden später zu einem Regierungsbeamten: «Ach, wie hat sich Ihr alter, ehrwürdiger, weiser Herzog vergessen, als er uns begleitete! Wir können ihn doch nicht schützen!»

Die Einwohner der Residenzstadt Dessau waren seit dem Vorabend durch das Gerücht, jetzt durch die augenfällige Tatsache des Schillschen Streifzugs ebenfalls erregt. Lärmend zogen sie über die Muldebrücke in die jenseitige Wasserstadt. Sie mußten dort aber halten und einige Zeit warten, weil die Straße nach Jonitz von Hochwasser überflutet war.

Gegen zwei Uhr nachmittags kommen Reiter in Sicht. Ihre Pferde plantschen durch die Frühjahrsflut, stampfen mit nassen Fesseln und schwitzenden Flanken zur Brücke hinauf. Neugierige Blicke tasten die Ankömmlinge ab. Da — über wippendem Pferdehals — das hakennasige, schnurrbärtige Gesicht, das man von Bildnissen kennt: Es lebe Schill!

Soldaten und Bürger winken sich zu, reiten und rennen über die Brücke, durch Mulde- und Schloßstraße, hin zum Markt. Hinter den Offizieren, mit schmetternden Klängen des Dessauer Marsches, das ganze Regiment. Wohl haben Schills Jäger sogleich die Stadttore besetzt, und reitende Vorposten sichern gegen unliebsame Zwischenfälle. Auf dem Markt aber drängt und wogt eine bunte Menge: Sie begeistert sich an den Rufen, die mit sonorem Gleichklang aus Soldatenkehlen schallen, den Fürsten Franz und seine guten Dessauer hochleben lassen. Sie belohnt diese Ehrung mit Getränken und Speisen, mit einem Vivat für den Preußenkönig. Auch nimmt sie Schills Männer gern in Quartier.

Man fühlt sich als Zeuge großer Ereignisse. Können die halbtausend Reiter nur die Vorhut des preußischen Heeres sein, so wird wohl die Hauptmacht bald nachkommen und nationale Entscheidungen wagen ... Dreiste Frager erhalten jedoch nur ausweichende Antwort: Wartet die nächsten Tage ab.

Neugierde, Staunen, Zuneigung richten sich ganz besonders auf Schill, den Helden von Kolberg. Da gibt es die stillen Seufzer der Bürgerinnen und das verhaltene Neidgefühl ihrer Männer, die aus Küche und Werkstatt gelaufen kommen, um einen Großen anzustaunen, dereinst dann als Großmütter und Großväter lauschenden Enkeln zu sagen: Ich habe IHN gesehen!

Und wirklich stellte Schill moralische Eroberungen höher als kriegerische Taten. Den Erbprinzen Friedrich wollte er sogleich durch Besuch ehren, was aber mißlang, weil dieser — Gleichgültigkeit zeigend oder Ahnungslosigkeit vortäuschend — zur Hasenjagd ausgeritten war. Den Bürgern, die sich im Hausflur seines Quartiers, dem Gasthof «Im Goldenen Ring», schaulustig drängten, erschien er mit Leutseligkeit: «Meine Herren, wenn Sie den Major Schill sehen wollen, — ich bin's.» Er erwiderte ihre Zurufe mit lächelnder Verbeugung, stieg rücklings die Treppe hinauf, bis er den Blicken entschwand.

So gewann Schill patriotische Herzen. Statt gewaltsam zu fordern, kaufte er Pferde und Decken, Pulver, Kartätschen und Uniformtuche, zahlte er bar mit guten Talern. Seine Soldaten ermahnte er zu strenger Manneszucht.

Da kehrte auch der Erbprinz in die Stadt zurück. Er verwarf die Anweisung seines Vaters: Schill und den preußischen Stab zur Tafel zu laden, bestellte aber den Major zu einem Gespräch unter vier Augen auf das Schloß.

Schill eilte herbei, verschwand hinter der Tür des prinzlichen Gemaches. Den Inhalt des heimlichen Gesprächs verrät eine Mitteilung, die Tage später an den Herzog von Weimar erging: «Schill ... machte dem Erbprinzen die Visite und war überaus höflich. Er verhehlte gar nicht, daß er desertiert und keineswegs vom Könige detachiert sei. Die Überfahrt über die Elbe mußte wiederhergestellt und alles in der Stadt vorrätige Pulver ihm überliefert werden.»

Nach einer halben Stunde sah ein Beamter den Major zurückkommen und sich mit der Hand gegen die Stirn schlagen. «Mein Gott, was ist der Prinz für ein Mann!» Der Beamte staunte: Wie Schill denn in so kurzer Zeit sich davon habe überzeugen können? Schill war betroffen. «Ach, eine seiner ersten Fragen war, ob ich mich und meine Offiziere mit englischen Offizierspatenten versehen hätte. — Daran habe ich nicht gedacht!» Der Prinz hatte Schills freimütiges Geständnis, ohne königlichen Befehl für Deutschlands Befreiung ausgezogen zu sein, mit dem Ratschlag erwidert: Er müsse eine englische Dienststellung erwerben, damit er als rechtlich Kriegführender, nicht als vogelfreier Rebell, nicht als von Frankreich — vielleicht bald auch von Preußen — Geächteter gelte, mit dem man kurzen Prozeß machen könne.

Alles in allem ergaben Bürgersympathien und fürstliche Ratschläge wenig genug. Nur acht Patrioten schlossen sich Schill als Freiwillige an. Und nachdem schon am Abend dieses Tages vier Schwadronen nach Köthen und Bernburg weitergezogen, Schill selbst und die letzte Schwadron am Morgen des 3. Mai gefolgt waren, kanzelte der Prinz die Untertanen wegen ungebührlicher Gefühlsäußerung ab. In Entschuldigungsbriefen an den französischen Gesandten in Leipzig und an den General Michaud in Magdeburg bat er um Nachsicht für die Dessauer Ereignisse.

Hatte der Prinz auch Eile, Rheinbundtreue zu bezeugen, so mochten doch Schillsche Reiter seine Stadt nicht gänzlich unbehelligt lassen. Denn noch verweilte Bärsch mit zwölf Husaren in Dessau und bedachte sich kaltblütig auf die Erfüllung eines Sonderauftrags.

Am Morgen des 3. Mai, gegen zehn Uhr, tritt Bärsch in die Werkstatt des Druckereibesitzers Heybruch, fordert den Abdruck eines Manuskripts und ruft, obwohl er das Opus weder zeigt noch seinen Inhalt erläutert, große Aufregung hervor: Nur zu rasch wittert der ängstliche Bürger verbotene Literatur, nur zu deutlich steht ihm das Unglück des Nürnbergers Palm vor Augen, der wegen des Drucks eines Pamphlets gegen Napoleon vor drei Jahren füsiliert worden ist. Er rennt zum Hofprediger Böttger, der das Amt des Seelsorgers mit dem des inquisitorischen Zensors verknüpft und der nun Rat schaffen soll.

Währenddessen sitzt Bärsch nicht auf der Wartebank. Er reicht dem Setzer ein beschriebenes Blatt, nötigt ihn, die Arbeit zu beginnen, und sagt schärfste Bestrafung voraus, falls nicht um sieben Uhr abends 1000 Stück fertig gedruckt seien.

Kaum ist er fort, kommt Heybruch zurück und findet böse Ahnungen bestätigt. Auf dem abgezogenen Blatt des ersten Druckes liest er eine Proklamation, deren Überschrift allein schon Unheil droht: «An meine in den Ketten eines fremden Volkes schmachtenden Brüder», deren Schluß aber offen nach Empörung schreit: «Auf zu den Waffen!»

Wieder hastet Heybruch zum Zensor, der nun den strafbaren Tatbestand für ausreichend hält, den Druck behördlich verbietet und den Abzug beschlagnahmt. Aufatmend, in dem Gefühl, Gottes und des Fürsten Stellvertreter habe drohende Schuld nun abgewendet, versiegelt der Drucker das gefährliche Manuskript. Er läßt es durch eine Magd zu Bärsch ins Quartier tragen, schließt das Druckereitor und macht sich aus dem Staube.

Mittags um ein Uhr ist Bärsch wieder da, spannt die Pistole, zieht seinen Säbel, zwingt den Bruder des Heybruch, durch das Fenster in die Werkstatt zu steigen und den Druck fortzusetzen. Plötzlich herrscht Unruhe in den Straßen. Pferdehufe klappern auf das Pflaster, und Fensterläden werden krachend zugeschlagen. Hundert sächsische Kürassiere ziehen, den blasenden Trompeter voran, mit gravitätischer Langsamkeit durch das Leipziger Tor und zum Markt; schreckhafte Bürger, die Straßenkampf fürchten, verriegeln ihre Häuser. – Bärsch befiehlt weiterzudrucken, schleicht sich aber mit seinen Leuten aus der Stadt.

Nur einer der Schillschen Reiter wird von den Sachsen ergriffen und zum Markt gebracht. Da scheut sein Pferd, und wie der Husar zu Boden fällt, sind Bürger heran, drängen sich zwischen die Sachsen und den Preußen, lassen ihn durch das nächste Haus entfliehen. Als die Verfolger ergebnislos wiederkommen, ist auch sein Pferd verschwunden.

Doch sind Entrüstung und Kriegslust der Sachsen nicht sehr groß. Nachdem sie Schills Abwesenheit festgestellt, gegessen und getrunken haben, verlassen sie Dessau mit der gleichen würdigen Pose, mit der sie gekommen sind.

Da taucht am Abend Bärsch wieder auf. Zwei seiner Husaren lärmen vor Heybruchs Druckerei, die geschlossen ist, weil Drucker und Setzer sich erneut verzogen haben. Heybruch wird gesucht. Der aber ist in seiner Not zur Polizeidirektion gelaufen und bittet um Schutz. Statt seiner kommt also der Polizeidirektor persönlich, verkündet einen Befehl des Erbprinzen, der den Druck verbietet, von Bärsch aber übel aufgenommen wird: «Der Erbprinz hat hier nichts zu befehlen, hier bin ich der Herr. Und wenn der Drucker nicht in Zeit von einer Viertelstunde herbeikommt, so werde ich ihn suchen und holen, selbst wenn er im Zimmer des Erbprinzen ist!»

Bärsch zieht die Pistole. Die Husaren heben den Lauf der Gewehre. Wieder muß Heybruchs Bruder an die Druckmaschine, und als der Besitzer selbst gegen 11 Uhr nachts wehklagend heimkommt, muß auch er den Druck besorgen. So vergeht die Nacht.

Am Morgen des 4. Mai 1809 hängt Schills Proklamation am Rathaus und an Straßenecken. Den größten Teil der tausend Exemplare aber hat Bärsch auf einen Wagen verladen, mit dem er dem Regiment nach Bernburg folgt.

Bürger Heybruch hält wie zum Trost ein Schreiben von Bärsch in der Hand, das ihn vor Strafe bewahren soll:

«Dem Buchdrucker Heimbruch bezeuge ich hiermit, daß ich ihn mit Gewalt und unter Mißhandlungen genötigt habe, die Proklamation meines Chefs, des Majors von Schill, wider den Willen Seiner Durchlaucht des Erbprinzen und dem ausdrücklichen Verbote desselben, zu setzen und zu drucken.»

Konservatives Programm

Der Aufruf an die Deutschen, von schriftgewandten Freunden stilisiert, ist Geist vom Geiste Schills, ist Manifest, in dem sich Schills Idee der Volkserhebung spiegelt. Das fast gänzliche Fehlen persönlicher Schriftstücke – ein Mangel, der von Historikern zu beklagen ist – gibt dem Dokument eine quellenmäßige Zentralstellung. Hier findet der Forscher Gelegenheit, Schills gesellschaftliches Bewußtsein, seine Weltanschauung und Ideologie, genauer kennenzulernen.

Das Ergebnis fällt für den vaterländischen Helden nicht eben rühmlich aus: Wohl, da Schill ohne Rücksicht auf dynastische Kabinettspolitik den Volkskrieg verlangt, bestätigt sich sein Rebellentum wider Dienstpflicht und Kadavergehorsam des Absolutismus. Doch offenbart sich zugleich eine konservative Beschränktheit, eine Rückständigkeit des politisch-sozialen Denkens, das den Bedürfnissen nationaler Befreiung ganz eigentümlich widerspricht.

Wie klar hatten doch Gneisenau und Clausewitz den Zusammenhang von sozialer und nationaler Frage, den bürgerlichen Inhalt des deutschen Befreiungskampfes bezeichnet. Auch sie waren hineingeboren in gesellschaftliche Konflikte, die unabhängig von ihrem Willen bestanden, auch sie mußten den objektiven Prozeß ihrer Welt erst ergründen. Doch sie begriffen sich als Menschen im Zeitalter der bürgerlichen Revolution und waren um die Aneignung ihrer Resultate bemüht. Ihr Weg zur nationalen Befreiung führte über «Proklamationen und Taten» des bürgerlichen Fortschritts. Durch eine umwälzende Gesetzgebung sollten in Preußen konstitutionelle Staatsform, Bauernbefreiung, städtische Selbstverwaltung, Parlament und Volksheer ins Leben treten, nur der bürgerlich reformierte Staat sollte Hort und Ziel des nationalen Kampfes sein. So hatte Gneisenau geholfen, daß sich die subjektive Erkenntnis der objektiven Notwendigkeit annäherte und in fortschrittlicher Tat realisierte. Denn seine Ideen blieben nicht schweben im Wolkenreich des idealen Scheins, sie halfen spröden Erdengrund zu wandeln. Die Staatsreform, die Entbindung der Bauern von Erbuntertänigkeit, die städtische Selbstverwaltung, die Freiheit des Güterverkehrs und die Heeresreform des Ministeriums Stein hatten auch wirklich einen Weg eröffnet, der zum bürgerlichen Staate führte. Gegenüber Frankreichs großer Revolution ein bescheidener Anfang, war dies in deutschen Verhältnissen immer ein Erfolg, den patriotische Agitatoren nicht ignorieren durften, wenn sie in bürgerlich reformierten Rheinbundstaaten zum nationalen Aufbruch riefen.

Doch Schill beschwört die Deutschen mit einem Pathos, das wie eine seitwärts verbogene Klinge den Stoß abfälscht:

«Meine in den Ketten eines fremden Volkes schmachtenden Brüder! Der Augenblick ist erschienen, wo Ihr die Fesseln abwerfen und *eine Verfassung wiedererhalten könnt, unter welcher Ihr seit Jahrhunderten glücklich lebtet*, bis der unbegrenzte Ehrgeiz eines kühnen Eroberers unermeßliches Elend über das Vaterland verbreitete. Ermannt Euch, folgt meinem Winke, und *wir sind, was wir ehemals waren!*»

Welch ein Ausfluß abgestandener Denkgewohnheit! Welches Mißverhältnis zwischen nationalem Tatendrang und weltpolitischer Erkenntnis! Da ist kein Wort für bürgerliche Neuerungen, kein kluger Hinweis auf Reformen in Preußen, die geeignet sind, den Vorsprung der fortschrittlichen Gesetzgebung Westfalens aufzuholen. Da ist nur die Phrase von einer Verfassung, die den gewesenen Untertanen das gestürzte Feudalsystem als verlorenes Glück anpreist. Als ob es gelte, Abgestorbenes wieder lebendig, Unwiederholbares wiederholbar zu machen. So verkennt Schill die fortschrittliche Zielsetzung des nationalen Kampfes. Schlimmer noch: Er verkündet die Restauration der feudalen Gesellschaftsordnung – den Rückschritt in die Vergangenheit, der stets abgeschmackte Illusion, historische Fehlleistung ist.

Als sei der Ruf nach Freiheit, Gleichheit, Brüderlichkeit niemals in den Geburtswehen einer bürgerlichen Revolution erklungen, als hätten die fortschrittlichen Geister Europas und Deutschlands der Erklärung der Menschen- und Bürgerrechte nicht längst schon begeistert oder wenigstens grundsätzlich zugesagt! Als sei es die bloße Bestimmung der Deutschen westlich der Elbe, wiederum Preußen, Hannoveraner, Braunschweiger, Hessen zu werden und den heiligen römischen Dunghaufen deutscher Nation aufzuschichten, den Napoleon endlich unterpflügte! Als würden die Staatsbürger im Königreich Westfalen, das von Napoleon ebenso als französische Halbkolonie wie als Exportland des großbürgerlichen Liberalismus gedacht ist, nur den Druck der Fremdherrschaft, nicht auch die Segnungen des liberalen Gesetzbuches erfahren! Als hätten selbst Stein, Scharnhorst, Gneisenau, Clausewitz und ihre Mitstreiter in Preußen niemals den großen historischen Wurf gewagt: die nationale Befreiung mit freiheitlichen Reformen zu beginnen, den bürgerlichen Militärdiktator Napoleon auf dem Wege des bürgerlichen Fortschritts zu bekämpfen!

Schill aber, volkstümlicher Freischärler und Rebell, erhoffter Nationalheld des Kleinen Krieges, begreift die Notwendigkeit des patriotischen Handelns wohl nur auf dem ausgeschnittenen Planquadrat der militärischen Waffenerhebung. Sein Geist bleibt einer umfassenden Ansicht der Gesellschaftsbewegung verschlossen. Sein Denken ist noch gefangen in der Ideologie einer überholten Ordnung und ihrer volksfeindlichen Konstitutionen.

So ist Schills Aufruf zum Kampf gegen den despotischen Riesen Napoleon Bonaparte zugleich ein Zurückrufen in die Unfreiheit unter deutschen Zwergdespoten.

«Zieht die Sturmglocken! Dieses schreckliche Zeichen des Brandes fache in Euren Herzen die reine Flamme der Vaterlandsliebe an und sei für Euere Unterdrücker das Zeichen des Untergangs. Alles greife zu den Waffen – Sensen und Piken mögen die Stelle der Gewehre vertreten. Bald werden englische Waffen, die schon angekommen sind, sie ersetzen. Mit kräftiger Hand geführt, wird auch die friedliche Sense zur tötenden Waffe.

Jeder greife zu den Waffen, nehme teil an dem Ruhme der Befreier des Vaterlandes, erkämpfe für sich und seine Enkel Ruhe und Zufriedenheit. Wer feige genug ist, sich der ehrenvollen Aufforderung zu entziehen, den treffe Schmach und Verachtung, der sei zeitlebens gebrandmarkt! Ein edles deutsches Mädchen reiche nie die Hand einem solchen Verräter! Fasset Mut, Gott ist mit uns und unserer gerechten Sache. Das Gebet der Greise möge Segen für uns erflehen. Siegreich rücken Österreichs Heere vor, trotz der großprahlerischen Versicherungen Frankreichs; die Tiroler haben schon rühmlich die Fesseln zerbrochen; die braven Hessen haben sich gesammelt; an der Spitze geprüfter, im Kampfe geübter Krieger eile ich zu Euch. Bald wird die gerechte Sache siegen, der alte Ruhm des Vaterlandes wird hergestellt sein.

Auf zu den Waffen!»

Der konservative Rebell will den Volkskrieg mit Sensen und Piken, die man in Deutschland seit dem Bauernkrieg Thomas Müntzers fast nur noch zur Zeit der Französischen Revolution als Waffen des

Widerstands gesehen hat — in den Lokalrebellionen der rheinischen, sächsischen und schlesischen Bauern, der Hamburger Handwerksgesellen, der Weber des Riesengebirges, der Mainzer Jakobiner. Aber er will zugleich auch die bürokratisch-militärische Vormundschaft, die Wiederherstellung des feudalen Systems!

Kampfmethoden und politische Zielsetzung, die in Schills Vorstellung harmonisch vereint erscheinen, bilden in der Wirklichkeit einen hartnäckigen Widerspruch. Denn der Konservativismus, seiner eigenen starren Logik folgend, muß den Aufstand der Volksmassen fürchten: der Bauern, deren gefährliches Werkzeug die Sense, der Handwerksgesellen und Tagelöhner, deren Waffe die Pike ist. Sind doch seit Jahrzehnten die bäuerlich-vorproletarischen Massen in Frankreich, gar schon in Deutschland, Triebkraft sozialer Unruhe und demokratischer Revolution! Werden doch die Herren des feudalen Systems erfahren, daß der Volksaufstand für nationale Unabhängigkeit die Schranken des sklavischen Untertanengehorsams sprengt, daß Volkskämpfer, die selbständig zur Waffe greifen und fremdländische Bedrücker verjagen, nicht willens sind, ihr Haupt blindlings unter das alte Joch zu beugen.

Auch Schill wird dem Zwang der Wirklichkeit nicht entrinnen: Entweder er will die Restauration — dann kann er die große Erhebung eines rebellierenden Volkes nicht wünschen. Oder er will den Massenaufstand des Bürgertums, des Kleinbürgertums, der Bauern, der Vor- und Frühproletarier — dann darf er die Restauration der feudalen Ausbeutung, der Privilegien des Adels, des Absolutismus schrankenlos herrschender Fürsten nicht Ziel des Kampfes nennen.

In Köthen und Halle

War Schill auch kein Revolutionär, der sich als Förderer der bürgerlichen Umwälzung auffaßte, so war er als Streiter gegen die Fremdherrschaft doch ein Rebell. Das färbte seinen Haß gegen Rheinbundfürsten.

In Leopold Friedrich Franz, dem Herzog von Anhalt-Dessau, mochte er weniger den deutschen Kulturmäzen als den Nachfahren des «Alten Dessauers», des preußischen Generals, respektiert haben. In August, Herzog Fürst von Anhalt-Köthen, verfolgte er einen Verräter, der für Napoleons spanischen Krieg ein anhaltinisches Regiment opfern wollte und preußische Insurgenten «Räuberbanden» schimpfte. Aber Schill konnte den Potentaten nicht in Person belangen, denn August hatte es vorgezogen, sein mageres Ländchen bei Mitnahme der Staatskasse schnell genug zu verlassen.

Schon am 2. Mai schickte Schill den Leutnant Leo von Lützow, jüngeren Bruder des bekannten Majors, mit einer Vorhut von zweiundvierzig reitenden Jägern und Dessauer Freiwilligen gegen Köthen. Sie fanden die Stadttore verschlossen und besannen sich auf eine List. In der nächtlichen Frühe des 3. Mai schleicht sich Leutnant von François an das Bärtor heran, bläst in ein Posthorn und antwortet auf das «Wer da?» des Wächters mit dem Brustton der Überzeugung: «Eine Staffette!» Da wird ein Torflügel geöffnet. François stellt sich umständlich in die Lücke, und schon wirbeln die Schillschen Jäger aus ihren Verstecken heran. Sie stoßen das Tor auf, ergreifen den Wächter, stürmen das Wachhaus und entwaffnen die diensthabenden Soldaten.

Leutnant von Wedell, zuvor Offizier des Köthener Fürsten und mit der Örtlichkeit vertraut, führt ein Kommando auf kürzestem Wege zum Schloß. Er überrennt die Schloßwache, so daß auch sie weder Alarm schlagen noch Widerstand leisten kann. Dann eilt er zum Kommandeur der Herzoglichen Garde, zwingt ihm das Ehrenwort ab, auf Gegenwehr zu verzichten.

Inzwischen ist die Stadt auf den Beinen. Und als nun Schills Jäger die Quartiere der dienstfreien Gardesoldaten aufspüren wollen, finden sie Helfer genug, die ihnen den Weg weisen und auch bereit sind, beschlagnahmte Gewehre, Patronentaschen, Uniformen zum Schloßplatz zu tragen.

Für acht Uhr morgens hat Lützow die Mitglieder der Herzoglichen Regierung zur Verhandlung bestellt. Im Namen Schills fordert er pünktlich: Beschlagnahme der Montierungskammer, Ablieferung von Pulver und Blei, Schließung der staatlichen Kassen und Übergabe ihrer Barvorräte, Anleihe von 30000 Talern aus den Domänen der «Person des Herzogs Durchlaucht zur Förderung der allgemeinen Sache der Deutschen». Die Bürokraten winden sich, nennen es unklug, das Land durch Anleihen zu bedrücken, müssen sich aber von Lützow belehren lassen: «Wir haben nichts gegen das Land, aber viel gegen den Herzog.»

Da stellen die Diener des Gottesgnadentums die Gretchenfrage: Man könne nicht glauben, daß dieses Auftreten dem Willen des Königs von Preußen entspreche, da «Höchstderselbe Selbst mit der Krone Frankreichs in Frieden und Eintracht lebe». Die Antwort ist Schweigen. Unter Regierungsprotest schreiten die Schillschen zur Tat, finden jedoch große Erwartungen enttäuscht. Seit der Flucht des Herzogs ist Ebbe in den Finanzen: nur 368 preußische und 250 sächsische Taler sind zu quittieren. Dafür werden Reitstall und Büchsenkammer des Fürsten geleert, und aus der Montierungskammer verschwinden die Köthener Uniformen, sie werden mit 350 Gewehren und anderer Beute auf Wagen verladen.

Nachmittags gegen ein Uhr, die meisten Schwadronen waren schon eingetroffen, kam auch Schill in die Stadt, ging zur Regierung, forderte 2500 Taler, machte sodann einen artigen Besuch bei der einsamen Fürstin und ritt wieder mit seinen Husaren zum Magdeburger Tor hinaus. Er hatte das verlangte Geld nicht erhalten, wohl aber den Zulauf von neun Soldaten der Herzoglichen Garde, die mitsamt ihrem Unteroffizier und fünf bürgerlichen Freiwilligen der deutschen Sache dienen wollten.

Kaum war Schill weggeritten, so tat die Regierung in Köthen, was schon in Dessau geschehen war. Sie drohte ihren Untertanen: «Herzogl. Anhalt. Landes-Regierung sieht sich veranlaßt, bei den jetzigen Umständen der hiesigen Bürgerschaft und den Einwohnern, wes Standes sie immer sein mögen, das Sprechen über politische Gegenstände allen Ernstes zu untersagen, auch sie zu ermahnen, daß sie sich beim Einrücken fremder Truppen ruhig verhalten und durch Zusammendrängen und Hin- und Hersprechen die Unruhe nicht vermehren und Gelegenheit zur Unzufriedenheit geben. Die Widerspenstigen wird man aufgreifen und in gefänglichen Gewahrsam bringen lassen ...»

An diesem Tage befahl Schill dem Leutnant von Brünnow, mit drei Zügen der vierten Schwadron auch einen Streifritt gegen das einstmals preußische Halle zu tun.

So suchte nun eine Truppe Schills das feindliche Gebiet des Königreichs Westfalen heim. Der Befehlsgewalt ihres konservativen Führers gehorchend und politisch nicht über ihn hinausblickend, ritt sie in das Land, dessen fremdherrschaftliche Regierung eine bürgerliche Staatsverfassung und das liberale Gesetzbuch, den epochemachenden Code Napoléon, verkündet hatte. Hier zuerst erwuchs auf deutschem Boden eine moderne Gesetzlichkeit, die wie ein Stachel dem preußischen Reststaat herausfordernd in die Flanke stach. Gestürzt waren die schändlichen Institutionen der Leibeigenschaft und der feudaljunkerlichen Patrimonialgerichtsbarkeit, beseitigt war die Steuerfreiheit des ohnehin schmarotzenden Klerus und des Adels; verkündet aber waren Geschworenengerichte, Gleichheit der Staatsbürger vor dem Gesetz, Gewerbefreiheit, Münzeinheit, und mit der Religionsfreiheit war auch die Emanzipation der Juden ausgesprochen. Freilich: Es waren Neuerungen einer erobernden Macht, listige Reformgeschenke, wohlschmeckende Köder, worüber Napoleon bei Erlaß der westfälischen Verfassung (15. November 1807) mit Zweckoptimismus geurteilt hatte. «Diese Art zu regieren wird eine mächtigere Barriere, die von ... Preußen trennt, als die Elbe sein, mächtiger als befestigte Plätze und der Schutz Frankreichs. Welches Volk würde unter das despotische preußische Regime zurückkehren wollen, wenn es einmal die Wohltaten einer weisen und liberalen Regierung gekostet hat?»

Doch wie Kaiser Napoleon der Degen des französischen Bourgeois, so war König Jérôme, waren die französischen Spitzenkader seiner Beamtenschaft die Kolonialpeitsche des Imperiums. — «Friede den Hütten, Krieg den Palästen!» war demokratische Losung der Revolution gewesen, auf die die Kriegsgewinnler des Kaisertums wie auf die Irrungen und Wirrungen der bürgerlichen Pubertät zurückblickten. Hatte die Diktatur der Jakobiner den revolutionären Demokratismus der Volksmassen repräsentieren wollen, so vertrat Napoleon einen nachrevolutionären Liberalismus, in dessen Geist Frankreich nicht Völkerverbrüderung und Weltbürgertum, sondern europäische Vorherrschaft erzwang. So undemokratisch wie die außenpolitische Strategie war auch die Praxis des Regierens.

Die napoleonischen Reformen förderten die bürgerliche Umwälzung in Deutschland nur auf undemokratischem Wege. Sie zerstörten die Sozialstruktur der feudalen Gesellschaft nicht gewaltsam und gründlich, sie gaben Adel und Klerus die Möglichkeit, sich hinter der Fassade rechtlicher Gleichheit leidlich einzurichten. Und die vom preußischen König ausgesprochene Dienstentlassung für Beamte und Offiziere, die ihren Wohnsitz westlich der Elbe hatten, sodann die herkömmliche Pflichtauffassung, dem jeweils herrschenden Fürsten — nun also Jérôme — Staatsdienst zu leisten, taten ein übriges, daß auch viele Adlige für eine Ordnung wirkten, in der Gleichheit und Freiheit auf dem Papier standen, tatsächlich aber aristokratische Beamte eine liberal verbrämte Herrschaft ausübten. So mochte es sogar mit Billigung eines Teils des Adels geschehen, wenn rheinbündische Lobhudler für Napoleon Kränze flochten: «Er erspart uns blutige Revolutionen, die der fortschreitende Zeitgeist notwendig gemacht hätte, indem er den deutschen Fürsten Beispiel und Hilfe bietet, sie selbst, ohne Einwirkung der rohen Menge, zu bewerkstelligen ...»

Zum Argwohn gegen die Volksmassen kam ein weiteres Übel. Die Fortdauer des napoleonischen Krieges, der als unersättlicher Moloch Menschen, Geld und Material verschlang, raubte den bürgerlichen Reformen die fruchttragende Wirksamkeit. Eintreibung der Kriegsschulden, Zwangsaushebung der wehrfähigen Staatsbürger, Steuerdruck, Willkür der Zollpolitik, Produktionsrückgang und Warenteuerung bedrängten wiederum weniger den Adel, der Eigentümer des Bodens blieb und schon aus Gründen der Selbsterhaltung vielfach mit den Franzosen kollaborierte. Sie empörten auch nicht so sehr das Bürgertum, das sich — trotz wirtschaftlicher Einbuße — durch die Wirkungen der fortschrittlichen Gesetze in der Zukunft entschädigt hoffte. Aber sie trafen mit unerbittlicher Schärfe die arbeitenden Volksklassen in Land und Stadt.

Was nutzten die formalen Freiheiten den landarmen Bauern, den besitzlosen Handwerksgesellen, Fuhrknechten, Tagelöhnern, wenn der Staat den letzten Spargroschen abzwackte, das Brot noch im Munde besteuerte, die Kriegsdienstfähigen in Bonapartes Waffenrock zwängte! So sah es sogar der Präfekt des Elbedepartements, der am 5. April 1809 an den westfälischen Innenminister schrieb: «Die kleinen Städte wimmeln von Leuten, die vor dem Nichts stehen, die unter dem übergroßen Druck der Kriegslasten leiden, denen es an Arbeit fehlt, und denen die scharfe Kopfsteuer Schwierigkeiten bereitet. Die ehemaligen Soldaten, die seit dem 1. Januar vorigen Jahres nur noch ein Drittel ihres bescheidenen Soldes erhalten, viele Rückstände, die nicht erledigt sind, die Zinsen der Staatsschuld, die nicht bezahlt sind, ... alle diese Umstände legen den Keim zu einer Unzufriedenheit, die nun bei den schlechten Elementen zum Ausbruch kommt.» Wohl wissend, daß im Departement fast 6000 ehemals preußische Soldaten Not litten und Unheil brüteten, flehte der Präfekt im Brief an den Finanzminister um Auszahlung der Zinsen der Landesobligationen: «... Das Mißvergnügen kommt bloß vom Mangel an Arbeit und Verdienst, vom Stillstand alles Handels, von der drückenden Personalsteuer und von so manchen Lasten, die beinahe unerträglich sind ... Um Gottes Willen, weisen Sie die Gelder an, da die Leute den Hungertod sterben.»

Verzweifelte Soldaten, enttäuschte Bauern, unzufriedene Handwerksgesellen, hungernde Knechte, Tagelöhner, Dienstboten waren also Kraftreserve für Schill. Ihre elementare Bewegung, vom Elend des Alltags hochgepeitscht, erreichte kaum die ideologische Erkenntnis der Patrioten des aufgeklärten Adels und des Bürgertums: Nicht die fortschrittliche Staatsverfassung oder gar der deutsche Nationalstaat galten ihnen als oberstes Gebot. Die Beseitigung existentieller Not war das vordringliche, wenn auch unscharfe Ziel ihrer sozialen Empörung – gegen jede Art von Obrigkeit gerichtet, traf sie in den gegenwärtigen Regierern die Repräsentanten der Fremdherrschaft. Mit ihren massenhaften Fahnenfluchten, Steuerverweigerungen, Gewaltausbrüchen des spontanen Widerstands waren die Volksklassen eine Sprengkraft, die unter patriotischen Führern das noch wurzellose westfälische Königtum gefährden konnten. Und sogar Schills Aufruf an die Deutschen, der jeden selbstbewußten Bourgeois durch ein reaktionäres Gesellschaftsbild abstieß, jeden kollaborierenden Adligen aber durch die Radikalkur des Insurrektionskriegs schreckte, konnte beim Volke noch anspornend wirken, wenn nur der Massenaufstand gegen die materielle Not nach Kräften geschürt wurde.

Auch besaßen die Namen des preußischen Königs, des hessischen und des braunschweigischen Fürsten noch Zugkraft. Der naive Monarchismus, der Ausdruck einer politischen Unreife und Hemmnis für ein wahrhaft bürgerliches Nationalbewußtsein war, ermöglichte immer noch die Sammlung von sozial heterogenen und lokal zersplitterten Kräften zum Kampf gegen die Fremdherrschaft. Die Fiktion der Einheit von «angestammten Fürstenhäusern und Volk», an sich nur relative Einheit von letztlich unversöhnlichen Gegensätzen, konnte jetzt immerhin ein Hilfsmittel sein, wenn die bäuerlich-frühproletarische Kampfkraft von wendigen Führern organisiert und eingesetzt würde ...

Am 3. Mai 1809 knistert Spannung in Halle, der vormals bedeutendsten preußischen Universitätsstadt. Denn wie ein Lauffeuer hat sich die Kunde verbreitet: Schills Truppen kommen! Sie treibt die Einwohner auf Straßen und Plätze, auf Anhöhen und Kirchtürme, und auch die Regengüsse, die am Abend niedergehen, löschen nicht die Erregung. Man will um jeden Preis ein Zeuge der kommenden Ereignisse sein.

Eine Stunde vor Mitternacht reitet dann Leutnant von Brünnows Schar in die Brandung des jubelnden Lärms, der Hochrufe auf den Preußenkönig. Nur wenige Husaren genügen, daß die kleine Garnison – schon bereit, die Stadt zu räumen – sich ganz ohne Widerstand ergibt. Waffen, Uniformtuche, militärische Ausrüstungen werden beschlagnahmt und auf Wagen verladen. Aus den Staatskassen fischen die Schillschen die kleine Beute von 927 Franken, sie müssen aber das Scheitern eines großen Fischzugs bedauern – 91 000 Franken sind auf die Nachricht vom Anrücken Schills schleunigst abtransportiert worden.

Ein Offizier eilt zu Henrik Steffens, dem Professor für Philosophie, Gesinnungsfreund Schleiermachers, Vertrauensmann Chasots: Er möge die Studenten der Universität zur bewaffneten Erhebung und zum Anschluß an Schill bestimmen. Steffens aber ist Mitwisser einer bösen Nachricht, die ihn am Sinn des Aufstands zweifeln läßt: Dörnbergs Rebellion bei Kassel ist gescheitert. Überdies trägt Steffens an einem Widerspruch, den er nicht lösen kann und dessen niederdrückende Wirkung jetzt den Ausschlag gibt. Obgleich Gegner der Fremdherrschaft, steht er im Banne der Ideologie des konservativen Legitimismus. Er versagt nun sein Mittun, solange nicht Preußens König als einzig gültige Autorität offen hinter Schill trete.

Währenddessen schleudert das Volk die westfälischen Staatssymbole auf das Straßenpflaster, es befestigt unter dem Fenster der verhaßten Polizeikommission den preußischen Adler. Hier spukt in den Hirnen noch das Bewußtsein einer traditionellen Staatszugehörigkeit. *Preußen* ist das Zauberwort der Unzufriedenen, die Hoffnung auf ein Ende der Not. Der schwarze Adler soll den Ausbruch des Massenzorns legalisieren. Jetzt scheint die Zeit gekommen zu sein, um gegen die Bürokratie, auch gegen die kapitalheckenden Anhänger des fremden Regimes, aufzustehen! Unter Flüchen und Schlägen werden die Kokarden herabgerissen, man rottet sich zum Sturm auf das Rathaus zusammen. Und auch aus den Dörfern, die vor der Stadt liegen, sind

Unruhen gemeldet: Widerspenstige Bauern und Kleinbürger verweigern die Steuerzahlung, auch sie glauben blindlings, die Stunde sei da, in der ihr Gebiet für Preußen zurückerobert werde.

Da fühlt sich Brünnow aufgestachelt, ein Exempel preußischer Ordnung vorzuführen. Er befiehlt Respekt vor der westfälischen Obrigkeit, läßt seine Husaren das Volk auseinandertreiben. Wie von hohem Roß verkündet er den Willen seines Monarchen, läßt er drukken und an die Wände schlagen: «... Eine Stadt und ein Land, das Allerhöchst Denenselben am Herzen liegt, nicht durch bürgerliche Unordnungen zu Grunde gehen zu sehen, daß Allerhöchst Dieselben vielmehr nur die ruhigen Bürger achten und lieben und gegen diejenigen, die dem entgegenhandeln, selbst eine unerbittliche Strenge ausüben werden.»

Es ist ein Wortschwall — ausgeflossen aus absolutistischem Geiste. Der Kampf um Unabhängigkeit sei Sache von Militärs, die sich berufen fühlen, gewappneter Arm ihres Monarchen zu sein. Ruhe aber ist erste Bürgerpflicht!

Von welcher Art war doch der Widerspruch, der Schills Denken im Aufruf an die Deutschen fesselte? Reaktionäres Gesellschaftsbild und revolutionäre Kampfmethoden widersprechen einander: Entweder will Schill die Restauration — dann kann er die große Erhebung eines rebellierenden Volkes nicht wünschen, oder er will den Massenaufstand — dann darf er die Restauration nicht Ziel des Kampfes nennen. Ist nun die Praxis das Prüffeld der Theorie, so hat Brünnow hier klar zu scheiden, was sein Meister in ungenauer Vorstellung miteinander vermengte. Empörungen der Volksmassen gefährden die Ordnungsschablone und den Dogmatismus der herrschenden Obrigkeiten. Radikale Unruhen sind unerwünscht — denn Restauratoren der alten Gesellschaft verständigen sich leichter noch mit westfälischen Bürokraten als mit entfesselten Volksmassen! Mit dieser Ansicht ist Brünnow weder schlechter noch besser als Männer vom Schlage Kattes und Chasots. Er will den Volkskrieg vermeiden. Er fürchtet die Rolle des Zauberlehrlings, der radikale Besen am Ende vergebens zur Ordnung ruft ...

Als die Schillschen Reiter am 4. Mai mit Beutewagen und 60 Freiwilligen, dienstlosen Soldaten zumeist, wieder abzogen, atmeten königlich-westfälische Beamte und hallische Besitzbürger tief auf. Die ordnungsbeflissenen Preußen hatten die bestehende Staatsgewalt nicht angetastet. Umsonst wartete die Volksmasse auf ein Nachrükken der preußischen Armee, und wo in eiligem Zorn der Hohenzollernadler angeheftet worden war, da sollte er bald wieder dem westfälischen Hoheitszeichen weichen.

Aber die Erregung zitterte aus den kritischen Tagen lange nach. «Daß Tausende jener Unglücklichen, die seit einigen Jahren mit Hunger und Elend kämpften, den wohlhabenden Bürger überfallen möchten», meldet Halles Unterpräfekt warnend an den westfälischen Innenminister. Und Professor Steffens, dem ein revolutionärer Terror der französischen Jakobiner als Schreckbild vorschwebte, dankte Gott inbrünstig für preußischen Ordnungssinn und das Mißlingen des Aufstands: «Die rohen Elemente einer zerstörenden Volksbewegung waren seit zwanzig Jahren genährt; das siegende Volk würde in wilder Bewegung sich erhoben und das in sich zerrissene Deutschland eine Revolution furchtbarer Art erlebt haben.»

Solch ein Bürgertum konnte sich zum Führer der nationalen Bewegung nicht aufschwingen. Es mochte auch Schills Rebellion nicht nachdrücklich unterstützen. Von des Gedankens Blässe angekränkelt, stand es wie Hamlet tatenlos. Es war zu fortgeschritten und zu vielwissend, um gleich den Tirolern mit frommer Einfalt und provinzieller Beschränktheit gegen Napoleon und für eine Restauration zu kämpfen; es war aber auch zu rückständig, um die nationale Unruhe für den kapitalistischen Fortschritt, für den Aktivismus eines bürgerlichen Nationalbewußtseins auszunutzen; es war zu schwach, um die objektiv notwendige Hegemonie, die Führung der historischen Triebkraft «Volksmassen», an sich zu reißen.

Noch immer fällten deshalb die Fürsten in letzter Instanz den Schiedsspruch über Freiheit oder Knechtschaft der deutschen Nation.

Kriegsrat zu Bernburg

Steht der Revolutionär wie ein leuchtendes Banner in den Sturm gereckt, so der konservative Rebell wie ein schwankes Rohr im Wind.

Der Revolutionär, ob rebellischer Einzelgänger, ob Führer oder Kämpfer der Massen, handelt gegen die herrschende Ordnung, ist von der Notwendigkeit erfüllt, sie im Namen des Fortschritts vernichten zu müssen. Der konservative Rebell aber glaubt an die herrschende Ordnung, will das Herkömmliche gegen Störungen schützen, wagt nur im Namen der «guten, alten Zeit», ihrer hohen Repräsentanten, die gebotene Grenze zeitweilig zu verletzen.

Der Revolutionär mißachtet die gesellschaftlich herrschenden Normen, die Zwänge des Überlebten, und indem er mit Bewußtheit zur umstürzenden Tat schreitet, handelt er frei. Der konservative Rebell aber anerkennt im Prinzip die herrschenden Normen als unumstößliche Regeln des Lebens, und indem er wie mit angehaltenem Atem auf die nachträgliche Billigung, die Legalisierung seiner disziplinwidrigen Tat hofft, handelt er unfrei.

So etwa stehen Danton und Schill, beide als Streiter für die Unabhängigkeit ihrer Nationen, in weitem Abstand. Den einen kümmerte kein Urteil des Königs: Er beugte in Ludwig XVI. die greise Monarchie aufs Schafott, und mit dem Königskopf fiel der jahrhundertealte Irrglaube des Gottesgnadentums. Dem anderen aber kann ein Urteil seines Monarchen das moralische Rückgrat brechen: Er möchte die schneidige Waffe Friedrich Wilhelms III. sein und fürchtet dessen Mißbilligung wie den Fluch einer bösen Tat.

Gegen Abend des 3. Mai 1809 überschritt Schills Regiment unbehindert die Saale und besetzte Bernburg, die Residenzstadt des dritten anhaltinischen Fürstentums. Der Weg lag offen, der nun für alle ins Königreich Westfalen führte.

Wieder stand eine Volksmenge zum Empfang bereit. Wieder das Andrängen der ehrlich Begeisterten und der Neugierigen, die sogar aus der Umgegend gekommen waren. Und wieder die leutselige Herablassung der Schillschen Reiter. Aber die militärischen Maßnahmen waren strenger als zuvor: Das Verlassen der Stadt wurde verboten. In die Stadttore wurden Schießlöcher gemeißelt. Während der Nacht wurde scharf gegen die Gefahr feindlicher Angriffe gesichert.

Am nächsten Morgen begegnete Amtsrat Breijmann einem finster blickenden Schill, der den ehemals preußischen Leutnant von Zaremba, der nun in Anhalt-Köthen lebte, mit Zwang vorführen ließ und anherrschte: «Herr! Sie sind preußischer Offizier und weigern sich, bei mir Dienste zu nehmen? Sie sollen! Ohne Widerrede! Sie marschieren heute mit meinen Husaren von hier ab und morgen werden Sie Ihre weitere Bestimmung erhalten!»

Als Zaremba bat, ihm wenigstens zu erlauben, aus seinem Wohnort Kleider und Ausrüstung zu holen, versteifte sich Schill noch mehr. «Nichts! Keine Winkelzüge weiter. Sie bedürfen dergleichen jetzt nicht. Sie treten ab.»

Amtsrat Breijmann, der diesen Tag im Gedächtnis bewahrte, sagt an Eides Statt: «Der Major war sehr übel disponiert. Er hatte einen heftigen Wortwechsel mit mehreren seiner Offiziere, sprach zum öfteren von Erschießen und forderte in allen Stücken unbedingten Gehorsam.»

Am Nachmittag des denkwürdigen Tages rief Schill das Offizierskorps zur Beratung in sein Hauptquartier. Die Herbeieilenden trafen ihren Kommandeur in ungewöhnlicher Verfassung. Wo war die tatlustige Unrast, die ihn in Berlin umhergetrieben, wo die Heiterkeit, die er manchmal noch in Dessau ausgestrahlt hatte? Kraftlos warf Schill ein Bündel Hiobsbotschaften vor die Gefährten: Die aufständischen Soldaten und Bauern in Hessen sind von Jérômes Garde niedergeschlagen, Dörnberg und seine Mitverschworenen verhaftet oder entflohen. Die Österreicher, schon am 22. April bei Regensburg von den Franzosen besiegt, haben jählings den Rückzug angetreten und werden ihre Kaiserstadt Wien dem triumphierenden Zugriff Napoleons überlassen. – Und mit doppelt niederschmetternder Wucht wirkte in dieser Krisis das Urteil des Preußenkönigs: L'Estocq schickt aus Berlin heftigste Vorwürfe, befiehlt im höchsten Auftrage die unverzügliche Rückkehr des Regiments und Schills Gestellung vor das Kriegsgericht.

Im Unglück sind kalte Überlegung und ruhige Entschlossenheit Eigenschaften der Größe. Doch Schill füllte seine Heldenrolle nicht aus. Der brave Soldat, den Todesgefahr nicht ängstigte, konnte seine Gewissensqual nicht niederringen, wurde von der Selbstanklage zerrüttet, ein gefährliches Wagnis leichtfertig begonnen zu haben.

Im armseligen Gefühl seiner Schwäche schob er die Schuld dem Bürgertum und den Volksmassen zu, die er selbst doch durch sein konservatives Gesellschaftsbild verwirrte. «Ich fürchte, durch Rapporte aus Westfalen getäuscht worden zu sein, das Volk ist nicht so enthusiastisch, als es mir geschildert worden. Meine Herren, Sie alle waren Zeugen meines hiesigen Empfanges, des Gedränges, welches entstand, um mich zu sehen. Tausende, glaubte ich, würden mir folgen; die Ausbeute dieser Tage sind 20 elende Vagabunden.» Verzweifelnd zog er die Schlußfolgerung: Überlegene Kräfte des Feindes würden bald die kleine preußische Truppe vernichten. Deshalb schlage er vor, den Plan der Befreiung Deutschlands einstweilen preiszugeben und das Regiment über die Elbe zurückzuführen. Er selbst werde sich Österreich anschließen oder nach England gehen. – Doch bitte er um die Meinung seiner Waffengefährten, ohne deren Zustimmung er nichts unternehme.

Diese Resignation war psychischer Ausdruck eines Mannes in schwieriger Lage, der mit dem Vertrauen seines Monarchen den Erfolg des Handelns verloren glaubte. Aber die nationale Aufgabe und unabweisliche Forderung, für die Unabhängigkeit kämpfen zu müssen, lebt kraft objektiver Gesetzmäßigkeit fort: Sie ruft neue Akteure auf den Schauplatz der Geschichte, wenn die alten zögern oder versagen.

So war Schills mutlose Rede wie ein Stein, der ins Wasser fiel. Zuerst nur der Sog: Bärsch pflichtete Schill bei, denn nur in seinem Sinne könne der bestehende Konflikt gelöst werden. Schon aber kreisten die Ringe weiter und weiter, boten sich als fortlaufende, scheinbar selbständige Bewegung dar: Major Adolf von Lützow, vier Jahre später selbst nationaler Freikorpsführer und von Theodor Körner unvergeßlich besungen, stellte sich gegen Schill. Ganz Deutschland blicke auf das Regiment, und besser, als in Schande zurückzukehren, sei es, ehrenvoll mit dem Säbel in der Faust zu fallen!

Mit der Faszination beredter Leidenschaft drückte Leutnant Stock die Gedanken und die Gefühle der Offiziere aus, von denen nicht wenige in den letzten Tagen auf eigene Faust zu Schill gekommen waren. Er sprach, über Schills Kleinmut ungehalten, fast schon empört: «In gewöhnlichen Fällen würde ich die Maßregel unseres Chefs, hinter die Elbe zurückzuziehen, vollkommen genehmigen. Wir aber sind in einer ganz verschiedenen Lage, wir haben ein ungeheures Unternehmen begonnen, die Augen der Welt sind auf uns gerichtet. Wir können daher unsere Operation mit keinem Rückzug eröffnen, ohne das Zutrauen des Publikums zu schwächen. Wir müssen vorwärts nach Westfalen, dem Volke Gelegenheit geben, das Joch, das uns drückt, abzuschütteln. Macht es mit uns keine gemeinschaftliche Sache, zieht es diesen Druck der Freiheit vor, dann haben wir das Unsrige getan, und uns bleibt nichts übrig, als so groß zu enden wie wir angefangen.»

Die Leutnante Stössel und Diezelsky bekräftigten diese feurige

Sprache. «Vorwärts! Vorwärts!» drängten auch andere ihren Kommandeur, der zögernd nachgab: Er wolle sich der Mehrheit beugen, könne aber nichts weiter versprechen, als einen ehrenvollen Untergang erkämpfen zu helfen.

So wußte nun jeder Offizier, daß der König den Feldzug mißbilligte. Und mit dem gemeinsamen Beschluß, den Militäraufstand fortzusetzen, überschritten sie alle bewußt die Ordnung der Armee, gaben sie dem Regiment auch subjektiv, was objektiv durch den Abmarsch aus Berlin längst schon Tatsache war: den Charakter einer Rebellenschar.

Wohin aber sollten die Freischärler sich wenden, da Österreichs Heer auf dem Rückzug und der Aufstand der Hessen gescheitert war?

In dem Gewirr der Ratschläge und der Zurufe kreuzten sich vier Pläne.

Der erste riet, das Elbtal aufwärts nach Böhmen zu reiten und unter österreichischen Fahnen zu kämpfen. Am leichtesten zu verwirklichen, war solch ein Schritt doch mit dem Preis belastet, die Selbständigkeit der Freischar aufgeben zu müssen — und so wurde dieser Vorschlag als unehrenhaft verworfen.

Der zweite Plan war dem Freischärlertum, dem Wesen des rebellischen Reitertrupps, angemessen. Im Vorstoß nach Westen sollte Schills Kavallerie den Feind durch rasche Streifzüge und Überfälle beunruhigen, bis das Kriegsglück wieder zu Österreich neigte und das Volk in Westfalen für den Nationalaufstand gewonnen sei.

Der Plan rechnete mutig mit der Gefahr eines tragischen Endes, war aber auch mit optimistischer Weitsicht gebaut. Hatten doch schon Scharnhorst und Gneisenau den Kleinen Krieg im nördlichen Deutschland für möglich gehalten! Wohl gab es hier keine weithin unzugänglichen Landschaften, nicht die sonnenglühenden Berge Spaniens, nicht die zerklüfteten Schneegefilde Tirols. Handelswege, Militärstraßen und Flüsse durchschnitten das meist ebene Land. Gemäßigtes Klima schonte Bewohner und Fremde. Aber Scharnhorst hatte den Harz, die Sollinger Berge, den Teutoburger Wald, die Gebirge und Wälder Westfalens und besonders das moorige Ostfriesland als Operationsgebiete des Kleinen Krieges bezeichnet. Und auch in Schills Rebellenschar gab es Männer genug, die den militärischen Nutzen der Landschaft erkannten, die sich bereit und fähig fühlten, einen Gegner zu bekämpfen, der an Zahl zu gering war, um ganz Norddeutschland unter Kontrolle zu halten. Standen doch Napoleons große Armeen weit entfernt an Donau, Po und Ebro. Darauf gründete sich der Plan, der selbst bei vorsichtiger Berechnung einigen Erfolg versprach: Auf jeden Fall werde der Untergang der Freischar verzögert, dem Feind empfindlich geschadet und Ehre gewonnen.

Einen dritten Plan verfocht Lützow. Er wies seinen Gefährten den Weg nach Ostfriesland, das bis zum Tilsiter Frieden — bei relativer Selbständigkeit — zu Preußen gehörte. Dort hatte Napoleon den Fischern, Bauern und Bürgern, die mit sprichwörtlicher Dickköpfigkeit an Gebräuchen und Sitten festhielten, die alten landständischen Volksvertretungen genommen, und Lützow hatte den grimmen Unabhängigkeitssinn der Friesen erst kürzlich auf zwei Kundschafterreisen angestachelt. «Die Ostfriesen sind durch die Verfassung, welche sie verloren, an die Freiheit gewöhnt. Sie haben durch die neue Organisation Deutschlands am meisten eingebüßt und sind mit Recht unzufrieden. Gute Schützen und auf die Festigkeit ihres Landes rechnend, haben sie, wie die Tiroler, ihre Zuflucht zu ihren Gewehren genommen, mit welchen sie alle versehen sind.» Auf dem Marsch zu ihnen, so riet Lützow, sollten Offiziere nach Norden und Süden ausschwärmen, um ehemals preußische Soldaten und deutsche Freiwillige zu sammeln und nach Ostfriesland zu führen. Stärke oder Schwäche des patriotischen Zulaufs werde entscheiden, ob es ungeachtet des Rückzugs der Österreicher möglich sei, für Deutschlands Befreiung zu wirken. Im Notfall blieb stets der rettende Ausweg, mit englischer Hilfe nach Helgoland überzusetzen und bessere Zeiten abzuwarten.

Auch dieser Plan war ehrenvoll und zweckmäßig zugleich. Galt es doch in ungemein schwieriger Lage, da Dörnbergs Scheitern unabänderlich, Österreichs Endsieg fraglich, die mögliche Zahl norddeutscher Insurgenten unbekannt war, das Schwert mit ganzer Wucht in die Waagschale zu werfen. Eine Offensivstrategie, die nicht zurück hinter die Elbe, sondern vorwärts auf napoleonisches Gebiet führte, konnte die glimmende Unruhe der Volksmassen schüren und vielleicht zum Aufstand entfachen. Gewiß war dies kein unfehlbares Erfolgsprogramm. Es gab keine Siegesgarantie. Und gewiß mochten die Gegenspieler Schills, indem sie auch jetzt noch die westelbische Volksinsurrektion verfochten, nicht unbedingt Anhänger einer bürgerlich-fortschrittlichen Gesellschaftsentwicklung sein. Aber sie waren bereit, die mögliche Leistungsfähigkeit aufs Äußerste anzuspannen – das einzige, was ihnen in ihrer Lage mit Kühnheit und Beharrlichkeit zu tun blieb. Und sie waren entschlossen, eine Insurrektion zu wagen, deren Praxis sie wahrscheinlich sogar zu modernen Erfahrungen des Guerillakriegs und der Politik getrieben hätte. Was Marx mehr als ein halbes Jahrhundert später zum Ruhme der Pariser Kommunarden sagen wird, hätte im abgewandelten Sinne für die todesmutigen Unabhängigkeitskämpfer gelten können: Welche Elastizität, welche historische Initiative, welche Aufopferungsfähigkeit ...! Die Demoralisation der Massenbewegung ist ein viel größeres Unglück als der Untergang einer beliebigen Anzahl von «Führern» ...

Aber Schill klammerte sich an seine begrenzte Erfahrung, blieb nun auch in der Strategie und Taktik des Insurrektionskriegs einer Halbheit verhaftet. Die Festung Kolberg war seine Kriegsschule gewesen, wo er das Freischärlertum im Einverständnis seines Königs ausüben lernte. Wenn er auch jetzt Kommandeur eines schnellfüßigen, bestausgerüsteten Kavalleriekorps war, das die Offensivpläne gewiß wagen konnte, so beherrschte ihn doch der starre Gedanke: Zumindest müsse erneut eine Festung Rückhalt und Sicherheit geben.

Schill verkannte die taktische Gefechtsweise einer Insurgententruppe, für die unberechenbare Streifzüge und Überfälle, mit wechselnden Orten und Kriegslisten, die gemäßeste Art des Kampfes ist. – Gneisenau wird Schills Fehler auswerten und in einer Anweisung für Insurgenten eigens verlangen: «1. daß sie nie anders als in der Nacht marschieren; Brücken und große Straßen vermeiden, nur auf Feld- und Holzwegen gehen; 2. daß sie bei Tage sich in Wäldern, Heiden, Brüchen oder ganz abgelegenen Forst- und dergleichen Häusern aufhalten; 3. daß sie nie länger als 24 Stunden an einem Orte sich aufhalten, also immer in Bewegung sind und geheim halten, welchen Marsch sie die nächste Nacht nehmen werden ... Werden diese drei Regeln genau beachtet, so werden die Parteien mitten zwischen den feindlichen nicht entdeckt und, wenn man ihnen auch auf die Spur käme, dennoch nicht aufgehoben werden.» Ist Kriegführung auch nie in starre Regeln zu zwängen, so hätte Schill doch gut daran getan, die taktischen Grundsätze des Kleinen Krieges zu begreifen.

Ihn aber zog es nach vertrauten Gegenden zurück – nach Mecklenburg und Pommern. Auf die Wirkung seiner Popularität vertrauend, stellte er wenig in Rechnung, daß ein «angestammtes Fürstenhaus» in Mecklenburg regierte und die schwedische Krone als rechtmäßiger Eigentümer Vorpommerns seit kurzem zu Napoleon schwenkte. Er verkannte, daß zuerst und vor allem im Königreich Westfalen, in den Großherzogtümern Hessen und Berg, in den Gebieten der Nordseeküste napoleonische Satelliten die Zielscheibe des volkstümlichen und nationalen Hasses waren. Schill machte also den vierten Vorschlag und überspielte den Mangel seiner Strategie mit gutgemeinter Phrase: Er wolle – sich mit den Spaniern vergleichend – die starke Festung Stralsund zu einem Widerstandsnest des Patriotismus, zu einem «zweiten Saragossa» machen. Schlimmstenfalls könne auch hier ein Rückzug auf die Insel Rügen und weiter auf englische Schiffe erfolgen.

Nur lau war der Beifall für diesen Plan. Einige, besonders die Anhänger Lützows, nannten ihn dreist: eine billige Art, den Kopf aus der Schlinge zu ziehen.

Da plötzlich, als Schills Urteilskraft unsicher zwischen Resignation und Starrsinn pendelte, erfolgte eine Wendung, die wie die Konstruktion eines zweitklassigen Romans anmutet: Patrouillenreiter meldeten, daß ein Teil der französischen Besatzung Magdeburgs auf Bernburg im Anmarsch sei!

Das gab Gelegenheit, die Entscheidung hinauszuschieben, die freimütige Beratung zu sprengen. Schill befahl, den Feind anzugreifen. Er ermahnte seine Offiziere, vor den Soldaten über das Vorgefallene zu schweigen, und schloß die Versammlung.

Schwer zu sagen, ob die Davoneilenden die Vorahnungen antiker Helden empfanden, die sich beim Wirken des Zufalls blindlings dem Schicksal ausgeliefert fühlten. Und doch kamen jetzt Stunden, in denen die subjektive Klarheit, lange und gründlich für die objektiv notwendige Unabhängigkeit Deutschlands wirken zu wollen, von der Willkür des Zufalls verdunkelt wurde. Denn nicht einer von Schills Kritikern sollte den bevorstehenden Kampf heil überstehen ...

Noch am 4. Mai – auch Brünnow war wieder zum Korps gestoßen – rückte die Freischar auf der Magdeburger Straße vor: ins Königreich Westfalen, von dem es geheißen hatte, Schills Ankunft, der Zauber seines Namens, werde ausreichen, die napoleonische Macht zu stürzen.

In den Dörfern wurden patriotische Reden gehalten, die des Griechen Demosthenes würdig waren. Die französischen Plakate, die Napoleons Sieg bei Regensburg feierten, mußten dem Aufruf an die Deutschen weichen. Schill selbst sprach zur Gemeinde eines großen Dorfes, schilderte den Kampf der Spanier und Tiroler, rief zur mutigen Nachfolge auf.

Und ein Bauer bekräftigte die Rede ganz treuherzig: «Sie haben recht, es muß anders werden. Lassen Sie uns nur noch abwarten, bis die Ernte vorbei ist!»

Gefecht bei Dodendorf

Südlich der Festung Magdeburg, wo das Flüßchen Sülze die Straße nach Bernburg und Halle schneidet, liegt Dodendorf in offener, waldloser Hügellandschaft. Dort lauerten am Morgen des 5. Mai 1809, hinter den sumpfigen Uferwiesen, zwei französische und vier westfälische Infanteriekompanien, die Kerntruppen der Magdeburger Garnison, auf das Schillsche Reiterkorps.

Aber der Gouverneur Michaud mißbilligte die gut gewählte Verteidigungsstellung des westfälischen Befehlshabers, forderte gegen die «brigands», die Banditen des Räuberhauptmanns Schill, eine schneidige Offensive, und er beauftragte mit dieser Tat den französischen Oberst Vautier.

Erst gegen 11 Uhr erschien Vautier bei den Truppen. Er hielt die beiden französischen Kompanien mit zwei sechspfündigen Kanonen als Reserve zurück, befahl aber allen Westfalen mit nur einer Kanone den Vormarsch über den Fluß, die ungedeckte Aufstellung im Gelände vor dem Orte: Die Dodendorfer Mühle im Westen, das Chausseehaus an der Halleschen Straße im Süden bildeten die Eckpunkte, zwischen denen ein Offiziersposten und eine dünne Schützenlinie sichern sollten.

Noch war die Vorwärtsbewegung nicht ganz ausgeführt, da verrieten aufsteigende Staubwolken bei Sülldorf die Annäherung der erwarteten Reiter.

Diese aber folgten nicht weiter dem Wege nach Dodendorf. Schill schwenkte nach Norden, sammelte die Freischar an der Maschmühle, wo eine Brücke über das Flüßchen führt. Mit seinen vier Husarenschwadronen, den reitenden Jägern, auch einer mit Gewehren

Gefecht bei Dodendorf

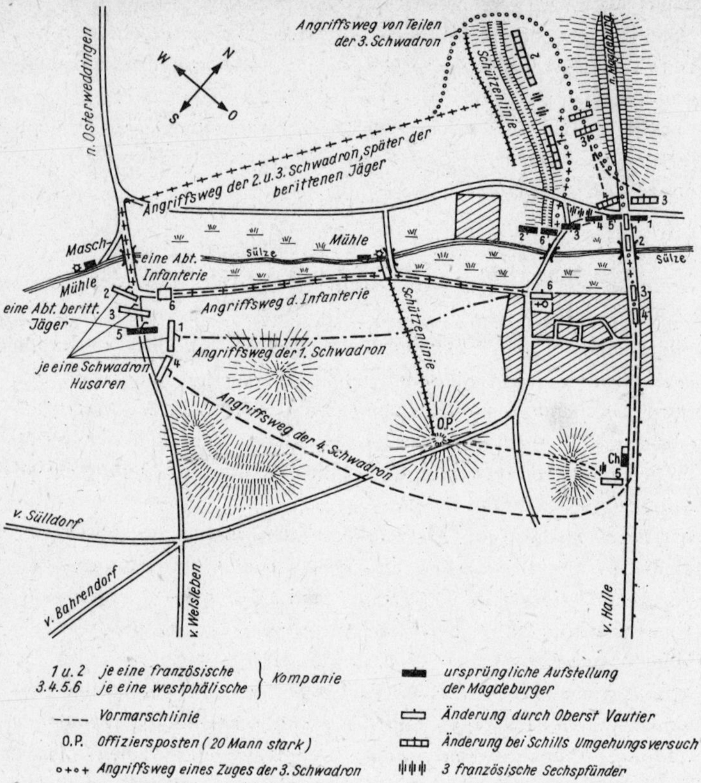

und Piken bewaffneten Infanterieabteilung von etwa 60 Freiwilligen, hielt er dort vor der westlichen Flanke des Gegners, drohte er, diesen durch Umgehung von Magdeburg abzuschneiden.

Einige feindliche Vorposten wurden umzingelt und als Gefangene weggeführt.

Da beeilte sich Vautier, die Rückzugsstraße nach Magdeburg zu decken: Auf steiler Höhe, nördlich des Flusses, mußten nun auch die beiden französischen Kompanien mit ihren Geschützen in Stellung gehen. Zwei Kompanien Westfalen, die schon im jenseitigen Dodendorf standen, wurden schleunigst zurückbeordert.

Dann herrschte Ruhe — einige Minuten lang, nervöse Spannung bei Freund und Feind.

Schill mußte das Gefecht nicht annehmen, er mußte die Straße nach Magdeburg nicht gewinnen. Die Eroberung dieser Festung konnte nicht Aufgabe für Reiter sein, deren Zahl nur ein Zehntel der nunmehr 6000 Mann zählenden Garnison betrug. Sollte der Insurrektionskrieg im nördlichen Deutschland entfesselt werden, so mußte den kraftzehrenden großen Gefechten ausgewichen, mußten die Volksbewaffnung, der Massenaufstand, der Partisanenkampf organisiert werden.

Schill aber hatte am Vortage, in den trübseligen Stunden des Zweifelns, seinen Offizieren nur einen ehrenvollen Untergang versprochen, er hatte einen genauen und wohlüberlegten Plan des weiteren Rebellenzugs nicht beschlossen! Und so scheint es fast, als wollte er jetzt seine Resignation durch die Tollkühnheit eines Reiterangriffs kompensieren: Eine glänzende Waffentat konnte sein Ansehen als Führer der Freischar neu festigen, konnte vielleicht auch das Volk im Königreich Westfalen noch einmal erregen. «Keine Disposition wurde dem Treffen vorangeschickt; die Worte des Majors Schill waren: Wo wir den Feind treffen, greifen wir ihn an und schlagen ihn!» So wird Brünnow später berichten.

Jetzt bittet Stock um den Auftrag, die westfälischen Truppen zur Abkehr von den Franzosen überreden zu dürfen. Schill sagt zu, und der Leutnant, ein weißes Taschentuch als friedliches Zeichen schwingend, reitet aufs Geratewohl an den Gegner heran, spricht: Nicht als Feinde, sondern als Freunde würden sie kommen, um ihre deutschen Brüder vom französischen Joch zu befreien! Kaum aber wendet der Agitator sein Pferd, so peitschen Schüsse in seinen Rücken und schleudern ihn tot zur Erde nieder. Bärsch glaubt an ein Mißverständnis, sprengt mit einem Trompeter vor, um die Kunst der Überredung selbst zu versuchen, wird aber durch planmäßiges Gewehrfeuer zurückgetrieben.

Und Schill gibt seinen wutentbrannten Reitern das Zeichen zum Angriff — zu einem Kampf, in dem Deutsche gegen Deutsche hauen, stechen, schießen.

Die erste Schwadron, Leutnant von Diezelsky voran, sprengt am Südufer des Flusses entlang, jagt mit verhängten Zügeln, mit Hurrageschrei gegen die Westfalen, die an der Dodendorfer Mühle in

Soldaten vom Schillschen Freikorps 1807/1808
Jäger und Husar

Schützenlinie aufgestellt sind. Im Abwehrfeuer fällt Diezelsky. Aber sogleich ist die tosende Reitermasse über der Infanterie, stampft und säbelt sie nieder, jagt alles, was nicht erliegen will, hinter die hohe Mauer des Dorfkirchhofs. Hier allerdings finden die Flüchtigen sichere Deckung, und sie schlagen Schills Reiter, auch die freiwillige Fußtruppe, die wenig später ebenfalls angreift, blutig zurück.

Die vierte Schwadron Leutnant von Brünnows reitet in weitem Bogen nach Süden, prescht dann, obgleich mit Kartätschen beschossen, auf der Halleschen Landstraße vor. Fast 30 Husaren fallen tot und verwundet aus den Sätteln. Wenige Schritte von der Grenadierkompanie entfernt, die am Chausseehaus ein Karree bildet, stürzt auch der Husar Sommerfeld mit tödlich getroffenem Pferd, springt wieder auf, reißt einem Gegner das Gewehr aus der Hand, stößt und schlägt in Todesverachtung eine Gasse, in welche die Reiter mit Säbelhieben und Pistolenschüssen hineindrängen. Das Karree wird gesprengt, die von Panik erfaßte westfälische Truppe vertrieben.

Den Augenblick, da die Franzosen ihre Geschütze auf Brünnows Husaren richten, benutzt Schill: Mit der zweiten und dritten Schwadron überquert er den Fluß, reitet er gegen die französischen Kompanien an, die taktisch klug auf einer derart steilen Anhöhe stehen, daß sich etliche Pferde und Reiter nach hinten überschlagen. Die Schwadronführer Adolf von Lützow und Kettenburg, auch Leutnant Stössel und viele Husaren fallen dem mörderischen Gewehrfeuer zum Opfer. Ein Teil der Husaren umreitet die hartnäckigen Gegner, wirft sich mit Ingrimm auf die schwächeren Westfalen, die an der Magdeburger Straße, im Rücken der Franzosen, formiert sind. Die Westfalen fliehen ins Dorf zurück, prallen dort auf die im Süden gleichfalls Geschlagenen. Die Kanonen, an denen Schill selbst die Artilleristen niedersäbelt, werden erobert.

Doch im ganzen kommen die Freischärler nicht mehr voran.

Schills Reiter verlieren sich in den Straßen, den Gärten des Dorfes. Dort prasseln Schüsse aus Häusern und Hinterhalten, schleudern einige Husaren aus dem Sattel, treffen die Pferde, die wiehernd zusammenbrechen, sich blutend am Boden wälzen. Auch Schills Pferd wird erschossen. Die Franzosen, hinter dem Dorf, behaupten unbeirrt ihre Stellung. Den Jägern, die sich zu Fuß im Gelände vorschleichen, mißlingt der Angriff auf den zäh verteidigten Hügel.

Da ließ Schill den Trompeter zum Rückzug blasen. Er räumte den Kampfplatz mit erbeuteten Pulverwagen, Fahnen, Waffen und 160 Gefangenen.

Als der Gefechtslärm erstarb, die Wolken von Pulver und Sand verzogen waren, lagen Tote und Verwundete auf den Feldern, den Höhen, den Dorfwegen – darunter der Leichnam des französischen Befehlshabers Vautier.

Aber der eigene Blutzoll war hoch: 12 Offiziere und 70 Soldaten. Unter den Gefallenen waren Schills beste Kampfgefährten, die Leut-

Soldaten vom Schillschen Freikorps 1807/1808
Unteroffizier der Artillerie und Soldat der leichten Infanterie

nante Diezelsky, Stössel, Stock. Und Major Lützow, der Klarsichtigste von allen, wurde schwerverwundet auf preußisches Gebiet zurückgebracht.

Nicht, daß sich Schill nun befreit fühlte: von den Beratern, die seine Kritiker gewesen, von den Freunden, die in der Stunde seiner Verwirrung über ihn hinausgedacht und ihm seine eigene Schwäche bewußt gemacht hatten. Echter Gefühle fähig, trauerte er aufrichtig um die Verlorenen.

Doch allein und unangefochten sollte er vorerst entscheiden dürfen! — Es war der traurige Gewinn einer verhängnisvollen Freiheit: Schill sollte ein Gefangener seiner politischen Enge, seiner militärischen Halbheit bleiben.

Zulauf in der Altmark

Das Gefecht bei Dodendorf hatte weder Sieger noch Besiegte. Michauds Infanterie erlitt schwere Verluste, gab aber die Straße nach Magdeburg nicht frei. Schills Reiterschwadronen hatten Beute und Ruhm geerntet, aber sie waren als erste vom Kampfplatz abgezogen und der Festung in westlichem Bogen ausgewichen.

Dennoch lenkte Schills moralischer Erfolg die Feder des französischen Festungskommandanten, der seinen Kriegsminister in Kassel dringend um Hilfe anrief: «Ses hussards ne se battent comme des soldats ordinaires, mais comme des enragés, ayant rompu et sabré mes quarrés firent le reste prissoniers.» Seine Husaren schlagen sich nicht wie gewöhnliche Soldaten, sondern wie Rasende, sie haben meine Karrees gesprengt und niedergesäbelt, den Rest zu Gefangenen gemacht!

Dieser Leumund mußte bei Freund und Feind rasch ausgenutzt werden, wenn Schill sich den Vorwurf ersparen wollte, durch sinnloses Kräftemessen in offenem Feldgefecht seine Freischar gefährdet zu haben. Nur im Rahmen eines strategischen Gesamtplans, der den weiteren Vorstoß nach Westfalen oder nach Ostfriesland gebot, um die Volksmassen zu insurgieren, gewann das waghalsige Gefecht als moralischer Achtungserfolg einige Bedeutung.

Wirklich ließ Schill kleine Reitertrupps durch das ganze Elbedepartement streifen. Eine Gruppe des Leutnants von François stieß nach Westen bis Halberstadt, eine weitere des Leutnants von der Goltz sogar bis Goslar und Helmstedt vor. Aber nicht Volksaufstände, sondern königlich-westfälische Staatskassen waren Ziel dieser Streifereien. In Aken, Staßfurt, Wanzleben, Neuhaldensleben, Wolmirstedt, Oebisfelde, Stendal, Tangermünde, Osterburg, Salzwedel und Gardelegen, allesamt Orte des Elbedepartements, wurden aus den Kassen 51293 Franken erbeutet. In Halberstadt, Aschersleben, Hornburg, Halle, Wettin und Gerbstedt, den Orten des Saaledepartements, hatten die napoleonischen Steuereintreiber den Verlust von 8928 Franken, in Scheppenstedt, Helmstedt, Weferlingen, Vorsfelde und Goslar, den Orten des Okerdepartements, 8551 Franken zu beklagen. Überall waren nur Staatsgelder, nirgends war Privateigentum die Beute der Schillschen Reiter. Den Kassenverwaltern wurden Empfangsbestätigungen ausgehändigt, und sogar für die Unbescholtenheit der Beamten wurde Sorge getragen. Goltz schrieb rücksichtsvoll eine Bescheinigung aus: «Auf Befehl des kommandierenden Majors von Schill habe ich dem Generalsteuereinnehmer M. Schmidt zu Helmstedt die Königlich-westfälische Kasse abgenommen und bemerke, daß sie mir nicht gutwillig gegeben, sondern ich dieselbe mit den Waffen in der Hand erpreßt habe.»

Das quasikollegiale Verhältnis der Schillschen Offiziere zur herrschenden Obrigkeit stand in merkwürdigem Widerspruch zur Proklamation für radikale Volkserhebung.

Schon in Halle war die Unruhe des Volkes erstickt, die westfälische Bürokratie geschützt worden. In Halberstadt, wo François am 6. Mai mit 25 Husaren schon am Stadttor von einer hurrarufenden und winkenden Menge empfangen wurde, hatte das Volk die Fortschaffung der Staatskassen gewaltsam verhindert, und es glaubte nun, teils durch musikalischen Umzug, teils durch helle Empörung, seinen Patriotismus auf feine und grobe Art kundtun zu dürfen. Es wurde im Kleinen gefördert und im Großen gehemmt.

Anders als Brünnow, war François kein angestellter Offizier des Königs, er hatte sich freiwillig der Schillschen Schar angeschlossen, verkörperte in gewissem Grade den Rebellentyp des Freischärlers, übertrieb aber seine militärische Rolle durch Abenteuerlust. Im flotten Anlauf und die Volksgunst im Rücken, überwältigte er die 50 westfälischen Gardisten der Präfektur; durch Pistolenschuß und den Ruf: «Ergebt Euch, die Stadt ist erobert!» schüchterte er sogar 32 bewaffnete Franzosen ein, die sich im Haus ihres Kommandanten versteckt hielten und nun gefangen gaben. Sodann sprach er vom Balkon des Rathauses zu einer tausendköpfigen Menge. Er schmeichelte mit seiner Rede den unruhigen Stadtarmen ebenso wie den satten Leuten von Recht und Ordnung:

«Bürger von Halberstadt! Ich bin mit meinen Husaren als Avantgarde des Schillschen Korps gekommen, um Eure Stadt zu nehmen. Das westfälische Königshaus hat aufgehört zu regieren. Preußens hochherziger König ergreift mit dem heutigen Tage wieder Besitz von seiner treuen Stadt, der er, in Anbetracht der erlittenen Drangsale, auf fünf Jahre alle Steuern und Abgaben erläßt.»

Die Ansprache, die trotz ihrer Kürze drei Lügen enthielt, war ein Taschenspielertrick. Denn weder führte François die Avantgarde eines nach Westen vorrückenden Schillschen Korps, noch war die westfälische Macht gestürzt, noch war die preußische durch sozialen Gnadenakt aufgerichtet. François wollte die Volksstimmung nicht weiter erregen, sondern besänftigen, er wollte die Insurrektion nicht organisieren, sondern nur Zuneigung gewinnen und sich «als zweifellosen Herrn der Stadt betrachten». Die 120 Freiwilligen, die sich bei ihm zum Kampf meldeten, nahm er natürlich mit offenen Armen auf. Im übrigen aber entschied auch er für Ruhe als Bürgerpflicht. So hat er es späterhin selbst gesehen: «Daß ich diese Herrschaft nicht mißbraucht, sondern sie zum Schutze des Feindes redlich geltend gemacht habe, werden mir die aus jener Zeit noch lebenden Einwohner von Halberstadt bezeugen. Das Volk war unendlich aufgereizt gegen alle westfälisch gesinnten Familien, man verlangte insonderheit den Tod des tiefverhaßten Bürgermeisters K., und nur mit höchster Anstrengung, ja mit Einsetzung meines eigenen Lebens gelang es mir, drohende Gewalttaten zu verhindern.» Der Maire wurde also beschützt. Patrouillen streiften durch die Straßen. Vor den Häusern der übelsten Bürokraten standen behütende Wachen. Und am nächsten Morgen verschwanden die Schillschen so plötzlich, wie sie gekommen waren. Sie führten die freiwilligen Rekruten auf Wagen mit sich, ließen die Volksmasse mit gleisnerischen Versprechungen, enttäuschten Hoffnungen und napoleonischer Obrigkeit zurück.

Es war ein Unsinn, der aus Schills Verweigerung des Vormarsches nach Westfalen entsprang, der aber auch legitimistische Methode hatte: Der Staat, der bekämpft werden mußte, blieb in seinen Dienern noch geschützt und geachtet. – Die Westfälische Regierung machte da weit weniger Umstände.

Denn König Jérôme ließ seit dem 5. Mai 1809, dem Gefechtstag von Dodendorf, in den Gemeindebüros seines Reiches einen feindseligen Steckbrief anschlagen. «Da der preußische Major Schill in dem Distrikt Bielefeld, Departement der Weser, Verständnisse unterhalten hat, um daselbst Mißvergnügen zu erregen und zum Aufruhr aufzufordern; da er sich unterstanden hat, bewaffnet mit einem Haufen

Reiter das Gebiet verschiedener konföderierter Staaten zu durchziehen und sich auf das unserige zu begeben, ohne alle Autorisation des preußischen Gouvernements, welches bis jetzt den Frieden nicht gebrochen hat und ihn zu desavouieren scheint; da ein solches Benehmen ihn zugleich als Ausreißer in Hinsicht auf Preußen und als Übertreter des Völkerrechts in Ansehung aller der Staaten, die er verletzt hat, darstellt, welches ihn den Piraten ähnlich macht, die ohne Kaperbriefe Krieg führen, und den bewaffneten Räuberbanden gleichstellt: so befehlen wir allen Militärkommandanten und allen Zivilbeamten, auf ihn Jagd zu machen, ihn zu verfolgen, in Verhaft zu nehmen und sich seiner und der Seinigen tot oder lebendig zu bemächtigen ... Wir wollen und befehlen, daß demjenigen oder denen, welche ihn arretieren und abliefern werden, die Summe von 10000 Franken bezahlt werden soll.»

Mochte Jérômes Kopfgeld ein schmutziger Ansporn für alle sein, die nach Ruhm oder Reichtum gierten, so war Schill doch beschieden, was volkstümliche Persönlichkeiten ihr großes Glück nennen dürfen: Er besaß im Herzen des Volkes seine sicherste Zufluchtsstätte. In Jérômes Residenzstadt fanden sich schon am 6. Mai unter dem öffentlich ausgehängten Steckbrief die trotzig holpernden Verse:

«Mit Geld wiegt man Schills Kopf nicht auf,
drum lasset ab von diesem Kauf.
10000 Franken sind zu wenig,
denn Schill bleibt aller Herzen König.»

Und sofort war auch der Volkswitz wieder bereit, dem tapferen Husarenmajor einen Degen zu leihen: Habe doch Schill den königlich-westfälischen Steckbrief gekontert, indem er auf Jérômes Kopf nur den Spottpreis von fünf Talern aussetzte.

Hinzu kamen neue Demonstrationen des Volkes. In Oebisfelde wurde Goltz mit seinen Husaren gefeiert, und auch in Quedlinburg gingen Einwohner auf die Straße. In Braunschweig, wo ein Gerücht den Anmarsch Schills vortäuschte, wollte der kommandierende General vorsichtshalber eine Brücke abbrechen lassen; er mußte sich jedoch dem Zwang der aufgeregten Menge beugen, die die Verteidigungsmaßnahmen störte. «Nirgends aber zeigen die Bürger einen Widerstand, der die Wegnahme der westfälischen Kassen verhindert», klagt der französische Wachtmeister Didelon.

Während sich somit ein volkstümlicher Patriotismus der Sache Schills annahm, war dieser mit seinen Rebellen um Magdeburg herumgezogen und erreichte über Wanzleben, Haldensleben und Burgstall die Elbe bei Tangermünde. Hier traf er unverhofft auf François, dessen zahlreiche Truppe im Dunkel der Nacht für einen Feind gehalten wurde. Aber der Irrtum klärte sich bald. Schill umarmte den Leutnant unter Danksprüchen und Freudentränen, und da er gewahrte, wie sehr François nach dem zweitägigen Ritt ermüdet war, räumte er augenblicklich sein Nachtlager für ihn.

Von Tangermünde ließ Schill die unberittenen Freiwilligen, auch die Husaren, die ihre Pferde bei Dodendorf verloren hatten, auf Kähnen elbabwärts fahren. In der gleichen nördlichen Richtung trabten die Reiter durch die ehemalige preußische Altmark, wo im Monat zuvor Kattes Aufstand mißglückt war.

Am Morgen des 8. Mai lief in Arneburg, am Westufer der Elbe, die Nachricht um, Schills Freischar stehe in Tangermünde. Da versammelten sich Handwerker und Schiffsknechte in großer Zahl vor dem Hause des Steuereinnehmers, verlangten mit ungestümen Drohungen die Rückzahlung der Kopfsteuer. Die Menge geleitete zwei Schillsche Husaren, die wenig später heransprengten, zur Akzise- und Kontokasse, stärkte ihnen mächtig den Rücken, so daß sie auf die Frage des Friedensrichters, ob sie zur Kassenbeschlagnahme legitimiert seien, kurzweg die Säbel zeigten. – «Ja, der Ausschuß von der Bürgerschaft selbst, welcher sich diesen beiden Husaren angeschlossen hatte, äußerte seinen ganzen Unwillen darüber, daß ich nach einer Legitimation fragte. Es war daher an keinen Widerstand zu denken, da wir es auch mit dem versammelten Pöbel zu tun gehabt haben würden.» So lamentiert Friedensrichter Quehl im amtlichen Bericht. – Der Kassenbestand mußte abgerechnet, die Kasse geschlossen und versiegelt werden. Dann strömte die Volksmenge zum Ortsrand, begrüßte Schills Truppen, die um 3 Uhr nachmittags anrückten.

In Arneburg und Umgebung ließ Schill für sechs lange Tage Quartier beziehen.

Hier erschien Schills zweite Proklamation: «An die Einwohner Westfalens». Sie war eine Antwort auf Jérômes hochnotpeinliches Dekret, das Schill in Haldensleben gefunden hatte. Sie war auch wieder ein Zeugnis für die konservative Ideologie des Rebellen, der unter dem Heiligenschein feudaler Restauration und christlich-germanischer Schwärmerei die Unabhängigkeit erkämpfen wollte.

«Ich erscheine nicht unter Euch an der Spitze einer Räuberbande, ... sondern an der Spitze der tapfersten und edelsten deutschen Männer, welche bereit sind, alles aufzuopfern, was ihnen teuer ist, *um Euch Eure Rechte und Eure Verfassung wiederzugeben, die Ihr verloren habt.* Ich komme, um Euch zu rächen, um Euch zu befreien von dem Joche, welches ein fremder Eroberer Euch aufgebürdet und welches Ihr bisher mit Schmach getragen habt. Deutsche Nationalehre und deutscher Sinn sollen nicht länger unterdrückt sein; *man soll Euch nicht länger nach Gesetzen regieren, die Euch fremd sind* und die darauf abzielen, Eure Eigentümlichkeit zu vernichten und Euch zu Sklaven zu machen. Dies, meine deutschen Brüder! ist meine Absicht, und dies allein soll das Ziel meiner Anstrengungen sein. Ihr werdet es daher nicht glauben, daß ich das Völkerrecht verletzt, wie es Euch diejenigen vorzustellen suchen, welche es nie gekannt haben; sondern der Stimme aller Völker folgend, trete ich zwischen Euch, um Euch aufzufordern, daß Ihr Euch mit mir vereinigt, um so dem gemeinschaftlichen Feinde unsers deutschen Vaterlandes, nach den großen Beispielen der Spanier und Tiroler, uns kräftig entgegenzustellen. Vorzüglich an Euch, Ihr Bewohner Westfalens, die Ihr einem fremden König und *fremden Gesetzen gehorcht*, ergeht dieser Zuruf.»

Wie ein fanatischer Spieler in seiner Bedrängnis die Regeln der Ehrlichkeit verletzt, so täuscht Schill nun einen siegreichen Krieg der Österreicher vor, und er knüpft an die falsche Prämisse den hinkenden Schluß:

«Lasset diesen Augenblick, welcher vielleicht der einzige ist, um die Freiheit Euers Handels wiederherzustellen, um Euern Gewerben neues Leben und neue Tätigkeit zu verschaffen, und *um das Heiligste, was Ihr besitzt, die Religion Eurer Väter*, welche man heuchlerischer Weise mit Füßen tritt, *zu bewahren*, nicht ungenutzt vorbeigehen! Vereinigt Euch mit mir, meine deutschen Brüder; ergreifet die Waffen und seid alsdann des glücklichsten Erfolges gewiß! Eure Taten werden von den glänzendsten Siegen gekrönt werden; Ihr werdet Euch ein ewiges Denkmal stiften in der Geschichte, und der Segen Eurer Enkel wird über Euch kommen!»

Hier, im Aufstandsgebiet Kattes, fand der Ruf ein Echo. Er rüttelte die Soldaten auf, die einst den preußischen Rock trugen, nun aber in niedrigen Lohndiensten und Arbeitslosigkeit ihr Dasein fristeten. Er weckte in Handwerksgesellen, Tagelöhnern, Schiffsknechten, arbeitslosen Jugendlichen die Empfindungen eines naiven Monarchismus, der auf Preußen die Hoffnung nach sozialer Verbesserung setzte. Bei den Klarsichtigen mochten auch nationale Überzeugungen wirken, bei den Unsteten größere Welterfahrung und buntes Abenteuer lok-ken. So geschah es, daß einige Hundert Freiwillige zu Schill kamen.

Aber Schill dachte nicht an Guerillakrieg mit verstreuten Trupps an wechselnden Orten, geführt und im unmittelbaren Kampf ausgebildet von selbständig entscheidenden Offizieren. Er mochte bei Dodendorf den Mangel an Fußtruppen bitter empfunden haben und wünschte nun eine regelmäßige Infanterie um so mehr, als er jeglichen Vorschlag, den raschen Kavalleriezug nach Westen zu wagen, in der Stille verwarf. Wohlgefällig begrüßte er die Schar der Freiwilligen. Er füllte die durch Tod und Verwundung gelichteten Husarenschwadronen auf, ließ zwei Infanteriekompanien und zwei Ulanenschwadronen bilden, die einen mit Gewehren, die anderen mit Lanzen bewaffnen, und er erklärte die Ungedienten, halbwüchsige, gutwillige Burschen vor allem, zum Stamm eines Bataillons, das nur mit Piken gerüstet wurde. Dann begann für die Neulinge ein eifriges Exerzieren. In blauen Leinenjacken und runden Hüten, die Krempe vorne hochgeschlagen, wurde eilends das Kriegshandwerk erlernt.

Und schon ergriff der ganze gewichtige Kleinkram des militärischen Alltags den Rebellenführer, trieb ihn umher, erfüllte ihn mit dem törichten Gefühl des unermeßlichen Tätigseins. Schill überall und von früh bis spät: bei der Beschaffung von Waffen, dem Einkauf von Pferden, der Anfertigung von Piken, Sätteln, Uniformen. Er beaufsichtigte die Übung der Mannschaften. Er besuchte die Handwerker und trieb sie zum Fleiße an. «In Kleinigkeiten versplitterte er seine Kräfte, die er zu Höherem und Wichtigerem hätte verwenden können und sollen», rügt Bärsch, sein vertrautester Mitarbeiter.

Es war die Zeit, da eine unglückliche Anlage in Schill die Oberhand gewann, da die Tugend des Eifers, der Tatkraft, des feurigen Temperaments umschlug in die Untugend einer fiebrigen Ruhelosigkeit, die kurzsichtig machte und über dem Kleinen das Große versäumen ließ. Mit peinlicher Überraschung registrierte ein Augenzeuge, daß Schill an einem einzigen Tag 38mal zum Waffenschmied ritt, um die Reparatur etlicher Bullerbüchsen voranzutreiben. «Ein inneres düsteres Feuer», schreibt Schillbiograph Haken, «schien ihn zu verzehren, ohne daß er Gewalt genug besaß, demselben die Richtung zu geben, welche der Augenblick erforderte, oder auch nur auf die Männer zu hören, welche wohlmeinend und verständig in das verworrene Getriebe einzugreifen versuchten.»

So zerschlug sich das Interesse eines Mannes, dessen Teilnahme für den Rebellenzug von großer Tragweite hätte sein können. In der Erkenntnis, Schill sei der nationalen Aufgabe nicht ganz gewachsen, hatten die Tugendbundmitglieder Bärsch und Adolf von Lützow nach Hilfe gerufen: Major von Grolman, Mitarbeiter Scharnhorsts und ebenfalls Tugendbündler, sollte herbeikommen und an der Führung der Freischar teilnehmen. Er war ein Mann von Größe, fähig, das Steuer eines irrelaufenden Schiffes herumzureißen. «Grolman ist ein altrömischer Charakter», sagt Reformpolitiker Boyen. «Er huldigt nur dem Verstand und ehrt von den Gemütskräften nur die Willenskraft ... Er ist in den krassesten Formen des Jakobinismus befangen und würde solchen alles blutig aufopfern», fügt Gneisenau hinzu. «Er galt mit Recht für einen der gelehrtesten, erfahrensten und kühnsten Soldaten des preußischen Heeres. Er ist von vielen der bedeutendste genannt worden, wie Gneisenau der hochherzigste ... Schwerere Kürze in Gedanken und leichtere Klarheit in Worten wird man selten finden», urteilt Ernst Moritz Arndt.

Das Ansinnen an diesen Mann war nicht utopisch. Er hatte in einer patriotischen Denkschrift, die er in Königsberg zirkulieren ließ, die Kollaborateure des Hochadels angegriffen und den Hausarrest, den Friedrich Wilhelm III. deshalb über ihn verhängte, mit dem Austritt aus der preußischen Armee beantwortet. Und just auf dem Wege zu den österreichischen Schlachtfeldern erreichte ihn der Ruf, zu Schill zu kommen.

Die entscheidende Begegnung zwischen Grolman und Schill liegt im Dunkel unbekannter Geschichte, wo sich die Überlieferungen widersprechen und verwirren. Nach den Mitteilungen Bärschs ist Grolman in Arneburg gewesen: Er hat dort lange mit Schill verhandelt, vom Rückzug nach Stralsund abgeraten und den Vorstoß nach Westfalen als die feste Bedingung seiner eigenen Teilnahme gestellt. Doch soll Schill, auf seinem Plane beharrend, den Vorschlag abgelehnt, insgeheim wohl auch Grolmans geistige Überlegenheit, den Einfluß seiner Persönlichkeit, gefürchtet haben. – Nach der Darstellung des Biographen Conrady verzichtete Grolman auf ein Treffen mit Schill, weil dieser den Rückzug schon begonnen hatte. Sicher ist, daß mündliche oder schriftliche Verhandlungen erfolglos blieben. Grolman eilte nach Österreich und weiter nach Spanien; er sollte auf glänzender Laufbahn gegen Napoleon Bonaparte vorausstürmen. Für Schill mag er der letzte große Kritiker gewesen sein, der ihn nach dem verunglückten Bernburger Kriegsrat noch einmal zur Offensive nach Westen und zum wahrhaften Insurrektionskrieg drängen wollte.

Da geschah ein Ereignis, das den traurigen Eindruck der fehlgeschlagenen Verbindung überdeckte.

Wie aus dem Nichts geschaffen, erschien am Morgen des 12. Mai eine Menge Soldaten am östlichen Elbeufer, Arneburg gegenüber, bestieg die anliegenden Kähne und ruderte unter klingendem Spiel über den Strom. Schill jagte mit allen seinen Trompetern heran. Er ließ ein schmetterndes Willkommen blasen, wurde von den Männern, die rufend und winkend ans Land sprangen, leidenschaftlich umringt.

Es waren 152 Infanteriesoldaten des leichten Bataillons «von Schill», die 1807 Kolberg verteidigt, seit Kriegsende aber dem Manne, dessen ruhmreichen Namen sie führten, nicht unmittelbar unterstanden hatten. An Schills Rebellion zunächst nicht beteiligt, waren sie im unruhigen Berlin zurückgeblieben, bis ihr patriotischer Ehrgeiz sie handeln ließ – unterstützt vom Zuruf des Volkes, dessen Herz auch hier für den Rebellen schlug: «Nun ist es gut, nun ist der Schill fort, der wird uns schon befreien!»

Diese Soldaten hatten die wogende Volksstimmung erlebt, die im Berliner Polizeibericht vom 29. April 1809 widerhallte: «Wir stehen am Abgrunde!» Sie teilten die Ansicht der Offiziere, die die zaudernde Regierung heftig tadelten und ihren Abschied verlangten. Sie bejubelten den Schillschen Husaren, der am 30. April mit Pistolenknall durch das Hallesche Tor davonsprengte und patriotische Bürger ermutigte, Schill nachzureisen. Sie fieberten selbst nach Aktion, zerrten unwillig an den Fesseln preußischer Disziplin, erregten durch ihre Unruhe sogar den Polizeipräsidenten Gruner, der am 2. Mai, im Schreiben an den Staatsminister Graf Dohna, buchstäblich aufschrie: «... Die Armee wankt ... Es gilt die Ruhe des Landes – den Thron des Monarchen. Nur die Gegenwart der geheiligten Person sichert beide … Ich kann nichts weiter sagen … Nur sie, ich wiederhole es, entreißt uns dem nahen Abgrunde der Anarchie. Der unermüdete Eifer aller einzelnen geht unter in dem Meere der rastlos bewegten Leidenschaften, wenn nicht der geehrte Pilot das Steuerruder ergreift, die Menge zu beschwichtigen. Es gilt den Thron der Hohenzollern.»

In der Nacht zum 3. Mai war die Rebellion aufs neue hervorgebrochen. Unter der Führung des Leutnants von Quistorp verließen die entschlossensten Männer des Bataillons die Hauptstadt. Sie schreckten eine Verfolgergruppe von Offizieren mit der Drohung zurück, sie niederzuschießen, und haben nach tagelangen Märschen die Freischar nun endlich gefunden.

Den blanken Säbel in der Hand, führt Schill sie im Triumph nach Arneburg hinein. Er versammelt sie auf dem Marktplatz. Die Regimentsmusik lärmt. Husaren und Infanteristen jubeln, hauen sich auf die Schultern, liegen sich in den Armen. Erfrischungen werden herbeigeschleppt, unter Späßen und Lachen an die Ankömmlinge verteilt. Schill in der Mitte. Die Offiziere daneben. Im riesigen Kreis ringsum Soldaten und Bürger.

Vor Schills heftigem Winken legt sich gehorsam der Lärm. Alles horcht auf ihn, der zu reden beginnt: Er dankt für Anhänglichkeit und Treue, nennt diesen Tag den glücklichsten seines Lebens. Nicht Ehrsucht, Eigennutz, kindische Abenteuerlust, sondern reine Vaterlandsliebe habe ihn bewogen, den bewaffneten Arm für die höchsten, edelsten Güter der Nation zu erheben. Nicht eher wolle er den Säbel in die Scheide stecken, bis er dem geliebten König auch das letzte Dorf der verlorenen Provinzen zurückgewonnen habe. Werde dieses schöne Ziel mit Gottes und seiner Freunde Hilfe errungen, so wolle er keinen höheren Rang mehr erstreben, sondern bescheiden aus dem öffentlichen Leben zurücktreten. Habe aber der Wille des Himmels beschlossen, daß Deutschland nicht frei werde, so wolle er den Tod erleiden.

Schill schloß seine Rede mit jenem einfältigen Kernspruch, den er oft und gerne verwendete: «Lieber ein Ende mit Schrecken als ein Schrecken ohne Ende!»

IV. Irrweg zur Küste

«Ich habe mir es lange kaum selbst gestehen wollen ..., daß er in einem Augenblicke edler Begeisterung eine Sache unternommen hat, der er nicht gewachsen ist ... Was mich am meisten für ihn betrübt und mutlos macht, ist sein planloses Hin- und Herschwanken, über welches leider nur eine Stimme ist. Es ist ewig schade, daß dies herrliche Instrument nicht eine Hand gefunden hat, die es gehörig zu gebrauchen wußte! ... Schills gänzlicher, aber ehrenvoller Untergang würde mir weniger wehe tun als der Gedanke, daß er der Erwartung nicht entspricht, die man von ihm hatte.»

Marie von Brühl an Carl von Clausewitz,
Berlin, 2. Juni 1809

«... daß er sich schließlich, nach einem vollständig Don-Quichottischen oder Schillschen Streifzug, ins Blaue verlief ...»

Friedrich Engels, Kritik an F. Sigel, in:
Die deutsche Reichsverfassungskampagne, 1850

Rückzug

Zwei Tage später hatte die Freischar die Arneburger Quartiere verlassen. Sie zog auf dem Westufer der Elbe entlang und wollte Dömitz, die kleine mecklenburgische Grenzfestung, gewinnen.

Leutnant Quistorp, von Schill zum Befehlshaber der Infanterie ernannt, wagte am 15. Mai 1809 den entscheidenden Handstreich.

Er ließ bei Schnackenburg Frachtkähne besetzen, versteckte zwei seiner Kompanien unter Segeltuch und Matten, steuerte in der Frühdämmerung stromabwärts und landete, durch einen Wald gedeckt, ganz nahe der Festung, wo die Torwache soeben die Zugbrücke reparierte und der Kommandant einen Morgenritt machte. Im Nu waren die Rebellen heran: entwaffneten die Wachsoldaten, zwangen den Kommandanten mit vorgehaltener Pistole zur Kapitulation und nahmen so – ohne Blutvergießen – die fünf Offiziere und 60 Soldaten der Besatzung gefangen. Dann schickte Quistorp die Torschlüssel triumphierend zu Schill.

Der Major hatte schon am Vortage in dem verwegenen Leutnant von François den zukünftigen Kommandanten für die Festung gewonnen. Er hatte sich dabei über deren Rolle im strategischen Plan seines Feldzugs ausgesprochen: «Schill eröffnete mir, daß er den Entschluß gefaßt habe, nach Stralsund zu marschieren. Um dieses bewerkstelligen zu können, sei es aber durchaus nötig, die Elbe noch eine Zeitlang zu halten, den nachrückenden Feind zu täuschen und ihm den Weg zu verlegen. Er habe die kleine Elbefestung zum Haltungspunkte ersehen und ersuche mich, da diese Aufgabe von großer Wichtigkeit für sein ganzes Unternehmen sei, die Stelle eines Kommandanten von Dömitz zu übernehmen.»

Schill hatte seine Meinung über Dömitz aus den Büchern Heinrich von Bülows, eines bekannten Militärschriftstellers, geschöpft, und er hegte den Glauben, in der Festung, die als Insel auf der rechten Flußseite lag, einen wehrhaften Stützpunkt finden zu können.

Doch auch im Krieg geht Probieren über Studieren, geht Anschauung über Hören und Lesen. Als nämlich Schill den Platz von seinen Truppen im Paradeschritt, unter den Klängen der Blechmusik, besetzen ließ, fand er Wälle und Kasematten verfallen. Zwanzig alte eiserne Kanonen wackelten auf faulenden Holzlafetten. Die Festung, ihrer militärischen Rolle entfremdet, war Zuchthaus für Geisteskranke, Landstreicher und Diebe. Nahebei träumten die 250 Häuser des friedlichen Städtchens in der Maienpracht blütenschwerer, duftender Gärten.

Nun kam kriegerische Unruhe in die romantische Idylle. Am späten Nachmittag legten 17 Schiffe am Ufer an, alle mit Truppen besetzt, deren Zahl von den Dömitzer Bürgern auf etwa 2000 Mann geschätzt wurde. Schill belobigte die glücklichen Eroberer: «Ich danke! Ihr habt Eure Sache gut gemacht, künftig wollen wir noch mehr solcher Stückchen machen. Einem jeden von Euch werde ich einen Dukaten auszahlen lassen.»

Den Dömitzer Halbwüchsigen, die neugierig in der Nähe standen, schüttelte er die Hand, und einen mecklenburgischen Feldwebel fragte er freiheraus: Ob er wohl feindselig von ihm denke. «Wir wollen in Freundschaft leben!» antwortete bündig der Mann. Er erntete Schills freudigen Händedruck und außerdem einen Bruderkuß auf die Wange.

Doch ein Gespräch Schills mit Major von Boddien, dem Flügeladjutanten des Herzogs von Mecklenburg, versteifte wieder die politischen Fronten. Zuerst Boddien: «Seine Durchlaucht, der Herzog, läßt Sie fragen, Herr Major, auf wessen Befehl Sie sich der Festung in einem ruhigen und friedlichen Lande bemächtigt haben? Ich habe Befehl von dem Herzog, meinem Herrn, Ihnen zu erklären, daß Fürst und Volk mit dem jetzigen Zustand der Dinge in Mecklenburg sehr zufrieden sind und nichts wünschen, als so zu bleiben. Sie werden in unserem Lande keine Hilfe, weder an Menschen, noch an Kriegsmaterial finden, und der Herzog wird alles tun, was in seiner Macht steht, um jegliche Berührung mit Ihnen und Ihren Truppen zu vermeiden.»

Dann Schill: «Sagen Sie Ihrem Herzog, Seine Durchlaucht könnten ungestört in Ihrem Lande und in Ihren Residenzen bleiben. Das ganze Unternehmen geht lediglich von mir allein aus. Mir tut das Übel, welches ich Ihrem Lande zufüge, persönlich sehr leid, aber Sie werden einsehen, daß ich an dem einmal eingeschlagenen Wege nach den Ostseehäfen nichts mehr ändern kann.»

Also straffte sich Schill zur Härte. Zunächst wurden 120 Deutsche und 30 Franzosen als Kriegsgefangene in die Festung getrieben. Dann wurden die altersschwachen Wehranlagen in Verteidigungszustand gebracht. Was der Zahn der Zeit allmählich zernagt hatte, sollte nun eilends erneuert werden.

Hunderte von Bauern, die in Mecklenburg noch unter der junkerlichen Knute, der Hörigkeit und der Leibeigenschaft lebten, wurden von Schills Reitern zur Schanzarbeit getrieben. Sie mußten nun auch militärischer Befehlsgewalt gehorchen: Wälle schaufeln, Gräben ausräumen, Kanonen schleppen. Die Handwerker wurden zwangsverpflichtet. Schmiede, Schlosser, Tischler, Zimmerleute, Maurer, Sattler, Stellmacher bekamen Aufträge, und die Kaufleute mußten kostenlos Material hergeben. Um den Geschützen ein freies Schußfeld zu bieten, wurde die Umgegend kahlrasiert. Ein Haus wurde niedergerissen. Vierhundert Obstbäume stürzten unter den Äxten gnadenlos eifriger Soldaten. Dann wurden die Schleusen geöffnet: Mit schlammiger Flutwelle vernichtete die Elbe grünende Kornfelder, die einzige Erwerbsquelle der ohnehin armen Bewohner.

Bewaffnete Kommandos schafften Lebensmittel herbei, die von den Landgemeinden täglich in Menge zu liefern waren: 12000 Pfund Brot, 7500 Pfund Fleisch, 375 Scheffel Hafer, 9000 Pfund Heu, 9000 Pfund Stroh, 1500 Pott Branntwein und 12000 Pott Bier. Im Bericht des mecklenburgischen Kommandanten lautet der Kommentar: «Diese Lieferungen wurden alle mit Gewalt gefordert und zum Teil exekutivisch eingetrieben; beinahe unaufhörlich folgten sich die Fuhren mit Produkten aller Art und wurden auf der Festung aufbewahrt, so daß man sich nicht mehr rühren konnte ...» Dreihundert Elbschiffern wurden die Kähne weggenommen, damit sie den Flußübergang eines Gegners nicht begünstigen konnten.

«Es herrscht eine große Tätigkeit bei diesem durch preußische Offiziere angeführten Korps ... Soeben erhalte ich die zuverlässige Nachricht, daß sich der Major von Schill anfängt, stark in Dömitz zu verschanzen. Es sind zu dem Behuf von seiner Seite für alle benachbarten Dörfer im Mecklenburgischen Wagen und Arbeiten wie auch viele Lebensmittel ausgeschrieben worden.» Dieses meldete Amtmann Meyer am 16. Mai aus dem preußischen Grenzort Eldenburg.

Wie in Preußen, so hatte Schills Rebellenzug natürlich auch im französischen Hauptquartier große Erregung hervorgerufen. Sogar Napoleon fühlte sich genötigt, im 6. Armeebulletin vom 9. Mai 1809 eine boshafte Erklärung abzugeben. «Ein gewisser Schill, eine Art von Brigand, der in der letzten preußischen Kampagne Verbrechen auf sich gehäuft und den Grad eines Colonel erhalten hat, ist mit seinem ganzen Regiment von Berlin desertiert, hat sich nach Wittenberg über die sächsische Grenze begeben und diesen Ort umringt. General L'Estocq hat ihn bei der Parole zum Deserteur erklärt. Diese lächerliche Bewegung war mit der Partei verabredet, die in Deutschland alles in Brand und Aufruhr setzen wollte. Seine Majestät haben die Errichtung eines ‹Observationskorps der Elbe› verordnet, welches von dem Marschall Herzog von Valmy kommandiert und 60000 Mann stark sein wird. Die Avantgarde dieses Korps hat sich bereits nach Hanau in Bewegung gesetzt.» Waren 60000 Mann auch ein reichlich großes Aufgebot, um eine «lächerliche Bewegung» zu bekämpfen, so lag Hanau doch weit, und es bedurfte geschwinderer Mittel, um Michauds Hilferufen aus Magdeburg Folge zu leisten.

So kam es, daß Schill eine Meldung erhielt, die er befürchtet hatte: Der französische General Gratien marschiert mit einem Hilfskorps von Holländern – Truppen also, die in Deutschland zuverlässiger sind als Deutsche – von der Weser her gegen Dömitz.

Die Nachricht entband Schill von Zweifel und Unentschlossenheit, die er seit der Bernburger Beratung – seit zwei Wochen schon! – hinter der Maske fieberhafter Betriebsamkeit versteckt hielt. Es waren Wochen vertaner Zeit! Verschleuderte Gelegenheit zum kühnen Reiterzug nach Westfalen und Ostfriesland! Der Gegner hatte Zeit für Sammlung und Offensive gewonnen. – Und doch blieb auch jetzt wohl für Schill noch die Wahl zwischen zwei Konzeptionen. Gratiens Anmarsch peitschte zu neuer Entscheidung: Entweder sofortiger Kampf gegen den kaum doppelt so starken Gegner, wobei die Stimmung des Volkes und die taktischen Möglichkeiten der Elbelinie Vorteile boten – oder Erfüllung des unpopulären Plans, in Eile nach Stralsund zu marschieren.

Schill wählte den Rückzug.

In der Nacht zum 18. Mai schon befahl er den Abmarsch. Die Masse des Korps zog in Richtung Wismar und Rostock davon. Nur vierhundert Freischärler blieben als Besatzung in der notdürftig hergerichteten Festung. Doch setzte zur Täuschung des Gegners ein Detachement von 30 Kavalleristen über die Elbe, drang bis Lüneburg vor, überfiel Transporte und Staatskassen.

Zwei vertrauliche Boten eilten nach Hamburg: Rittmeister von Bornstedt und Alexander von Bothmer sollten die Londoner Regierung um Hilfe anrufen und die britische Ostseeflotte in den Strelasund lenken ...

In der Hafenstadt an der Elbe spielten sich am Tage von Schills Rückzugsbeginn denkwürdige Szenen ab. Ein Feuer brach aus, die Glocken läuteten Alarm — aber sie wurden von den patriotischen Volksmassen gänzlich mißverstanden. Oberpostdirektor Goldbeck, von der preußischen Grenzstation Lenzen, überliefert zwei Tage später die Nachrichten: «... Alles rief: Schill kömmt. Nicht daran zu denken, daß Hamburg eine Festung ist, die sich verteidigen kann, wurde Alt und Jung voller Neugierde, liefen auf der Straße zu Tausenden und freuten sich, Schill zu sehen; als wenn er so gerade einrücken würde und könnte. Besonders sollen sich die Gesellen und die arbeitende Klasse ausgezeichnet haben. Gestern haben hierauf die Bürger die Wachen beziehen und die Stadtwälle besetzen müssen. Täglich und stündlich sollen Neugierige in nicht geringer Anzahl sich vor'm Tor sammeln, um den beregten Mann ankommen zu sehen. Die beiden Douaniers aus Bergedorff sind vorgestern abgegangen, der Schirrmeister, der sie in Hamburg beim Einpassieren trifft, fragt nach der Ursache, erhält zur Antwort: Schill käme.»

Der Schirrmeister Waldt, der am 21. Mai mit der Hamburger Post in Lenzen ankam, berichtete über abwehrende Maßnahmen des Magistrats und des Bürgermilitärs auf kanonenbestückten Wällen, fügte aber wichtigere Mitteilung hinzu: «Während diese Arbeiten vorgenommen wurden, war ein Aufruhr in der Stadt, als wenn an mehreren Orten Feuer ausgebrochen wäre. Der Pöbel arbeitete nicht, sondern lief umher, jauchzte und frohlockte über die Ankunft des Schill, und als der Magistrat auch durch die Stadtältesten Ruhe und Auseinandergehen ansagen ließ, so half dieses dennoch nichts, sondern der Pöbel lärmte die kommende Nacht und den folgenden Tag, auch bis zum 19. mittags um ein Uhr, als ich Hamburg verließ, fort. Die Verteidigungsanstalten dirigierte ein französischer Offizier, der als Kommandant in Hamburg angestellt ist. Die Abreise des französischen Ministers aus Hamburg wurde als gewiß angegeben.»

Ein kritisches Urteil liegt nahe: Volksklassen erhoben sich, französische Zollbeamte und Minister flohen – Schill aber wählte den Rückzug ...

Beim Abmarsch von Dömitz soll er zu François, dem Kommandanten, die Worte gesprochen haben: «Wir beide haben jetzt einen schweren Stand. Aber halten Sie Dömitz nicht, so bleibt mir keine Zeit, Stralsund zu erreichen, und die gute Sache ist verloren.»

François war ganz der Mann für ein Himmelfahrtskommando. Seine Mannschaft spottete allen Regeln herkömmlicher Militärordnung, sie war das Ergebnis volkstümlicher Insurrektion und zwangsläufiger Improvisation: 50 altgediente Infanteristen, 100 unbewaffnete Rekruten, 200 Pikenmänner, 10 Jäger, 18 Ulanen und 40 Kanoniere. In den Festungskasematten und im Zuchthaus aber lauerten 150 Kriegsgefangene, 69 Geisteskranke, 66 Bettler, Diebe, Mörder auf ihre Chance, und auch die 300 Schiffsknechte, die mit Gewalt zu Schanzarbeiten angehalten wurden, sannen nichts Gutes.

Bei Freund und Feind herrschte nervöse Spannung, die nur zu bald zur Entladung trieb. Der Morgen des 19. Mai begann mit Rennen und Hasten: Das Stadttor wurde verbarrikadiert, die Brücke zur inselartigen Festung abgebrannt, Kanonen krachten – brachen das Feuern aber nach wenigen Schüssen jählings ab. Was da für heranmarschierende Feinde gehalten worden war, entpuppte sich als eine Schar von Milchmädchen und Landarbeitern, deren Spaten in der Sonne blitzten. Zum Glück wurde niemand getroffen.

Erst am 23. Mai schlug die Stunde der Bewährung. Zunächst und ganz früh kam Schills erlösender Befehl, die Festung zu räumen. Dann, gegen acht Uhr, erschienen am anderen Ufer napoleonische Truppen. Ein Zwölfpfünder der Festung donnerte mit Getöse, war aber in einem solch jämmerlichen Zustand, daß er nach zwei bis drei Schüssen jeweils durch Wassergüsse abgekühlt werden mußte. Hinter dem jenseitigen Elbedamm fuhren Sechspfünder und Haubitzen auf, entfesselten ein ungleiches Artillerieduell, bei dem Dömitz in Brand geriet.

François wollte die Stadt retten. Er schickte einen Parlamentär über den Fluß, damit er den Abmarsch der Besatzung ankündige und um Schonung der Stadt bäte. Aber der feindliche Befehlshaber erkannte den Beauftragten der Rebellen nicht an und ließ ihn kurzerhand verhaften.

Die Kanonade toste weiter. Das Rathaus und siebzehn andere Häuser brannten. Da sorgte sich François um das Pulvermagazin, eilte in diesen Teil der Festung und wurde von wüstem Lärm überrascht. Die Kriegsgefangenen stürmten aus der Kasematte, erbeuteten Waffen, griffen die Wachmannschaft an. François ließ Kanonen gegen sie richten und schreckte sie so, daß sie die Waffen von sich warfen. Der Anführer wurde auf der Stelle erschossen. — Da aber waren die Belagerer schon mit zwei Schiffen auf dem Fluß und steuerten zum Amte Buschwerder, wo sie sich aufstellten und Nachschub sammelten. Die Lage war aussichtslos, der Abmarsch befohlen.

So wurden denn die Geschützrohre zugenagelt. Unter dem Schutz der plänkelnden Jäger, die mit zusammengeschmiedeten Gewehrläufen schossen, einer Bullerbüchse des Herzogs von Köthen, die 27 Kugeln auf einmal spie, gelang der überstürzte Abzug.

Gepäck ging verloren. Die gehorteten Lebensmittel fielen in die Hände der Angreifer. Einige Insurgenten benutzten die Verwirrung, um das Korps zu verlassen. Zwanzig jugendliche Pikenmänner gerieten in Gefangenschaft, wurden vom feindlichen Kommandeur hochmütig zu je 50 Stockhieben verurteilt, ertrotzten aber eine ehrenhafte Behandlung: «Wir haben als brave Soldaten gefochten, schießt uns lieber tot!»

Es war ein Patriotismus, der selbst dem Gegner Anerkennung und Begnadigung abgewann.

In Rostock

Schill hatte dem Herzog von Mecklenburg-Schwerin, Mitglied des Rheinbundes, eine Zusicherung gegeben: Er wollte Ludwigslust und Doberan, die Residenzen des Fürsten, nicht berühren und Mecklenburg schonend behandeln.

Aber versprechen ist leichter, als Versprochenes halten. Die Rebellenschar konnte nicht — wie die altpreußische Armee — aus Magazinen ihre materiellen Bedürfnisse stillen, sie mußte — wie die Truppen der Revolution und Napoleons — das besetzte Land durch Beschlagnahmen, Requisitionen genannt, belasten. Der Krieg mußte den Krieg ernähren.

Dieser Notwendigkeit entsprangen Maßnahmen gegen das Eigentum der Bevölkerung, die bei aller Härte doch gerechtfertigt sind, solange der Kampf für gerechte Ziele und mit fortschrittlich-zweckvollen Methoden geführt wird. Schills konservative Rebellion aber, gepaart mit einer Taktik, die der revolutionären Offensive längst schon den fragwürdigen Rückzug vorgezogen hatte, läßt am Sinn übermäßiger Requisitionen zweifeln. Zumal Schill, anders als früher, im Nehmen nicht knauserig war! Schrieb er doch mit Androhung von drakonischen Strafen für Mecklenburgs Landämter und Städte hohe Lieferungen aus: 298 Zentner Fleisch in lebendem Vieh, 484 Zentner Brot, 8560 Pott Branntwein, 1491 Scheffel Hafer, 558 Scheffel Gerste für Bier, 451 Zentner Heu und Stroh.

Ganz lächerlich wirken Schills Forderungen, die er am 21. Mai aus dem Marschquartier in Groß-Trebbow an eine Regierungsbehörde richtete. «Zur vollständigen Bekleidung eines Teils der Infanterie, welche die Besatzung von Dömitz ausmachen, sehe ich mich genötigt, eine herzogliche hochlöbliche Domänen- und Rentkammer zu requirieren, mir die Bekleidung von 800 Mann möglichst schleunig liefern zu wollen ... Die deutsche Sache, für die ich allein nur lebe, erfordert diese Maßregel im allgemeinen. Ich habe in der Anlage den zur Bekleidung selbiger 800 Mann nötigen Bedarf entworfen.» Die Wunschliste ist grotesker Ausdruck einer Ordnungsliebe, die über das notwendige Bedürfnis hinaus in pedantische Formspielerei entartete, sie ist Sisyphusarbeit von Leuten, die in ihrer Lage wichtigere Dinge hätten tun sollen, als Tuchfarben und Jackenknöpfe aufzählen:

«800 Kolletts, dazu blaues Tuch à 2 Ellen	= 1600 Ellen,
schwarzes zu Kragen und Aufschlägen à $\frac{1}{4}$ Elle	= 200 Ellen,
Leinwand und Futter à 2 Ellen	= 1600 Ellen,
weiße metallene Knöpfe à 2 Dutzend	= 1600 Dutzend,
weißes Tuch zu Achselklappen à $\frac{1}{16}$ Elle	= 50 Ellen,
800 Tschakos mit ledernen lackierten Schirmen, gelben Litzen, schwarzen Kokarden	= 800 Tschakos,
800 tuchene schwarze Binden à $\frac{1}{8}$ Elle	= 100 Ellen,
Leinwand zu Futter à $\frac{1}{8}$ Elle	= 100 Ellen,
800 Hemden von weißer Leinwand à 5 Ellen	= 4000 Ellen,
800 Paar zwirne Strümpfe, 800 Paar lange Hosen, graues Tuch à 3 Ellen	= 2400 Ellen,

rotes Tuch zum Besatz à $1/16$ Elle	=	50 Ellen,
1600 Stück Kalbfelle zum Besatz,		
Leinwand zum Füttern der Hosen à 3 Ellen	=	2400 Ellen,
800 Paar Schuhe,		
800 Paar leinwandene Überziehhosen		
à $3 1/4$ Ellen	=	2600 Ellen.»

Die mecklenburgische Regierung ließ solchen Brief unerfüllt in die Ablage wandern. Bei Gutsherren, Bauern und Städtebürgern aber weckten Schills Forderungen den Alptraum von einem Armeekorps, das sich mit hungrigen Mäulern und unergründlichen Mägen heranwälze. So hieß es in Rostock: Schill sei mit 5000 Rebellen im Anmarsch.

Die Nachricht entsetzte alle Pfeffersäcke der Hafenstadt. Sie hatten als Spekulanten in den Jahren der Französischen Revolution den Krieg und die Mißernten in Westeuropa zu kapitalem Fischzug ausgenutzt, Getreide, Hülsenfrüchte, Butter, Speck und Käse zu Höchstpreisen an ausländische Aufkäufer verschachert, aber den einheimischen Handwerkern, Gesellen und Tagelöhnern, die ein Verbot der Butterausfuhr und damit die Preissenkung verlangten, mit Bösartigkeit die Tür gewiesen: «Der gemeine Mann braucht keine Butter!» Sie hatten als Ratsherren und Ordnungshüter im Jahre 1800 die Rostocker «Butterrevolution» niedergeworfen und hundert kleinbürgerlich-vorproletarische Angeklagte mit Geldbußen, Zuchthausstrafen und Landesverweisen gebrandmarkt. Das also waren die Leute, die ungeachtet des handelsfeindlichen Drucks der Kontinentalsperre nun auch in Schill eine Gefahr für das Eigentum fürchteten.

Auf dem Pfingstmarkt räumten die Kaufleute ihre Stände und Buden beiseite. Die Ratsherren tagten in Permanenz. Der Militärgouverneur wagte nicht, die Bürgergarde unter die Waffen zu rufen, weil bei den arbeitenden Klassen «eine bedenkliche Aufregung zugunsten Schills» herrschte; er schien eine neue Empörung zu fürchten. Die 120 Veteranen der Garnison, von denen die großherzogliche Stammrolle meldet: «7 Musketiere ganz unbrauchbar, von den übrigen 1 blödsinnig, 1 taub, 10 engbrüstig, 2 verwundet, 8 an Gicht leidend, 2 an Bruch, je 1 an Epilepsie, blöden Augen, inneren Leiden, erfrorenen oder schlimmen Füßen, steifer Hand, Lähmung des Knies, Schwäche im Rücken», dachten an nichts als an Flucht, beschlagnahmten hierfür Pferde und Wagen auf offener Straße.

Am Pfingstmontag, dem 22. Mai, erschien die Vorhut der Freischar vor dem Kröpeliner Tor und forderte gebieterisch Einlaß. Der Gouverneur redete des langen und breiten über eine ehrenvolle Kapitulation. Aber aufwirbelnde Staubwolken in der Ferne, die den Anmarsch weiterer Freischärler verrieten, scheuchten die ganze lazarettreife Garnison durch das Petritor hinaus nach Ribnitz und Damgarten. Sogleich besetzten die Rebellen alle Tore, sicherten die Stadt für den Zuzug ihrer Gefährten, die an den folgenden Tagen truppweise eintrafen.

Am 23. Mai kam auch Schill von Wismar nach Rostock. Er bat mit artiger Miene um Unterkünfte und Vorräte, wurde sogleich aber heftig und drohte Plünderung an, als seine Soldaten die Quartiere verschlossen fanden.

Und nun begann die Freischar das bürgerliche Eigentum anzunagen. Zuerst wurde für Uniformtuche eine Bezahlung versprochen. Doch fanden die feilschenden Händler, die nur gegen bares Geld liefern wollten, bald heraus, daß Schill gar nicht zahlungsfähig war, und so befahl dieser dem Rat der Stadt, die Summe aus seiner Kasse auf unbestimmte Zeit vorzustrecken. Die Ratsherren klagten vergebens. Sie sahen sich zu einer Finanzregelung gezwungen, die wie eine Gummischnur von Schills kriegerischen Forderungen gedehnt wurde: Geld für das Schneideramt, das 1100 Ellen Tuch zu Uniformen verarbeitete, Geld für die Hutmacher, die 300 Hüte und Tschakos, für die Schuster, die 60 Paar Schuhe und Stiefel, für die Schmiede, die 400 eisenbewehrte Piken, für die Lederhändler, die 50 Pferdegeschirre liefern mußten.

Daß sich der Rat hinter Unwissenheit versteckte, als Schill Pulver und Blei verlangte, nützte ebenfalls wenig. Die Rebellen durchsuchten die Häuser, fanden das Pulver — 44 Fässer voll — auf dem Dachboden des Zwingers. Und weil auch die Auslieferung der Schußwaffen zu langsam geschah, wurde den Ratsherren Plünderung, Zerstörung der Häuser, Erschießung angedroht, so daß Schützengilde und Polizeimannschaft schließlich einige hundert Gewehre übergaben.

Freilich belastete Schills Freischar nicht nur die Reichen, sondern die Bevölkerung der ganzen Stadt. Da gab es nicht nur Einquartierung, Truppenverpflegung, Requisitionen. Auch Handel, Schiffahrt und Fischfang wurden unterbunden. Die Bauern, die Lebensmittel zum Markte brachten, durften die Stadt nicht mehr verlassen, und Fischer, deren Boote zum Fang ausliefen, wurden beschossen.

In trübsinnigen Bürgermienen spiegelte sich der unpatriotische Wunsch: Schills Heerschar möge lieber heute als morgen von dannen ziehen.

Als aber Schill am 24. Mai mit seiner Hauptmacht nach Ribnitz und Damgarten aufbrach, fiel den Rostockern in den Becher der Freude auch jetzt noch ein bitterer Wermutstropfen: Mit 660 Zentnern Fleisch, 1320 Zentnern Brot, 132000 Quart Bier und 16500 Quart Branntwein, binnen 24 Stunden zu liefern, forderte Schill eine riesige, kaum erfüllbare Requisition.

In Rostock blieb Bärsch zurück. Er sollte die von Dömitz anrükkende Nachhut und alle Streifscharen, die zur Täuschung des Gegners ausgeschwärmt waren, zusammenziehen, sodann mit ihnen nach Rügen segeln und von dort eine Vereinigung mit der Hauptmacht versuchen.

Beim Abschied überreichte Schill seinem treuen Gefährten die Brieftasche aus rotem, marokkanischem Ziegenleder, das Geschenk der Königin, das geheimnisvolle Requisit einer Überredungskunst, mit welcher der Rebell seine ahnungslosen Reiter am 28. April 1809 für den Zug gegen Napoleons Fremdherrschaft gewonnen hatte: Die Tasche barg Briefe, deren Entdeckung hohe Persönlichkeiten in Preußen bloßstellen konnte. Bärsch nahm sie in sichere Verwahrung. Er sollte Grund finden, die gefährlichen Blätter bald schon verschwinden zu lassen — zur großen Beruhigung des Generals Blücher und anderer bedeutender Napoleongegner, aber auch zum Bedauern der nachgeborenen Historiker ... Schills Handlungsweise läßt auf eigenartige Vorsicht schließen: Bärsch mochte auf See in Sicherheit sein, er selbst jedoch blieb auf dem Festland und ahnte vielleicht die kommenden Gefahren.

Es war ein Gefühl der Spannung, das jetzt schwer auf den Truppen lastete.

Obwohl der Major alle Zeitungen beschlagnahmen ließ, damit seine Soldaten unbefangen und unwissend blieben, so lief doch auf den Schleichwegen der Flüsterpropaganda eine unliebsame Nachricht um: Friedrich Wilhelm III. hat am 8. Mai in Königsberg einen Parolebefehl erlassen.

Das Original enthält den folgenden Text:

«Seine Majestät der König machen der Armee bekannt, daß der Major v. Schill mit seinem Regimente unter dem Vorwande, vor den Toren der Garnison zu manövrieren, über die Grenze gegangen ist. Höchstdieselben finden nicht Worte genug, um darüber ihre Mißbilligung in dem Grade auszudrücken, als Sie diese empfanden ... Der Major v. Schill und alle, die mit ihm gegangen sind, sollen einem strengen Militärgerichte unterworfen werden. Seine Majestät erklären der Armee, daß Höchstdieselben auf jene unglaubliche Tat beschlossen haben, die Gesetze des militärischen Gehorsams, auch bei der kleinsten Unterlassung, geschärft anzuwenden ...»

Man wußte zu berichten, daß diese Kundgabe des Königs keine leere Drohung blieb. Stadtkommandant Chasot, sogar Gouverneur L'Estocq, waren ihrer Posten enthoben. Generalmajor von Stutterheim war mit unbegrenzten Vollmachten versehen und angewiesen, alle Schuldigen vor das Militärgericht zu zwingen, und auch Polizeipräsident Gruner und Oberpräsident Sack zogen es angesichts dieser Machtverhältnisse vor, das Regierungsbanner zu schwingen. Die preußische Grenze war gegen Schillsche Rebellen gesperrt: «... Alle Offiziere und einzelnen Posten haben Befehl, jede herüberstreifende Partei des Schillschen Korps feindlich zu behandeln und mit Gewalt zurückzutreiben oder zu entwaffnen, sich ebenso ernsthaft jedem Versuch einer Vereinigung anderer mit seinem Korps zu widersetzen und diejenigen, die einen solchen Vorsatz äußerten, zu verhaften.»

Diese Maßnahmen verfehlten ihre niederschlagende Wirkung auch bei Rebellen nicht. War doch das Königtum ungebrochene Autorität. Gab es doch außerhalb des Monarchismus noch keine gesellschaftliche Kraft, keine Klasse, Organisation, Partei, die das Selbstbewußtsein nationaler Insurgenten stärkte. War doch in Deutschland nicht Reifezeit der bürgerlich-demokratischen Volksrevolution.

So kamen denn Argwohn, Bestürzung und Widerspruch auf.

Unter den Offizieren waren einige, die sich auf ihr Wohlleben, ihre Sicherheit besannen und die zwei Wortführer zu Schill schickten, um ihren Abschied anzukündigen. Aber sie kamen schlecht an. Der Kommandeur packte sie grimmig bei ihrer Offiziersehre, er wies sie mit Schimpf und Schande aus den Reihen der Freischar hinaus: «Da sich unter dem Korps zwei schwarzsehende Herren befinden, die durch ihre ängstlichen Besorgnisse nur die gute Stimmung, die im ganzen herrscht, zu untergraben drohen, so ersuche ich diese Herren, ihren furchtsamen Ahnungen unbedingt zu folgen und das Regiment sogleich zu verlassen. Ich habe Unteroffiziere genug, die ihre Stelle füglich ersetzen, und ernenne zugleich die durch ihre Verdienste allgemein geschätzten Unteroffiziere Poppe und Maaß zu Offizieren.»

Betroffen warfen sich da die Gemaßregelten zu Boden, baten Schill auf den Knien um Vergebung. Und als dieser seinen Befehl gutmütig zurücknahm, gelobte ihm das ganze Offizierskorps, einen jeden auszustoßen, der schlechte Nachrichten bei der Truppe verbreite.

War die Disziplin unter den Offizieren einstweilen wiederhergestellt, so blieb doch den Soldaten die ungeschminkte Wahrheit und damit die Mündigkeit verwehrt. Für fähig gehalten, Anstrengungen und Gefahren des Rebellenzugs zu ertragen, wurde ihnen die geistige Reife zur Rebellion doch abgesprochen.

Aber die ausgreifende Erkenntnis, amtlich gebrandmarkt und überdies auf dem Rückzug zu sein, stachelte den kritischen Verstand der vielen Gutwilligen und die Zügellosigkeit der wenigen Marodeure an.

Es kam zu ersten schweren Konflikten. Der Husar Sommer, der sich den Anordnungen eines Offiziers widersetzte, wurde ohne standgerichtliches Urteil erschossen. Bärsch überraschte Plünderer in Warnemünde, tötete den einen, traktierte den zweiten mit gezücktem Säbel.

Das waren nur Entgleisungen in einer Truppe, deren allgemeine Disziplin um so höheres Lob verdient, als sie nicht einheitlich aufgebaut, sondern aus den verschiedensten Elementen in Eile zusammengefügt war. Es konnten aber auch subjektive Reflexe einer sich anbahnenden objektiven Krise, düstere Dramenszenen einer fallenden Handlung sein.

Durchbruch bei Damgarten

Die Recknitz, die durch morastige Wiesen träge zum Saaler Bodden fließt und damals das Herzogtum Mecklenburg von Schwedisch-Pommern trennte, war in den feuchten Jahreszeiten nur über einen aufgeschütteten Fahrdamm und eine Holzbrücke passierbar, die Ribnitz und Damgarten, zwei Grenzdörfer unweit der Mündung, miteinander verbanden.

Aber im denkwürdigen Jahre 1809 hatte ein heißer Frühling die Wiesen getrocknet, und auch am 24. Mai, als Schill mit drei Husarenschwadronen, einer Schwadron reitender Jäger, 400 Infanteristen und drei Geschützen durch Ribnitz zog, flimmerte die Luft in der Mittagsglut.

Da meldete ein Reiter der Vorhut: Die Bohlen der Brücke sind abgetragen, auf dem jenseitigen Ufer sperren Kanonen und Infanterie den Zugang nach Damgarten, die Straße nach Stralsund. – Sechs Kompanien mecklenburgischer Rheinbundtruppen, darunter auch ehemals preußische Soldaten, waren auf Befehl des französischen Gouverneurs Candras aus Stralsund vorgerückt. Sie hatten die schwache Garnison, die aus Rostock geflüchtet war, aufgenommen und erwarteten – teils mit stumpfer Ergebenheit, teils mit kaum verhohlener Sympathie – den Anmarsch der Rebellen.

Um vier Uhr donnerten die Geschütze hüben und drüben. Die ersten Gewehrkugeln kreuzten den Fluß. Das Gefecht begann.

Schill ließ seine Infanterie ausschwärmen. Die Freischärler krochen die Straßenböschung entlang, schlichen sich durch die Wiesen, besetzten das Grenzzollhaus, das diesseits des Flusses dicht an der Brücke lag und mit seinen massiven Mauern dem Artilleriebeschuß widerstand. Aus Dachluken und Fenstern schossen sie auf die Grenadiere einer schwachen mecklenburgischen Kompanie, die jenseits hinter einer niedrigen Schanze kauerten und von denen ein jeder nur zwölf scharfe Patronen besaß. Die anderen feindlichen Kompanien waren ohne taktische Konzentration um Damgarten verteilt.

Nicht nur zur Brücke hatte Schill den Angriff gelenkt. Eine Infanteriekompanie war flußaufwärts gezogen, hatte ein Boot – auf einem Wagen mitgeführt – zu Wasser gelassen und schwer bemannt.

«Wir werden untergehen», stöhnte der Schiffer.

Doch niemand wollte aussteigen. «Geht das Boot unter – wohlan! Sterben müssen wir doch! Vorwärts!»

So steuerte der Mann zum anderen Ufer: Von Daschow aus drängten die Freischärler gegen den linken, südlichen Flügel der Mecklenburger.

Um die Umfassung des Gegners zu vollenden, hatte Schill die Jäger nach Norden zur Flußmündung kommandiert, wo sie auf Kähnen

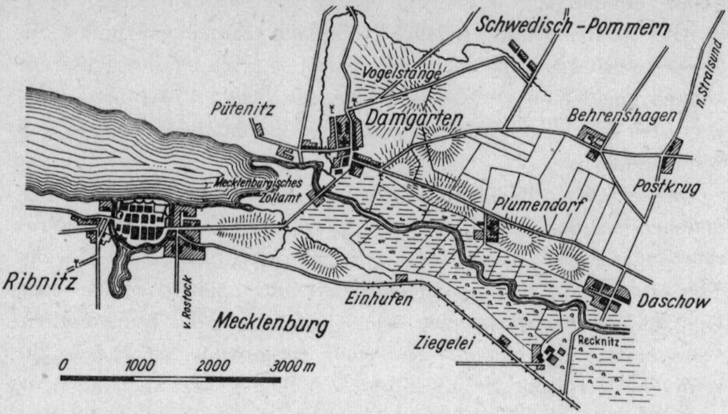

den Ribnitzer See überquerten und nun auch den Feind an der rechten Flanke packten.

Die Verteidiger, von drei Seiten her umklammert, von Munitionsmangel geplagt, wählten am Abend den Rückzug. Um sieben Uhr war die Brücke erobert, und Schills Schwadronen donnerten über die Holzbohlen, die rasch wieder aufgelegt waren.

Inzwischen sammelten sich die Geschlagenen auf der Landstraße, die nach Richtenberg und Stralsund führt. Ihre Reihen waren gelichtet durch erste Überläufer, die in Schills Rebellentum eine bessere Sache erblickten als in der Selbstsucht rheinbündischer Kollaborateure. Da brachen aus einem Gehölz, mit Hurrageschrei und Flintenschüssen, die Freischärler hervor, die bei Daschow den Fluß überquert hatten. Eilends ließ der mecklenburgische Kommandeur eine Kanone feuern. Aber die Pferde, biedere Bauerngäule, an Donnern und Kriegsgebrüll nicht gewöhnt, gingen scheuend durch, jagten im irren Lauf zwischen die Infanterie, und das zweite Geschütz stürzte mitsamt dem Munitionswagen in den Straßengraben. Im heillosen Durcheinander begannen Auflösung und Flucht.

Schills Rebellen benutzten die Situation auf komische Weise. Sie liefen an eine Kolonne der Mecklenburger heran, winkten mit Tschakos und Mützen, schüttelten einladend ihre Branntweinflaschen: «Hurra! Kommt zu uns, brave Deutsche!»

Es war eine Lockung, die auch letzten Widerstand brach. Etliche schauten verdutzt, andere standen mit breitem, verständnisvollem Lachen. Sie wurden umringt und gefangen. Auch die Kanonen fielen in die Hände der Freischärler. Lustig prosteten die Sieger, reichten die Flaschen in die Runde, ließen den König von Preußen und den Herzog von Mecklenburg hochleben.

Die übrigen Mecklenburger, von ihren Offizieren mühsam zusammengehalten, rannten nur so lange sie mußten.

«Bis gegen Sonnenuntergang», berichtet Hauptmann Friedrich von Kamptz, «ging es so fort über die Felder, und von allen Seiten sahen wir uns enger und enger eingeschlossen und umgangen von dem nachrückenden Feinde, der sparsamer zu feuern anfing, aber dagegen viele Gefangene machte, unsere Leute durch zugerufene Verheißungen zum Überlaufen anlockte, so daß unser Haufen mit jedem Schritte kleiner wurde und bereits auf weit über die Hälfte oder zwei Drittel eingeschmolzen war, als wir mit Ende des Tages uns gegen die Seite eines Hofes zu sammeln suchten ...»

Eine Kompanie fraternisierte sogar. Denn als ihr Kommandeur zu feuern befahl, sprang ein Musketier vor die Front: «Ein Hundsfott, wer einen Schuß tut!» Mit «Hurra!» ergaben sich alle den Rebellen.

Das Gefecht war zu Ende.

Das Häuflein der nur acht verwundeten Mecklenburger bezeugt die Unlust der gesamten Truppe. Von 39 Offizieren fielen 34 in Gefangenschaft. Sogar vom 1. mecklenburgischen Bataillon, das ohne Feindberührung bei Richtenberg stand und sich unter Candras nach Anklam zurückzog, desertierten 323 Mann. – Wozu sich schlagen für eine Regierung, die den Kniefall vor Napoleon nicht einmal durch die Vorzüge eines bürgerlichen Gesetzbuches erleichterte?

In der Erinnerung ist nicht viel mehr als Fritz Reuters humorige Anekdote geblieben, wonach ein einziger Schillscher Husar eine ganze Korporalschaft baumlanger mecklenburgischer Grenadiere durch Rede und Gegenrede gefangennahm:

«‹Kinner›, rep hei ehr tau, ‹sid ji all gefangen?›

‹Ne›, säd de brave Kapperal, ‹uns hätt nums wat seggt!›

‹Na, denn kamt man mit!› Un sei gungen mit ...»

So kündigten mecklenburgische Soldaten dem Fremdherrscher Napoleon und dem rheinbündischen Landesfürsten ihre Gefolgschaft auf. Schill aber überragte sie durch kraftvolle Aktivität. Er benutzte die jetzt hereinbrechende Nacht mit Entschlossenheit.

Zwei Stunden Ruhe nur. Dann raffte er seine schnellsten Reiter zusammen, preschte er über die Landstraße nach Stralsund, wo er auf guten Empfang rechnete. Seine Kundschafter hatten schon in der vorangegangenen Nacht gedruckte Flugblätter auf den Straßen, sogar vor der Ratsstube ausgestreut: Schill ruft die Bewohner der Stadt zum Aufstand gegen die französischen Eroberer, die Ankunft seiner tapferen Truppen ist nahe!

Blutige Eroberung

Statt der Hiobspost aus Damgarten kam in der Frühe des nächsten Tages eine napoleonische Siegesbotschaft nach Stralsund: Seit dem 13. Mai ist Wien erobert, Bonaparte residiert als gewaltigster Herrscher des Kontinents im Kaiserschloß zu Schönbrunn.

Die 160 französischen Artilleristen, die allein in der Stadt zurückgeblieben waren, schreckten die Bürgerschaft mit Salutschüssen aus dem Schlaf, verkündeten mit Trommelwirbel und Truppenappell diesen neuen Triumph der Grande Nation.

Sobald diese Schau unbezwingbarer Macht vorüber war, überließen sich die Franzosen ganz arglos ihren Gefühlen. Einzeln und in Gruppen kehrten sie hochgestimmt in die Kaserne zurück, oder sie schlenderten in der Gegend des Neuen Marktes umher, kauften Getränke und Eßwaren für eine feuchtfröhliche Würdigung dieses Tages.

Doch nur zu bald verzerrte sich der jour de gloire zum jour de terreur. Und so verwirrend sollte das Geschehen, so widersprüchlich die Erinnerung der Akteure und Tatzeugen sein, daß der Historiker Mühe hat, die Ereignisse aus den Blättern der Überlieferung wahrheitsgetreu nachzubilden.

Als es vom Turm der Marienkirche die zehnte Stunde schlug, sprengte Schill mit dreißig Jägern und fünfzehn Husaren durch das offene Tribseer Tor – an den bestürzten Gesichtern der Bürgerwache vorbei und die schmale Gasse hinauf.

Kaum waren die Reiter auf dem Neuen Markt angekommen, so begann eine Jagd auf Franzosen, und Kapitän Noël, Kommandeur der Artillerie, wurde gefangengenommen. Der Jäger Landgraf riß ihm das Kreuz der Ehrenlegion vom Rocke, schleuderte es mit wütender

Französische Soldaten 1808
Trommler der Linieninfanterie

Verachtung zu Boden, andere traten mit Stiefeln darauf. Sodann zwangen sie den Gedemütigten, auf der Stelle einer Kapitulation zuzustimmen, und Landgraf führte ihn zur Kaserne, wo Noël seine Soldaten überreden sollte.

Dort aber brannte helle Empörung. Einige Franzosen hatten die schmähliche Mißhandlung ihres Kommandeurs gesehen. Sie waren durch das Gedränge der Marktleute und der Bürger entkommen, wüteten gegen den erlittenen Schimpf und dürsteten nach Rache.

Da erschien Noël mit seinem Begleiter.

Das Kriegsrecht mißachtend, das dem Parlamentär Schutz gewährt, stürzten sich die Geschmähten wie im Wahnsinn auf den Rebellen — und niemand vermochte hernach zu sagen, ob er durch Kopfschuß oder durch Bajonettstiche umkam.

Der Rat des Offiziers, die Kapitulation zu wählen, war nun in den Wind gesprochen. Es blieb nur die Verteidigung bis zum letzten. Hastig wurde die Haackstraße, heutige Mönchstraße, wo Kaserne und Zeughaus einander gegenüberlagen, durch Fuhrwerke abgesperrt. Leichte Geschütze rollten hinter die notdürftigen Barrikaden: zwei gegen den Neuen Markt gerichtet, das dritte gegen die seitlich einmündende Böttcherstraße, das vierte nach hinten gegen die quer laufende Heilgeiststraße. In der Enge des Barrikadendreiecks nahmen die Kanoniere Gefechtsstellung ein, andere, die nicht Platz fanden, ergriffen Gewehre und verschanzten sich hinter den Fenstern der Kaserne.

Inzwischen hielt Schill auf dem Neuen Markt, gönnte seinen ermüdeten Reitern eine Pause. Als aber aufgesessen wurde und der Trupp in die Haackstraße einbog, um die Franzosen zu entwaffnen, krachten den Ahnungslosen Kartätschen entgegen. Zwei Jäger stürzten tot aufs Straßenpflaster. Die übrigen warfen sich jählings zurück, retteten sich auf ihren Pferden zum Markt.

Schill glaubte an ein Mißverständnis. Er schickte einen Ulanen vor, der die Franzosen noch einmal auffordern sollte, die Waffen zu strecken.

Diese aber schossen auch den zweiten Unterhändler aus dem Sattel. Den zornigen Reiterangriff, der sogleich folgte, wiesen sie mit Kartätschen und Gewehrsalven hartnäckig zurück.

«Wir haben einen Treubruch erfahren, den wir rächen müssen. Infanterie haben wir nicht, also herunter von den Pferden!» rief Schill. Die Jäger schlugen verschlossene Türen und Fenster ein, besetzten die Eckhäuser, die am Eingang der Haackstraße lagen, und sie feuerten von hieraus auf den etwa 150 Meter entfernten Feind.

Nur Schill jagte mit verhängtem Zügel zum Tribseer Tor hinaus, schrie bald dem herantrabenden Rest der Jägerschwadron «Galopp!» zu, machte auf der Stelle kehrt und führte in wiederum rasendem Ritt die Reiter zur Stadt. Vor dem Tor ließ er halten und absitzen: Die eine Hälfte, mit dem Leutnant von Blankenburg, folgte zum Neuen Markt, die andere, von dem Leutnant von Goltz befehligt, rannte zum Kütertor, schlich auf Umwegen in die Böttcherstraße. Von zwei Seiten also wurden die Franzosen bedroht.

Französische Soldaten 1808
Füsilier und Jäger der Linieninfanterie

Wieder donnerten die Geschütze, krachte Gewehrfeuer. In den Ladepausen der französischen Artillerie sprangen Schills Jäger von Haus zu Haus, sie verbargen sich in den Nischen der Türen und der Kellerfenster, streckten mit gutgezielten Schüssen einige Verteidiger nieder. In den Protzkasten, der mit Zündern gefüllt und in der Aufregung offen geblieben war, fuhr eine Kugel: Krachend flog er in die Luft, die Druckwelle warf eine Kanone um, die Bedienungsmannschaft stürzte tot oder verletzt zu Boden.

Nun hatten auch Schills Ulanen die Stadt erreicht. Da kam das

Zeichen zum geschlossenen Angriff. Trompeter bliesen zum Sturm. Ulanen fällten die Lanzen. Jäger drangen rascher vor. Und sogar einige Bürger, darunter der Schustermeister Röhl, trugen Waffen herbei, schossen aus den anliegenden Häusern auf die Franzosen.

Aber wieder gerieten die Stürmenden in das Sperrfeuer der feindlichen Kanoniere und Schützen. Goltz fiel in der Böttcherstraße. Blankenburg, von einer Kartätschenkugel in der Haackstraße niedergerissen und an der rechten Hand verwundet, raffte sich hoch und nahm den Säbel in die Linke. Fähnrich Weber ritt mit «Hurra!» und geschwungener Büchse tollkühn auf die Kanonen los, bis sein Pferd zu Tode getroffen zusammenbrach.

Schill wollte ein persönliches Beispiel geben, forderte von einem Jäger die Büchse. Dieser aber preßte die Waffe an sich: «Das schickt sich nicht für Sie! Wenn ich auch sterbe, um mich ist es nicht schade. Sie aber müssen sich nicht so exponieren!»

So ging es fast eine Stunde lang. Rasender Lärm in schmalen Gassen: Geschütze donnerten, Gewehre krachten, Kämpfende schrien, Verwundete und Sterbende stöhnten.

Endlich sah Leutnant von Wedell, der nach Goltz' Tod den Angriff in der Böttcherstraße befehligte, daß Kapitän Noël mit dem Schnupftuch winkte. Sogleich erwiderte er dieses Zeichen der Kapitulation, verlangte aber durch Zuruf, die Geschütze herumzudrehen. Die Franzosen gehorchten. Aufatmend sprangen die Jäger vor. Wedell grüßte den sich ergebenden Offizier.

Doch in die plötzliche Stille galoppierten Ulanen und Husaren vom Markte her, überhörten Wedells beschwörendes Rufen, hauten und stachen schonungslos auf die Franzosen ein. Diese griffen erneut zu den Waffen und wehrten sich mit dem Mute letzter Verzweiflung.

Einige flüchteten in den Hof des Zeughauses, einer alten Kirche, verriegelten das Tor — wurden aber augenblicklich im Rücken gepackt. Denn ein patriotischer Bürger hatte einen Zug der Rebellen vom Markt in die Straße Katharinenberg, von dort durch verborgene Gänge und eine Hinterpforte auf den Zeughaushof geführt.

Wieder entbrannte blutiger Nahkampf. Schon barst unter Axthieben das hölzerne Tor, stürzten auch aus der Haackstraße die Verfolger herbei. Sie gewährten niemandem Gnade. Die Ulanen führten die Lanzen mit solcher Wut, daß einige Spitzen in den Körpern der Opfer abbrachen.

Ein Husar ritt mit blankem Säbel gegen Kapitän Noël. Dieser führte verzweifelt den Degen, stach das herandrängende Pferd mit tödlichem Stoß in den Hals, brach aber selbst unter dem Hieb des Reiters mit gespaltener Stirn zusammen. Im Fallen noch warf er das Schnupftuch von sich — sein mißachtetes Zeichen der Ergebung. Dann starb er unter den Schlägen und Stichen rasender Angreifer, die den Urheber des Kampfes zu töten glaubten und dem Leichnam die Kleider herunterrissen. — Der Husar aber hatte sich über sein Pferd geworfen, das verendend am Boden lag. «Mein armer Brauner!» jammerte er unter Tränen.

Bürger Radtke, der den Rebellen einen Weg gewiesen hatte und mit auf den Hof gedrungen war, bat vergeblich um Gnade für die Franzosen: «Einen Kanonier gelang es mir aus dem Hofe hinaus bis an die Böttcherstraße zu bringen; da aber stach ihn ein Soldat mit der Lanze über den Haufen.»

Wie mit bedauerndem Achselzucken hat Oberjäger Bonte an seinen Vater geschrieben: «Es hieß, wir sollten keinen Pardon geben, und da wir nun sahen, daß wir sie überwältigen konnten, wagten wir einen neuen Sturm ..., massakrierten alle Franzosen. Sie wünschten Pardon zu haben, aber wir durften ihnen keinen geben. Wir fanden viel Munition und viel Geschütz, auch ich hatte das Glück, viel Beute an der schönsten weißen Wäsche zu machen.»

So blendete aufgestaute Wut die nationalen Rebellen und die Sachwalter der Fremdherrschaft. Es war ein sinnloses Gemetzel, ein fanatischer Blutrausch, ein grauenhafter Triumph des Hasses.

Schon während des Kampfes streiften kleinere Rebellentrupps durch die Stadt: trieben französische Soldaten und Beamte vor sich her, jagten sie unter dem Beifall vieler Arbeiter, Matrosen, Handwerksgesellen, aber auch unter der Mißbilligung erschreckter Besitzbürger, die als zivile Ordnungsmacht um Ruhe und Sicherheit ihrer Stadt besorgt waren.

Dreizehn französische Kanoniere flüchteten in das Haus des Uhrmachers Schmidt, der sie für viele Tage in seinem Keller versteckte — obwohl Schill in den oberen Räumen ein Militärbüro eröffnete und den zwielichtigen Hausbesitzer sogar als Verwalter des Waffenarsenals anstellte.

Aber auf der Hafenbrücke vor dem Langentor wurden siebzehn Franzosen, die ein Schiff mit Kanonen, Gewehrkisten, Pulvertonnen beluden, von derben Arbeiterfäusten gepackt. Als zwei Schillsche Husaren heransprengten, riefen Matrosen und Hafenarbeiter: «Dor sin de Spitzbauwen!», zeigten auf die Besatzungssoldaten, fingen sie ein, führten sie, von den Reitern geleitet, unter Spottgeschrei und Prügelhieben in die Stadt.

Von anderswo schleppten Matrosen einen Kanonier zum Neuen Markt. Furchtsam flehte der Franzose um Gnade. Heranreitende Husaren schlugen ihm die Säbel über den Kopf, und ein Offizier gab ihm den Todesschuß.

Nun, da das Gefecht endete, sammelte sich auf dem Markt, in der Haackstraße, im Zeughaushof eine Volksmenge, musterte die Leichenhaufen, das Blut auf Kopfsteinpflaster und Hauswänden, die Spuren von Kartätschen und Gewehrkugeln. Sie trug Verwundete beiseite, beglückwünschte die Rebellen, bewirtete sie mit Speise und Trank.

Da brachten Schillsche Reiter den Chef der napoleonischen Zivilverwaltung, d'Houdetot, und zwei seiner Sekretäre, die in ihren Kutschen entfliehen wollten, zum Markt, wo die Freischärler, vom Gefecht noch erregt, in lärmenden, regellosen Haufen standen. Sie stürzten auf die vordere Kutsche los, rissen die Tür auf, zerrten einen der Sekretäre auf die Straße, beschuldigten ihn – ob zu Recht oder zu Unrecht, war bei dem Geschrei schwer zu sagen: Er habe mit einer Pistole geschossen. Sie prügelten und verwundeten ihn, verfolgten den Unglücklichen, der sich in irrsinniger Angst freischlug und in die Wohnung des Predigers von St. Marien flüchtete, bis vor den Mittagstisch der schreckensbleichen Familie. Sie schleiften ihn aus dem Hause und traten ihn am Eingang der Frankenstraße zu Tode.

D'Houdetot selbst, ein betagter, dickleibiger Mann, wurde unter Flüchen und Hohnlachen zur Platzmitte gestoßen, seines Rockes, seines Hemdes entledigt und mit dem Ruf: «Hund, knie nieder!» auf das Pflaster gezwungen. Auch Schill war zugegen – von den Anstrengungen der letzten Tage schwer gezeichnet, den schmerzenden Kopf mit einem in Essig getränkten Tuch umwunden. Er ließ einen Kreis bilden. Zwei Husaren umritten den Franzosen, dem Blut aus einer Stirnwunde rann, mit gezückter Waffe – ihn zu enthaupten. Da schallten zwischen dem Gelächter der Rachedurstigen auch Gnadenrufe hervor.

Schill faßte den Knienden bei der Schulter: «Was? Ihr bittet noch für den Kerl? Seht, wie feist er sich von Eurem Hab und Gut gemästet hat! Euch hat er das Blut, das aus seiner Stirn fließt, abgezapft!»

Zwei Mitglieder des Magistrats drängten sich durch die Menge, beschworen Schill bei Angabe ihrer Amtswürde, den Bedrohten zu schonen.

«War er ein braver Mann?» fragte der Major.

«Es ist nie eine Klage über ihn gehört worden», lautete die Antwort ausweichend, aber menschenfreundlich.

«Wird der Magistrat das bezeugen?»

Erst gegen das Versprechen, sofort ein amtliches Zeugnis herbeibringen zu wollen, bändigte Schill die Wut seiner Soldaten, endigte er die Hinrichtungsszene.

Zuletzt ließ er ein Spinnrad aufstellen. Er winkte einem Trompeter, der bei dem Gefecht in der Haackstraße gezögert hatte, daran niederzusitzen. Der Feigling mußte «spinnen» — das hieß zu Zeiten mangelnder Frauenemanzipation: Er mußte entehrende Weiberarbeit tun. Stockhiebe prasselten auf seinen Rücken, bis er davongejagt wurde.

Es war ein Brauch, der den Kampfgeist festigen sollte.

Am Tage darauf wurden mecklenburgische Offiziere als Gefangene vorgeführt. Ihnen bot Schill einen freundlichen «Guten Abend», ließ er großzügig die Degen zurückgeben. Den Schnurrbart zwirbelnd, trat er vertraulich in ihre Mitte: «Ich bin den Franzosen feind. Mit Ihnen ist es aber etwas anders. Übrigens wird Stralsund in drei Tagen wieder eine Festung sein.»

Und mit Zweckoptimismus spielte er auf die Hilfe rotröckiger Engländer an: «Bald werden auch unsere roten Freunde da sein!»

V. Tod in Stralsund

O Schill! O Schill! du tapferer Held,
Was sprengest du nicht mit den Reitern ins Feld?
Was schließest in Mauern die Tapferkeit ein?
Bei Stralsund, da sollst du begraben sein.

O Stralsund, du trauriges Stralesund!
In dir geht das tapferste Herz zu Grund,
Eine Kugel durchbohrt das redlichste Herz
Und Buben, sie treiben mit Helden Scherz.

Ernst Moritz Arndt, Das Lied von Schill, 1813

Heldendämmerung

Die Stadt der hanseatischen Giebelhäuser, der gotischen Backsteinkirchen, der mittelalterlichen Klöster am Strelasund – 1370 die Stätte eines Friedensdiktats der triumphierenden Hanse gegen den Dänenkönig Waldemar Atterdag, 1628 die uneinnehmbare Trutzburg gegen Wallensteins Belagerung, 1648 die Festlandsbeute der schwedischen Krone – unterstand seit 1807 französischem Protektorat.

Napoleon selbst hatte befohlen, die Wehranlagen der alten Festung zu schleifen: Die Wälle waren abgetragen, die Gräben zugeschüttet, die Schanzen zerstört. Das Wasser der großen Teiche, die im Westen und Süden die inselartige Hafenstadt sonst schützend umschlossen, war abgelassen.

Nur an Artillerie war kein Mangel, einige hundert Kanonen und 300 Zentner Pulver lagerten seit schwedischer Herrschaftszeit.

Schill hatte Stralsund als eine der stärksten Festungen gesehen: 1807, als er mit königlichem Auftrag die damals noch schwedische Besatzung aufsuchte. – Was er jetzt vorfand, war wenig verlockend.

Doch nicht entmutigt blickte er auf die Spuren alter Kriegstüchtigkeit. Und wo die Not am größten, ist Menschenhilfe am nächsten ... Der Zeichenlehrer Peterson, ein abgedankter schwedischer Artillerieoffizier, von dem man sagt, er sei es gewesen, der die Freischärler beim Sturm auf das Zeughaus in den Rücken der Franzosen führte, bot Schill seine Dienste an. Er versprach kaum Glaubliches mit redlichem Ernst: Die offene Stadt werde er in wenigen Tagen, nach eigenem Plan, wieder in eine Festung verwandeln. Schill nahm Petersons Vorschläge freudig an. Und da sich in ihm der Wille versteift hatte, Stralsund zum Widerstandsnest des Patriotismus zu machen, so ernannte er den tatfrohen Mann zum Leiter der Neubefestigung.

Sofort wurden in der Stadt und in den umliegenden Dörfern 1000 Schanzarbeiter, dazu 150 Maurer und Zimmerleute aufgeboten. Wagen, mit Bauholz und Palisaden beladen, rumpelten durch die Straßen: zu den trutzigen Stadttoren, wo Plattformen für die Geschütze, Sperrzäune und Brustwehren jede feindliche Annäherung erschweren sollten. Der Hauptwall wuchs neu empor. Die Wassergräben füllten sich wieder, doch wurde die Absperrung so hastig errichtet, daß einer der Dämme riß und das Wasser abfloß. Auch die Aufstellung der Geschütze machte große Mühe, es fehlten Lafetten, und hölzerne Blöcke mußten als notdürftige Unterlagen dienen. Im Hafen wurden Getreideschiffe beschlagnahmt und entladen.

Man arbeitete fieberhaft. Peterson tat, was nur möglich war.

Inmitten des geschäftigen Treibens jagte Schill umher, spornte er zu noch größerer Eile an. Vor seinem Quartier am Neuen Markt Nr. 246, dem Haus des ehemals schwedischen Offiziers von Parsenow, warteten die Bittsteller und die Neugierigen oft Stunden vergebens. Denn vom frühen Morgen bis zum späten Abend lenkte Schill die Übung der Truppen, prüfte er den Fortgang der Schanzarbeiten. Fast immer zu Pferde, sogar in den Gassen Galopp reitend, mehrmals am Tage die abgehetzten Tiere wechselnd, war er in seiner knappsitzenden Husarenuniform mit den orangefarbenen Kämelgarnschnüren des Dolmans und der erbeuteten, bunt bestickten Mütze eines polnischen Ulanenoffiziers die unermüdlich treibende Kraft.

Schill wußte, daß viele Menschen mit Erwarten und Bangen auf ihn wie auf ein Schicksal blickten. Da sprach er Soldaten und Bürger in seiner leutseligen Weise an. Doch peitschte ihn alles zu Anstrengungen, die seine physische Kraft von Tag zu Tag überstiegen. Und eine schlecht geheilte Verletzung im Nacken, die Schill bei der Verteidigung Kolbergs erlitten hatte, bereitete ihm solche Schmerzen, daß Regimentsarzt Wittig ihn täglich behandeln mußte.

Vergeblich hatten sich Schills Hoffnungen auf England gerichtet: auf eine Truppenlandung an norddeutscher Küste, möglichst im Rükken des ihn verfolgenden Gegners, und auf eine Hilfsflotte nahe der Insel Rügen. Kein englischer Rotrock war zwischen Rhein und Oder an Land gestiegen, kein Union Jack flatterte an einem Schiffsmast bei Stralsund. Schills Unterhändler, die in Dömitz das Korps verlassen und sich nach Hamburg begeben hatten, schickten keinerlei Nachricht. – Sie wurden in der Nordseestadt, die scharf von Franzosen überwacht war, festgehalten, und ahnungslos kreuzte Admiral Saumarez mit der britischen Ostseeflotte in den fernen Gewässern bei Riga.

So sollte denn Gestalt annehmen, was Schill in harter Diskussion auf dem Kriegsrat zu Bernburg angekündigt hatte: «Ich will Stralsund zu einem zweiten Saragossa machen!»

Die Stadt am Ebro war Inbegriff des spanischen Volkskrieges: Saragossa, die Heldenstadt. Am 21. Februar 1809 nach zweimaliger Belagerung von den Franzosen erobert, war sie das stolze Martyrium Spaniens, wo 14000 reguläre Soldaten, 40000 Männer, Frauen und Kinder einen vaterländischen Opfertod starben. Saragossa war eingeschreint in die Herzen aller Guerilleros der Iberischen Halbinsel und aller Unabhängigkeitskämpfer Europas.

Aber Stralsund ein zweites Saragossa? Wenn das nicht patriotische Phrase war, dann gab Schill der Stadt und den Menschen am Strelasund nicht nur die Perspektive der ruhmbringenden Verteidigung, sondern auch des blutigen Untergangs, dann sollten sie das oft zitierte Ende mit Schrecken erleiden, das Schill dem Schrecken ohne Ende vorziehen wollte. Fürwahr — eine düstere Perspektive für Menschen, die kämpfen, weil sie leben, nicht, weil sie sterben möchten.

Sonst freilich war der Vergleich mit Spanien so unrichtig nicht. Wenn auch Saragossa das Mahnmal eines ganzen kämpfenden Volkes, Stralsund nur die Endstation eines kleinen Rebellenkorps war, so gilt doch für beide, was Marx den «Gemeinsamen Stempel» der gegen Frankreich geführten Unabhängigkeitskriege genannt hat: Sie versinnbildlichten die «Regeneration, die sich mit Reaktion paart» — die nationale Erneuerung mit dem abgestandenen Bodensatz des Herkömmlichen.

Schill selbst war die Fleischwerdung dieses Widerspruchs. Trotz insurrektioneller Zielsetzung und Volkstümlichkeit blieb er dem feudalen System verhaftet, und er glich in etwa den Generalen und Guerillaführern, die in Spanien auf dem konservativen Flügel der nationalen Bewegung standen.

Legitimismus und Rebellentum bissen sich ständig in Schill.

Im Sinne legitimistischer Staatsinteressen nahm er Stralsund und Vorpommern für den König von Schweden in Beschlag, betrachtete er sich nicht als ein «rechtmäßiger Besitzer»; aber er pochte auf die «Rechte des Eroberers» und ignorierte geflissentlich, daß Schweden seit dem Regierungsumsturz (13. März 1809) zu Napoleon hinneigte.

Mit Gefühlen der Schuld und in dem Bestreben, die Gunst des eigenen Monarchen zurückzugewinnen, bestimmte er die hundert besten Kanonen als ein Geschenk für den König von Preußen, verfügte er ihren Abtransport; aber den Krieg führte er weiter auf eigene Faust, und er dachte nicht daran, seinen König um Erlaubnis zu fragen. Nach Werberart des Feudalsystems kaufte er mit hoher Bezahlung ehemals schwedische Soldaten als Söldner für die Bedienung der Artillerie; aber bei Androhung des Terrors der Todesstrafe befahl er die sofortige Einberufung der Rügenschen Landwehr. Und die bei Damgarten gefangenen Mecklenburger ließ er bei Hungerkost in eine Kirche sperren, damit sie – physisch und psychisch zermürbt – dem Beispiel ihrer 80 Landsleute folgten, die sich der Freischar bereitwillig angeschlossen hatten.

Dem Magistrat der Stadt befahl Schill Requisitionen «auf Kosten des Landes»: Verpflegung der Truppen und Reittiere, Bezahlung der Schanzarbeiter, Bereitstellung von Pferden und Wagen, von Stroh, Holz und Palisaden, von 100 Schubkarren, 600 Spaten und Hacken, Lieferung von 200 Ellen grauen Tuches und 58 Sätteln ... Die Generaltabelle der in Stralsund verursachten Kosten nennt 16744 Taler. In der Hafenliste sind außer 7 Kanonenbooten und 1 Wachtschiff auch 17 beschlagnahmte Handelsschiffe aufgeführt.

Schill schuf sich die formale Grundlage der Macht durch eine öffentliche Bekanntmachung, in der Legitimismus und Rebellentum gleichfalls vermischt waren.

«Durch die mit Waffen in der Hand erfolgte Besitznahme hiesiger Stadt und Festung trete ich, vermöge des Waffenglücks, in die Rechte des Eroberers. Meine Absicht ist bei meinen Unternehmungen, ein widerrechtlich unterjochtes und der Krone gewaltsam entrissenes Land zurückzugeben, da ihr solches gebührt. Solange aber, bis dieses Land von mir in die Hände des rechtmäßigen Besitzers zurückgegeben ist, und solange der Besitz desselben mit der Ausführung meiner ferneren Pläne vereinigt ist, muß ich mir dessen Besitz sichern. Wenn nun aber zur Verpflegung, Bekleidung und sonstigen Unterhaltung meiner Truppen die Annahme aller und jeder Staatskassen als Domäneneinkommen, Zoll- und Akzisesteuergelder und dergleichen mehr, erfordert wird, so werden von dem Tage der erfolgten Besitznahme an, sämtliche Kassen des Landes für mich verwaltet, und nur mir sind die Rendanten responsable (Kassenverwalter verantwortlich). Die Übertretung dieses Gebots sowie der geringste dabei vorkommende Unterschleif wird mit Festungsstrafe geahndet.» Der 31. Mai sei der Tag, an dem die Kassenbücher kontrolliert und die staatlichen Gelder beschlagnahmt würden ...

So klang die Sprache eines «Eroberers», der sich subjektiv als legitimer Stellvertreter eines Landesfürsten auffaßte, objektiv aber als Anführer einer rebellischen Freischar behaupten mußte. Sogar das neue Amtssiegel widerspiegelt diesen Konflikt: Wohl hockt noch der gekrönte Adler auf Geschützrohren und Standarten, rechts das Schwert und links das Zepter umkrallend. Doch verschwunden ist die legitime Aufschrift: «Kön. Pr. 2. Brandenburgisches Husarenregiment von Schill». Sie lautet vielmehr in rebellischer Kürze: «Siegel des v. Schillschen Armeekorps».

Die vollzogene Wandlung des preußischen Regiments zur nationalen Freischar offenbarte sich auch an Offizieren und Soldaten.

Von den 100 Offizieren waren 71 erst nach Feldzugsbeginn zu Schill gekommen – die meisten mit dem klaren Bewußtsein, daß Preußens König den Akt nationaler Selbsthilfe mißbilligte und daß sie nicht als reguläre Soldaten, sondern als Insurgenten, Rebellen, Empörer angesehen würden. Bereit zu Tatkraft und Tapferkeit, vertraten sie aber auch den Anspruch, Schills Pläne freimütig beurteilen zu dürfen. Das Gebot der Disziplin geriet dabei ins Wanken. Schills Befehle fanden nur eigenwilliges Gehör.

Einige Offiziere nannten die Verschanzung in Stralsund einen Unsinn; sie wollten die zahlreichen Schiffe, die im Hafen lagen, zur Abfahrt nach England benutzen. Den gleichen Gedanken hatte Bärsch schon in Rostock vertreten. Jetzt war Leo von Lützow, früher einer der eifrigsten Anhänger Schills, der kritische Wortführer. Gut möglich, daß er die Gedanken seines größeren Bruders Adolf gegen Schill vertrat: «Hätte er nur etwas von dem Geiste eines Parteigängers gehabt, er hätte seinen Stützpunkt in Ostfriesland gesucht, aber nein, das war ihm zu entfernt ... Er wählte Dömitz, und kein Mensch begriff, was er dort wollte. Von Dömitz ging er nach Stralsund, hier hielt er sich, anstatt sich einzuschiffen, die einzige Rettung, die ihm in dieser Ecke übrig blieb. Er hielt sich für unüberwindlich ...»

Schill fühlte sein Ansehen wanken, die Führung seiner Hand entgleiten. Das stachelte sein Temperament zu einem Starrsinn auf, der sich dem Ratschlag der Gefährten schroff verschloß, der unerwünschte Vernunftgründe mit aufbrausender Heftigkeit bekämpfte. Den Leutnant von Blum, der ihn öffentlich kritisierte, stieß Schill vor angetretener Mannschaft aus der Freischar aus. Leo von Lützow verließ aus freier Entscheidung das Korps, er ging zu erfolgreicherem Kampfe nach Österreich und Spanien.

Schwer zu sagen, wann Schill wirklich für Ordnung sorgte, wann er gerechtfertigte Kritik erstickte. Im Tagesbefehl vom 30. Mai drohte er jedenfalls, seine Autorität streng wahren zu wollen:

«Nachdem der sehr unglückliche Ton eingerissen, daß nach Willkür meine Befehle abgeändert, sogar öfter nicht befolgt worden sind, ... werde ich solches jetzt um so mehr ahnden. ... Es ist kein Fall vorhanden, wo mich mit Recht ein Vorwurf von einem oder dem anderen trifft, und kann ich daher mit Fug und Recht ... um Zutrauen bitten, und werde ich frei auf die Ordnung halten, wie ich es ingleichen nie leide, daß man mir öffentlich und in Gegenwart anderer widerspricht oder mich verspottet. Der nächste Vorfall dieser Art würde mich schon bestimmen, ein Beispiel einziger Art aufzustellen und mit dem Betreffenden eine Kur zu versuchen, die er wohl nicht weitererzählen möchte. Noch nie habe ich mich kompromittieren lassen ...» Doch beruhigte sich der wütende Mann, nachdem er die Zügel der Leidenschaft hatte schleifen lassen: Er lobte die Leutnante von Brünnow und von Quistorp für Treue und Diensteifer, versprach allen Mitstreitern einen genußreichen Lebensabend, bat das Offizierkorps um Freundschaft und um den «Geist der Einigkeit, der die Seele im Krieg ist und die Bahn zum größten Ruhme öffnet».

Schill suchte jetzt nicht – wie in Bernburg – die kritische Aussprache eines Kriegsrats. Er wollte patriarchalische Dienst- und Sorgepflichten erfüllt sehen, er wünschte sich die Rolle des Freischarführers als die eines Vaters in seiner Familie.

War Schill in Kolberg der unumstrittene Führer eines Freikorps gewesen, so beklagte er in Stralsund, von Opposition umgeben zu sein. Doch bestand hier ein Unterschied. Damals war er noch regulärer Offizier seines Monarchen gewesen, war er gestützt von dessen hoher Autorität. Jetzt, da ihn der König verfemte, war er dem freischwebenden Adler über einer großen Tiefe vergleichbar: Er mußte die Achtung der Mitstreiter ganz auf das eigene Ansehen gründen.

Hatten sich Zusammensetzung und Haltung des Offizierkorps gewandelt, so galt dies noch mehr für die Soldaten.

Unter den etwa 1500 gemeinen Soldaten, die Schill in Stralsund befehligte — 350 weitere waren mit Bärsch von Warnemünde nach Rügen gesegelt, ankerten dort vor dem Nordperd bei Göhren und konnten Stralsund nicht mehr erreichen —, gab es nach den überstandenen Kämpfen nur noch 500 altgediente Husaren, Jäger, Infanteristen der ehemaligen Berliner Garnison. Die Neuhinzugekommenen waren 300 Rügensche Landwehrmänner, 60 in Sold genommene schwedische Artilleriesoldaten, rund 600 westfälische und mecklenburgische Freiwillige.

Die Altgedienten waren eine straff organisierte Elitetruppe, die in Schill wohl noch immer den Helden verehrte und die den Kriegszug eine Tugend nannte.

Die Freiwilligen — Handwerker, Bauern, Tagelöhner —, die an den Rebellenzug soziale und nationale Hoffnungen knüpften, suchten in Schill den Heros einer besseren Zeit. Tapfer und verwegen, waren sie freilich ungeübt und ungebärdig. In der Wildheit ihres Auftretens, der Buntheit ihrer Kleidung, der Regellosigkeit ihrer Waffen stachen sie von den Stammtruppen ab, lebten sie mit dem trotzigen Bewußtsein, von jenen als «zusammengelaufenes Volk», als «Sansculotten», beargwöhnt zu werden. Sie schwärmten des Abends truppweise in den Straßen, schossen auf dem Marsch und im Quartier mutwillig ihre Gewehre ab, verweigerten pedantischen Offizieren den Gehorsam.

Der mecklenburgische Leutnant Karl von Skriba, der von Husarenoffizieren gefangengenommen wurde, glaubte in den Pikenmännern das Abbild französischer Revolutionäre zu sehen: «Einer dieser Leute, das leibhaftige Bild eines Sansculotten in zerrissener, schmutziger Kleidung, einen Strohhut auf dem Kopfe, trat in das Zimmer und fragte in etwas trotzigem Tone, ob sie nicht bald abmarschierten. Ohne die Antwort abzuwarten, trat er an unsern Tisch und trank stillschweigend einem unserer Offiziere das Glas Wein vor der Nase aus, wozu er sich ein Stück Braten und Brot nahm. Die Weisung des Herrn von Alvensleben: ‹Scher Dich hinaus!› schien er nicht zu beachten, denn er sagte trotzig: ‹Diese Herren sind Kriegsgefangene und leben lustig und in Freuden, an uns denkt niemand, wenn man aber weder Montierung noch Geld bekommt, so muß man wohl zulangen.› »

Das waren die Männer, auf die Schill am wenigsten mit herkömmlicher Befehlsgewalt wirken konnte. Er beeindruckte sie allein durch seine Beredsamkeit, seinen Mut und den Glanz der Legende.

Aber mit ihrer Abneigung, das Festland zu verlassen und über die See zu entfliehen, waren die Freiwilligen die Verbündeten Schills gegen die Opposition: In tumultartiger Erregung stellten sie sich gegen die Offiziere, die eine Einschiffung nach England verlangten.

Ein Tag und eine Nacht

Am 27. Mai 1809 hatten sich bei Wismar napoleonische Hilfstruppen vereinigt. Sie zogen als ein drohender Heerhaufen ostwärts: 2500 Holländer unter der Führung des französischen Generals Gratien, 2500 Dänen unter General Ewald. Sie erreichten Rostock am 28., Ribnitz am 29., rückten am 30. über die hölzerne Recknitzbrücke nach Damgarten vor und weiter in Richtung Stralsund.

An diesem Tag meldete die Zeitung der Hafenstadt: «Herr Major v. Schill hat versprochen, Stralsund zu einem zweiten Saragossa zu machen. Ein großer Teil der Landwehr hat sich schon versammelt und ist voller Mut, sich aufs tapferste gegen einen etwa andringenden Feind zu verteidigen. Die Soldaten beziehen mit den Bürgern die Wachen. Ihr Betragen ist sehr musterhaft ...»

Doch ungeachtet der Stralsundischen Zeitung, die bald Gelegenheit finden sollte, sich ihrer scheinheilig-patriotischen Phrasen zu entledigen, verließen die Reichen mit ihren Familien die Stadt. Und der hohe Magistrat lavierte zwischen den Fronten: Mit wachsendem Unbehagen erfüllte er die täglichen Requisitionen der Freischar, er fürchtete drohende «Exzesse» der Plebejer, mahnte die Bürgerschaft, «sich ruhig in ihren Häusern zu halten, allen Auflauf zu vermeiden» — und sehnsüchtig wartete er auf die Annäherung fremder Truppen.

Schill besichtigte am Morgen des 30. Mai seine Schar auf großer Parade, ließ dann die Infanterie auf beiden Marktplätzen exerzieren: Geschwindschritt, rasches Gewehrladen, sicheres Anschlagen und Zielen, Entfaltung zum Angriff.

Währenddessen waren Husarenpatrouillen vorgeschoben, die den Gegner beobachteten.

Den Grafen Voß, Mitverschwörer aus Berlin, der soeben aus Prag kam und die Unterstützung des Kurfürsten von Hessen-Kassel anbot, begrüßte Schill mit warmer Herzlichkeit. Er hatte Unruhe und Zweifel hinter sich geworfen, gönnte nun dem Freunde einen Blick in sein Inneres. «So froh wie heute hat mir lange kein Tag angefangen. Von jetzt an wird alles gut gehen! Wenn Sie wüßten, welche schrecklichen Augenblicke ich erlebt habe! Aber nun ist alles gut, nun habe ich ein Fundament, worauf sich bauen läßt, nun mögen sie kommen. Wenn meine 480 alten Papas auf den Wällen anfangen zu reden, soll ihnen Hören und Sehen vergehen!»

Schill wollte die Aufstellung der Geschütze kontrollieren. Er lud Leutnant Brünnow und Voß zu einem Ritt über die Wälle ein.

Unterwegs fragte er übermütig den Chef der 4. Husarenschwadron: Ob nicht auch er glaube, daß jetzt hunderttausend Feinde kommen könnten, ohne ihnen gefährlich zu werden.

Brünnow antwortete kühl: Er besitze zwar keine Kenntnis vom Befestigungswesen, wünsche aber — ganz aufrichtig —, es möchten nicht einmal zehntausend kommen, weil das Geschütz keine ausreichende Bedienung habe, die Landwehr unzuverlässig sei und ein großer Mangel an Kartuschen und Patronen bestehe!

Schills Antlitz verfinsterte sich. Schließlich fragte er, was denn Brünnow an seiner Stelle tun würde.

Da bekannte sich dieser offen gegen jede bloße Verteidigung auf den Festungswällen: «Entweder nach Rügen übersetzen oder die Feinde, die durch anstrengende Märsche ermüdet sind, noch heute in ihren Quartieren überfallen.» Und weil sein Herz für die zweite Lösung schlug, eiferte Brünnow nun selbst: «Du kennst deine Kavallerie von Dodendorf und Damgarten her. Nach meinem gestrigen Rapport sind wir 722 Mann stark. Sie werden nicht weichen!»

Schill schwieg. Es schien, als habe er Brünnows Vorschlag im stillen verworfen.

Am Mittag war Schill wieder heiter. Er lud seine Offiziere zur Tafel ein: «Ich will mir nach den vielen Wochen einmal etwas zugute tun ...»

Natürlich hatte er — mit seiner Sorge für Einzelheiten — die Zubereitung der Speisen und der Getränke selbst überwacht. So erzählt es Graf Voß: «Mit welcher emsigen Geschäftigkeit besorgte er alles! Wir saßen unser 16 zu Tische, lauter kecke, bewährte Leute, eine wahre Tafelrunde! Die Türen waren offen, die Musik stand auf dem Hausflur, von einer Menge Zuschauer umgeben. Dem Könige und der guten Sache brachte er das erste Glas, die hellen Tränen in den Augen, das zweite meiner Frau und meiner Schwiegermutter.»

Da drängte sich ein Unteroffizier durch die gaffende Menge, trat salutierend in den Raum, meldete mit der verschmitzten Gewißheit, gerade recht zu kommen: Die von ihm geführte Patrouille habe die Kutsche eines holländischen Generals erbeutet.

Schill war strahlender Laune.

«Sie haben Ihre Sache gut gemacht! Das weiß ich schon, mein braver Sommerfeld kehrt nie unverrichteter Sache und mit leeren Händen zurück.»

Er füllte jedem das Glas, hieß seine Gäste zusammenrücken, stellte einen Stuhl neben seinen Platz und winkte dem Soldaten: «Unser braver Sommerfeld soll leben!» Und als der Husar, in biederer Freude neben Schill, sogleich auch erwiderte: «Unser Herr Major soll leben hoch!», versäumten die Regimentsmusikanten nicht, den schmetternden Tusch zu blasen.

Lachen. Händeklatschen im Zimmer. Neugieriges Gedränge im Hausflur und auf dem Marktplatz.

Sobald aber Punsch und Rotwein zur Neige gingen, ließ Schill in allen Stadtvierteln den Generalmarsch trommeln. Die Truppen sammelten sich, harrten stundenlang in Bereitschaft, entzündeten am Abend die Wachtfeuer, stimmten Lieder an.

Ein Husarenzug sprengte vom Erkundungsritt zurück. Und schon liefen Neuigkeiten um: Der Feind stehe bei Richtenberg, kaum 20 Kilometer vor Stralsund. Doch habe Schill versichert: Man werde nicht wagen, sein Korps anzugreifen ...

Im Kreise der Offiziere diktierte der Major die Anordnungen für den nächsten Tag. Da näherte sich Graf Voß vertraulich und sprach: «Lieber Schill, wie lange soll der alte Herr von Bohlen noch sitzen?»

Schill stutzte, besann sich auf den greisen Rügenschen Amtshauptmann, den er wegen Widersetzlichkeit gegen die Einberufung der Landwehr hatte festnehmen lassen, und er sagte verlegen: «Bis morgen früh.»

«Lassen Sie ihn eher los», bat Voß. «Er ist ein alter Mann, der Ihnen keinen Schaden zufügen kann. Alles interessiert sich für ihn und ich besonders.»

Schill zögerte kurz, befahl dann mit rascher Wendung einem Offizier: «Geben Sie Ordre, daß der Herr von Bohlen auf der Stelle losgelassen wird.»

Lächelnd umarmte Schill den Bittsteller: «Ihnen bin ich Dank schuldig! Sie haben mir Gelegenheit gegeben, etwas wiedergutzumachen.»

Minuten später, die Offiziersbesprechung ging weiter, war diese herzliche Szene vergessen. Der bevorstehende Kampf zog alles Denken auf sich. Einige Offiziere bezweifelten offen, daß Stralsund mit Erfolg zu verteidigen sei, sie warnten vor der dreimal so großen Menge des Gegners.

Aber Schill blieb fest, und er sagte nicht ohne Prahlen: «Sollte die Übermacht wirklich so bedeutend sein, so kann sie den Ruhm unseres Sieges nur erhöhen.»

«... Oder den unvermeidlichen Tod glorreicher machen», fügte da Brünnow spöttisch hinzu. Das trieb den Kommandeur in hemmungslose Erregung, machte seine Stimme erbeben: «Wer mein Schicksal nicht teilen will, kann sofort seine Entlassung bekommen.»

Da lastete Schweigen im Raum. Stumm nahmen die Offiziere nun Schills Befehle entgegen. Sie gingen auseinander, um alle erforderlichen Maßnahmen für die Verteidigung der Stadt und Festung nach bestem Gewissen zu treffen.

Für Schill verging die Nacht ohne Schlaf: Zeit der Besinnung und Spannung, Stunden des Vorbereitens auf die Entscheidung.

Von Preußens König geächtet, von den Engländern ohne Hilfe gelassen, denkt der Rebell nun an Österreich: Er schreibt einen langen Brief an den Erzherzog Karl. — Denn Graf Voß wird am Morgen die Stadt verlassen, er soll dem hohen Adressaten das Schriftstück überbringen.

Schill scheint wieder ruhig zu sein.

Er hegt das Vorgefühl eines möglichen großen Erfolgs: Stralsund soll Wendepunkt einer Feldzugsstrategie sein, die die Rückzugsbewegung beenden und nach siegreicher Abwehr des Feindes den Angriff wieder wählen wird.

So schreibt er in unklarer Gedankenführung und leichtfertiger Zuversicht:

«Das gerechte Schicksal, so der guten Sache und den Verfechtern derselben, zu deren Zahl Ew.Hoheit ganz vorzüglich zurechnen, stets hold ist, setzte mich durch die Wegnahme von Stralsund mit Sturm und durch die Wiederinstandsetzung der geschleiften Werke in eine solche solide Lage, besonders da ich mich einer außerordentlichen Menge von Geschütz und allen Arten von Kriegsbedürfnissen bemächtigt habe, daß ich unbesorgt für meinen Rücken, wie es bisher nicht der Fall war, wie es Ew. Hoheit zu erwägen geruhen werden, nun meine Operationen vorwärts und mit mehrerem Spielraum und größerer Sicherheit beginnen kann. Zwar naht sich ein Korps Holländer und Dänen von ca. 6 000 Mann, dem ich an Macht allerdings nicht gewachsen bin, und woher ich meine Offensive für dieses bis auf 3 Meilen von mir vorgerückte Korps bis auf einige Zeit verschieben muß, besonders da die rastlos betriebene Befestigung des Orts schon an sich keinen anderen Schritt, als hier zu bleiben, mir erlaubt. Die drei Tage hindurch mit der größten Anstrengung betriebenen Arbeiten an der Wiederherstellung der geschleiften Werke sind glücklicherweise von einem solchen Erfolge, daß ich dreist Ew. Hoheit behaupten kann, wie ich hoffe, daß sich das demolierte Stralsund gleich einem anderen Saragossa, nicht allein gegen die anrückenden 6 000 Mann, sondern auch gegen ein größeres Korps zeigen wird.»

Das Wagnis dieser Voraussage gründet sich auf eine These, in der Schills subjektive Ansichten und Erfahrungen zur Doktrin erstarren: Nur mit einer wehrhaften Festung als Rückhalt sei der Krieg einer Freischar erfolgreich zu führen. Diesen Satz glaubt Schill am kommenden Tag beweisen zu können.

Doch wünscht er einen starken Verbündeten in seiner Nähe. Deshalb wagt er den Vorschlag, Erzherzog Karl möge einige seiner Truppen zur Elbe lenken und dem Feind in den Rücken fallen. Sein eigener Feldzug bezeuge, wie gut man im Elbegebiet operieren könne. Beim Schreiben schweifen Schills Gedanken zurück, sie wiederholen den ganzen Rebellenzug, verdichten sich zur selbstbewußten Wertung seiner Absichten und Erfolge.

Die Erhebung begann in der preußischen Hauptstadt: «Mit 450 Husaren ... verlasse ich im höchsten Gefühl, meinem Vaterlande dadurch einen Dienst zu erzeugen und Ew. Hoheit Waffen, wenn auch nur gering, doch in etwas beistimmend wirksam zu werden — Berlin ...»

Dann folgen die Belagerung Wittenbergs, der Elbeübergang, der erwartungsfrohe Zug über Dessau nach Bernburg, der verzweifelte Vorstoß in das Königreich Westfalen. «Hierauf näherte ich mich

Magdeburg bis auf 1 Meile, und zwar aus dem Grunde, um die Stimmung auf die Probe zu stellen, ob man sich für mich mittels eines Aufstandes erklären würde. In dieser Gegend, und zwar vor dem Dorfe Dodendorf erfuhr ich, daß der Feind mir mit tausend Mann Infanterie und 2 Kanonen entgegengerückt sei. Nachdem ich nun mit dem Vorsatze Berlin verlassen, die Meinung für mich zu gewinnen, um sämtlichen abgetretenen preußischen Untertanen ein Beispiel des Handelns zu werden, ... so blieb mir nach Berücksichtigung dieser Chancen keine andere Wahl übrig, als meine Husaren zu fragen: ob sie mit mir den Feind angreifen wollten? Es war ein einstimmiger Wille ...» – Kein Zweifel für Schill, daß dieses Gefecht ein großer Sieg war! Über die Tatsachen leicht wegsehend, registriert er mit Eifer: «1 Oberst, 18 Offiziere, 400 Gefangene nebst einem dritten Pulverkarren, ja sogar die Protzen von den Kanonen, fielen uns in die Hände.»

Dömitz war dann Schills erster Versuch, in hastiger Rücksichtslosigkeit eine Festung zu gewinnen. «Einen Anlehnungspunkt zu besitzen, mußte mir in meiner Lage das Wünschenswerteste sein, daher wendete ich mein Augenmerk auf diesen kleinen Punkt an der Elbe. Er wurde von mir forciert und genommen, zugleich auch mit rastloser Arbeit in den besten Verteidigungszustand gesetzt; allein der gänzliche Mangel an Munition sowie die verfaulten Lafetten der Kanonen ließen nicht viel Nutzen davon versprechen.»

Dann folgen Worte, die Schlüssel zu Schills wichtigstem Gedanken sind: «Nachdem ich mich überzeugt hatte, daß nur von einem *Organisieren*, nicht viel aber von einem *Insurgieren* sich zu versprechen sei, mußte ich meine Wünsche auf Stralsund richten, um durch diesen Ort mit den britischen Schiffen in Verbindung zu kommen.» Das ist ein klares Eingeständnis. Die Idee der Insurrektion, des Volksaufstands, ist preisgegeben. Das Organisieren konventioneller Kriegführung gilt Schill allein noch als Mittel der nationalen Befreiung!

Mit triumphierendem Blick auf das Gefecht bei Damgarten und auf die Eroberung Stralsunds endet die Rückschau. Doch fügt Schill die Bitte hinzu, Österreich möge bei England diplomatischen Fürspruch leisten: «Ew. Hoheit geruhen zu erwägen, daß ich mit wenigen Truppen mir ganz allein überlassen bin, und nur der Umstand, daß die wenigen, die ich besitze, in ihrer Bravour, wovon viele Beispiele aufzustellen, jede Schilderung übertreffen, macht mich um (gegen) das heute Nacht anrückende Korps ganz unbesorgt ... Ich muß jedoch Ew. Hoheit untertänigst bitten, mich mit hochderoselben Verwendung bei dem britischen Hofe darin zu unterstützen, daß mir bald, sehr bald, eine solide Unterstützung von den Engländern werden möge, indem ich die so schön errungenen Früchte, mir allein überlassen, auf die Dauer nicht zu erhalten vermag.»

Die gewaltige Zeichnung des Namens überragt die anderen Schriftzeichen um ein vielfaches mit den weitschweifenden Unterlängen, die rückläufig zum Schreiber hinweisen, spiegelt sie tiefempfundenen Eigenwert. Der nächtliche Brief ist unbeschwert von düsteren Nachtgedanken.

Das Ende mit Schrecken

Mittwochmorgen. 31. Mai 1809.

Wolkenloser Himmel über der weiten, graublauen See, den grünen Inseln und Halbinseln, den schimmernden Bodden und Meerengen. Ein lieblicher Maientag – schwärmen die Dichter; ein ruhiges Wetter – sagen Matrosen, Fischer und Bauern.

Doch in den Gassen Stralsunds wimmelte es drohend. Die Wachtfeuer waren erloschen. Trompetenstöße hatten die Morgenstille zerrissen. Dumpf dröhnten Trommeln. Meldereiter hetzten über das Pflaster. Gewehre, Piken, Lanzen wogten und schwankten unheilvoll.

Schills Truppen marschierten zu den Festungswällen.

Vier Kompanien der Infanterie und der Rügenschen Landwehr, 60 Jäger und 40 Husaren – von ihren Pferden abgesessen – besetzten das Knieper Tor, das schwach befestigt im Norden nahe dem Meere lag. Je eine Kompanie der Infanterie und der Landwehr sicherten im Westen das Tribseer Tor, und ebensoviel Kämpfer zogen zum südlichen Frankentor.

Auf den beiden Marktplätzen blieben die Husaren und die Ulanen mit ihren Pferden und mit vier bespannten Geschützen als Reserve zurück.

Schill war in seinem Quartier und gab Befehle aus. Noch einmal empfing er den Regimentsarzt Wittig, der ihm die alte Nackenwunde verband und der später zu Protokoll gegeben hat: Schill «war völlig nüchtern und ganz ruhig und guten Mutes ... Es war dies vielleicht um 8 Uhr. Schill sagte zu mir, heute werde es ein heißer Tag werden, aber ehe die Hunde da draußen die Stadt bekämen, werde er sie lieber anzünden. Dabei wandte er sich zu seinem im Zimmer anwesenden Adjutanten und befahl diesem, Pech und Schwefel zu requirieren. Ich ... wandte ein, es sei doch schlimm, wenn er die Stadt anzünden lassen wollte, wodurch doch nur die armen Bürger ins Verderben gestürzt würden, worauf Schill entgegnete, der Bürger wegen habe er den Befehl auch nicht gegeben, denen sei er gut, aber es geschehe der Hunde da draußen halber.»

Kurz darauf ritt der Major zum Tribseer Tor, wo eine Volksmenge, taub für die beruhigenden Worte der Offiziere, die Ereignisse angstvoll erwartete.

Gegen 9 Uhr kam die feindliche Vorhut auf der Richtenberger Landstraße in Sicht. Von der Anhöhe eines kleinen Vorwerks herab beobachtete Schill durch das Fernglas. Er schickte eine halbe Husarenschwadron zur Erkundung aus und ließ 20 Jäger jenseits des Dammes, der zwischen Franken- und Knieperteich verläuft, einen Brückenkopf bilden.

Eine Stunde verging.

Schills Husaren waren nach kurzem Geplänkel zurückgekehrt. Da schwärmte eine dänische Jägerkompanie heran. Und vier holländische Infanteriekompanien in Kolonnen, dahinter zwei dänische Kavallerieschwadronen, begannen den Angriff. Zwei Sechspfünder bombardierten die Pfahlreihen, die den Tribseer Damm absperrten.

Hartnäckig verteidigten Schills Jägervorposten ihren Brückenkopf, sie mußten aber vor der feindlichen Übermacht weichen. Dann stürmten die Holländer. Sie überkletterten im heftigen Sperrfeuer der schweren Festungsartillerie die Holzverhaue, durchwateten – schon diesseits des Dammes – den seichten Wassergraben, stauten sich am Fuße des Vorwerks, wo ihr Angriff im verheerenden Feuer der Freischärler zusammenbrach.

Der Rückzug war hastig. Ein zweiter, schwächerer Angriff erstarb schon in einiger Entfernung unter dem Hagel der Kartätschen.

Schließlich zog sich der Gegner respektvoll zurück.

«Ich glaube, die Kanaillen retirieren und wollen uns entgehen», hörte man Schill sagen.

Aber die feindliche Vorhut hatte von den Hauptkräften ablenken wollen. Diese marschierten hinter einem Hügel, in dichtgedrängten Karrees — der schützenden Marschordnung gegen Reiterangriffe — nach Nordosten. Sie umgingen den großen Moorgrund und näherten sich dem Knieper Tor. Denn General Gratien wußte durch einen Spion, daß dort der schwächste Punkt der Festung war.

Er erreichte das Vorgelände um 12 Uhr, ließ die Feldartillerie abprotzen, das 9. holländische Infanterieregiment und das 2. dänische Bataillon Oldenburg als Sturmtruppen unter dem wütenden Schießen der Festungskanonen aufmarschieren.

Zwischen der See und dem Knieperteich sicherte ein Hornwerk mit zwei Lünetten und einem Ravelin — kurz: kleineren Vorwerken — das Stadttor und den seitlichen Hauptwall. Die Brustwehren aber waren unvollendet, die Wassergräben leer. Noch schanzten Landwehrleute in fiebriger Eile.

Als die feindliche Hauptmacht bei Schill gemeldet wurde, wollte ihn Brünnow noch einmal für die rasche Attacke gewinnen: «Lieber Major, laß mich mit der Kavallerie einhauen! Jetzt oder nie ist der günstige Augenblick erschienen!»

Schill wehrte ab. «Bruder, es ist noch nicht die rechte Zeit. Ich werde befehlen, wann es geschehen soll. Erst sollen sie sich die Hörner ablaufen, dann will ich über sie herfallen und ihnen den Kehraus aufspielen. Stralsund sollen sie nicht bekommen und wenn ihrer noch einmal soviel wären!»

Die Ulanen mußten die Pferde zusammenkoppeln. Mürrisch tauschten sie ihre Lanzen gegen Gewehre ein, hielten sich zu ungewohntem Fußgefecht bereit. Schill selbst galoppierte zum Knieper Tor.

Dort beschossen die holländischen Feldgeschütze die Festungsartillerie. Schills ungeübte Bedienungsmannschaften feuerten ihre schlecht lafettierten Kanonen lagenweise und wahllos ab. Einige Geschosse stürzten zwischen die eigenen Truppen.

Um halb eins begann der Sturmangriff.

Die feindliche Infanterie kam im Laufschritt und mit lautem Gebrüll, sie drängte Schills Jäger aus den Gärten des Vorgeländes in eine der Schanzen zurück, stockte aber vor den feuerspeienden Wällen. Die Husaren der 4. Schwadron, die auf ihre Säbel geschworen hatten, die Stellung zu halten, mähten mit Gewehrsalven in die Reihen der Angreifer, stürzten sie mit Kolben und Bajonett von der Brustwehr in den Graben hinunter.

Unerschrocken thronte Schill auf dem Pferde und jubelte: «Kameraden, ihr habt bewiesen, was Kavallerie vermag. Jetzt erringt ihr auch als Infanteristen den ersten Preis. Ihr alle sollt zum Andenken dieses Tages ein Ehrenzeichen um den rechten Arm tragen!»

Ein Vierundzwanzigpfünder, den Peterson mit seinen besten Kanonieren bediente, hämmerte Geschoß auf Geschoß in die Wogen des Feindes. Die vordere holländische Grenadierkompanie wurde aufgerieben. Die erste, die zweite Angriffswelle zerschellte am unerschrockenen Widerstand der Verteidiger.

In der Gefechtspause schickte Schill den Leutnant von der Horst zum Rathaus: Er sollte Brennmaterial herbeiholen und im Notfall die Brücken anzünden. Da Schill aber auch glaubte, der Feind sei fürs erste abgewiesen, ritt er selbst in die Stadt zurück.

Schon vor halb zwei Uhr fiel die Entscheidung.

Wieder hatte die holländische Feldartillerie einen Sturm gegen das Knieper Tor vorbereitet: Wälle waren aufgewühlt, Kanoniere getötet, Festungsgeschütze umgeworfen.

Dann rannte plötzlich die holländische Infanterie so ungestüm gegen die Vorwerke an, daß den Husaren nicht Zeit blieb, die Holzbrücke, die in das Hornwerk führte, zu zerstören. Ein gnadenloser Nahkampf entbrannte. Keuchend rang Mann gegen Mann mit Bajonett, Kolben, Säbelklinge. Aber Welle auf Welle strömten die Feinde heran. Der Kommandeur einer Landwehrkompanie wurde schwer verwundet. Seine Leute – für Schill gezwungen, nicht gewonnen – flüchteten angesichts der unerbittlichen Todesgefahr, rissen die Freischärler in ihre Panik hinein.

Näher wogte der Kampf dem Tore zu. Der befehlshabende Hauptmann von Alvensleben-Zichtau fiel. Peterson geriet in Gefangenschaft, benutzte die allgemeine Verwirrung zur Flucht in die Stadt, er sollte bald wieder aufgegriffen und standrechtlich erschossen werden ...

Während der Kampf noch im Hornwerk tobte, schlichen dänische Jäger am Ufer des Strelasunds entlang und gewannen den schwach besetzten Hauptwall. Dort teilten sie sich: Die einen zogen zum Hafen und riegelten das Fährtor ab, die anderen stießen den Freischärlern, die sich hinter dem Knieper Tor zu neuer Verteidigung sammeln wollten, in die Flanken und sprengten sie auseinander. Jetzt erstiegen die vordersten Sturmtruppen auch den Wall zu beiden Sei-

Grundriß der Stadt Stralsund von 1807
mit den alten Wehranlagen

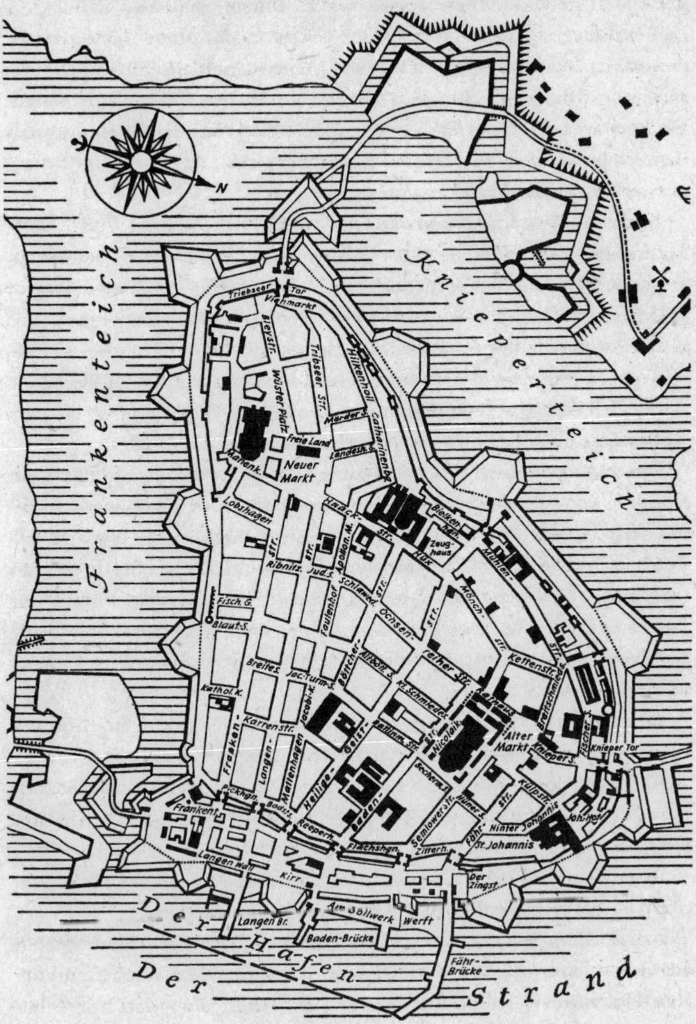

ten des Tores, drängten von hinten in den Turmweg hinein, öffneten die schwere Bohlentür. Und durch die dunkle Einfahrt ergoß sich der Feind in Massen wie durch eine geöffnete Schleuse.

Wohl hatten sich zwölf Schillsche Jäger in das obere Turmzimmer geworfen, feuerten durch Türluke, Fenster, Schießscharten auf die Holländer, die wild über den Damm, durch den Torbogen fluteten. Sie verwundeten und töteten vor allem die Offiziere. Doch sie wurden entdeckt, über die Treppe angegriffen und, da sie Gnade trotzig verwarfen, Mann für Mann niedergemacht.

Auch in der Knieperstraße, die vom Tore bergauf zum Alten Markt und zum Rathaus führt, hatten sich die Rebellen festgesetzt. Sie schossen aus Fenstern und Dachluken, kämpften hinter Wagen und Schanzpfählen, mit denen sie die enge Straße versperrten, und als sie auch hier der Übermacht weichen mußten, rollten sie die Reservegeschütze zum Markt herbei und feuerten mit Kartätschen.

«In den Straßen verteidigten sich die Schillschen Truppen bis aufs Äußerste», urteilt der dänische Rittmeister von Bardenfleth.

Der holländische Generalleutnant von Carteret, der hinter dem Knieper Tor die nachrückenden Kompanien an sich vorbeimarschieren ließ, wurde aus einem Kellerfenster durch Gewehrschuß ins Rückgrat getroffen, stürzte tot vom Pferde. In der rechts liegenden Quergasse, Mühlenstraße genannt, kämpfte ein Häuflein Schillscher Jäger mit letzter Verzweiflung gegen eine ganze Kompanie, tötete alle Offiziere, wurde selbst dann nach halbstündigem Ringen erschlagen und erschossen.

Der Leutnant von Halletius sprengte mit wenigen Ulanen gegen einen großen Reitertrupp, stürzte mit tödlich getroffenem Pferd, wehrte sich mit splitternder Lanze, focht — am rechten Arm durch Säbelhiebe verwundet — linkshändig weiter, schlug jede Gnade aus, fiel und verblutete aus einundzwanzig Wunden.

Aber unermüdlich lenkte General Ewald den Sturm der Holländer und Dänen in die nahen Gassen und zum Alten Markt.

Lange kämpfte Leutnant von Blankenburg, Jäger und Infanteristen um sich scharend, unter den Arkaden des Rathauses. Doch er mußte zum Hafen ausweichen, von wo er auf Booten über den Sund entkam. Einigen Nachzüglern mißlang die Flucht. Am Hafen lagen die Leichen der Erschossenen.

Die Besatzung des Tribseer Tores fiel nach erbitterter Gegenwehr unter den Säbeln dänischer Husaren, den Gewehrschüssen holländischer Infanterie.

Das Frankentor wurde gleichfalls erobert.

Ein grausiger Siegesrausch packte nun die trunkenen Holländer, erregte sogar die diszipliniertere Dänen. In wilde Haufen zerfallend, drangen sie in alle Gassen ein: wetteiferten in Grausamkeiten und Mordlust, schlachteten die Rebellen wie räudiges Vieh, zertrümmerten die Haustüren, plünderten das Eigentum der jammernden Bewohner. Mehrere Bürger und ein Dienstmädchen wurden verwundet, getötet. Ein Holländer erstach einen neunjährigen Knaben auf dem Alten Markt.

In den Hof der französischen Zivilverwaltung flüchteten dreißig Rebellen, warfen — von allen Seiten umschlossen — ihre Gewehre weg und baten kniend um Gnade. — Mit Bajonetten wurden sie der Reihe nach abgestochen.

Nur zwei der Todgeweihten gelangten über die Mauer in einen Warenspeicher, wo sie von dem Besitzer in Fässern versteckt wurden. Der Handwerksmeister Wilhelm, wohnhaft am Neuen Markt, rettete den Fähnrich von Seydewitz. Ein ganzer Trupp Rebellen wurde von patriotischen Bürgern als Fischer verkleidet und mit falschen Pässen aus der Stadt geschickt. Der Apotheker Boye befreite den verwundeten Leutnant von Mosch und geleitete ihn nach Preußen.

Noch aber war der Kampf nicht zu Ende.

Beunruhigt durch den wüsten Lärm, der vom Nordteil der Stadt herüberschallte, hatte Brünnow mit einigen Husaren den Neuen Markt verlassen. Er ritt zum Alten Markt. Dort etwa schrie ihm der Leutnant von Mosch, Adjutant der Infanterie, die Unglücksbotschaft entgegen: «Es ist alles verloren! Die Feinde haben das Tor gestürmt und sind schon in allen Straßen, unsere Infanterie ist nicht mehr in Ordnung zu bringen. Die Landwehr ist an allem Schuld! Sie hat die Gewehre weggeworfen! Es ist schändlich!»

Auf dem Alten Markt prasselten Kartätschkugeln zwischen die noch immer wartende Reiterschwadron. Ein Scharmützel mit dänischen Husaren begann, und die feindliche Infanterie feuerte dazwischen.

Da wagte Leutnant von Rudorff, der hier kommandierte, einen Ausfall zum südlichen Frankentor.

Mit zwei Schwadronen ritt er durch die Semlower Straße, zum Hafen hinunter, dann rechtsschwenkend die Wasserstraße entlang, so dicht wie möglich zusammengeschlossen, in ruhigem Schritt, damit sich die fliehende Infanterie sammeln und anschließen konnte. Aus den Seitengassen krachten Gewehrsalven in ihre Reihen. Einzelne Schüsse fielen auch aus den Häusern. Leutnant von Rochow und ein Zug Husaren bildeten die Nachhut, sie schlugen sich mit holländischen Kürassieren herum. Leutnant von Billerbeck warf sich mit seinem Zug einem Seitenangriff entgegen, opferte sein Leben für die Rettung des großen Haufens.

Am Frankentor, das vom Feind schon erobert war, schlugen und stampften die Reiter den Widerstand nieder. Und alles, was bei der Masse geblieben und nicht der gefährlichen Versuchung erlegen war, die Flucht im Alleingang zu wagen, gewann nun das freie Gelände am Sund, gegenüber der Insel Dänholm: 195 Reiter, 230 Infanteristen, darunter 29 Offiziere. Auch Brünnow hatte sich durchgeschlagen und übernahm das Kommando.

Es mochte gegen zwei Uhr sein. Wohl gab es Gelegenheit genug, die Flucht fortzusetzen. Aber Brünnow wollte Stralsund nicht ohne Schill verlassen. Nach dem Lärmen und Tosen der Straßenschlacht lastete nun eine dumpfe Stille. Nur vereinzelte, ferne Schüsse kündeten von blutigem Siegesrausch.

Minuten später ritt starke Kavallerie, ein Regiment holländischer Husaren, von Feldartillerie begleitet, aus dem Frankentor und dem westlichen Gelände heran, umschloß die Freischärler in weitem Halbkreis. Ein Oberst kam als Parlamentär und forderte die Waffenstreckung: Stralsund sei genommen, Schill tot, jeder Widerstand zwecklos!

Aber Brünnow wies den Gegner zurück: Man sei von den Franzosen schon zu oft getäuscht worden, um bloßen Worten trauen zu können. Er müsse Gewißheit über Schill haben – überdies könne nur von einem ungehinderten Abmarsch die Rede sein. «Freier Abzug auf der Stelle mit Pferden und Waffen oder nach zehn Minuten Angriff auf Tod und Leben!» schallte seine Drohung.

Da vermittelte der Unterhändler eine Aussprache mit General Gratien: Die Leutnante von Rudorff und von der Horst ritten in die Stadt zurück. Der begleitende Oberst hatte große Mühe, sie vor den wütenden Siegern zu schützen.

Die beiden Offiziere wurden vor den Höchstkommandierenden der gegnerischen Truppen geführt. Gratien empfing sie sehr freundlich, rühmte ihre Tapferkeit. Er bedauerte den Tod ihres Führers, ließ dessen Mütze und Tabakspfeife vorweisen, auch den Verdienstorden mit der kleinen Perlenkrone.

Nach schwieriger Verhandlung übertrat Gratien das Gebot Napoleons: Er weigerte sich, die Rebellen als Straßenräuber anzusehen, und bewilligte der Brünnowschen Schar einen freien Abzug. – Sie sollte sich über Grimmen nach Demmin, auf preußisches Gebiet, begeben und dem Urteil eines königlich-preußischen Militärgerichts unterwerfen.

Zuletzt wurden Rudorff und Horst, die Schills Leichnam zu sehen wünschten, in das kleine Haus des Stadtwundarztes am Alten Markt, neben dem Gasthof «Zum goldenen Löwen», geführt. Dort standen Wachtposten unter Gewehr. Im rechten Zimmer des Erdgeschosses waren die Fenster ausgehoben, und ein Toter, seiner Kleidung beraubt, lag dort zur Schau gestellt. Die scheuen Betrachter sahen den Leichnam: Er hatte eine Schußwunde am Kopf und zwischen den Augenbrauen einen kurzen, tiefen Säbelhieb.

… ist doch der Körper nicht namlos

Die Geschichte kennt Gestalten, die schon zu Lebzeiten den Ruhm eines Helden genießen durften und die auf dem Schlachtfeld einen umstrittenen Tod fanden, an dessen Rätsel sich die Legende ihrer Unsterblichkeit knüpfte: so den Palastrebellen Kyros, der bei Kunaxa (401 v. u. Z.) vergeblich nach der persischen Krone griff, oder den Revolutionär Spartacus, der bei Brundisium (71 v. u. Z.) an der Spitze des aufständischen Sklavenheeres gegen die Römer fiel.

Der zum Helden erhobene Schill ist ihnen in etwa vergleichbar. Er besiegelte sein Rebellentum durch einen Tod, den seine Anhänger mystifizierten, damit die Idee des Kampfes für die deutsche Unabhängigkeit nicht verlorenging. Und auch das Volk flüchtete sich zu den Trugbildern der Phantasie und des Aberglaubens. Hatte nicht schon ein Coswiger Korbmacher den Helden Schill durch ein Zaubermittel gegen Hieb, Stich und Schuß unverwundbar machen wollen? War Schill nicht wirklich gegen alle Waffen gefeit? Heißt es doch im Volkslied:

> «Und du hast ja selbst geschworen,
> daß kein Schuß dich töten kann.»

So erschien die Nachricht von Schills Untergang als eine napoleonische Lüge. Der Tote, der in Stralsund als Schill identifiziert wurde, sei der Leichnam eines fremden Offiziers gewesen ... Man wollte es noch besser wissen: Schill, obgleich verwundet, habe sich nach Rügen gerettet. – Er sei nach Österreich geritten. – Er halte sich irgendwo in Deutschland verborgen. Sogar in den Zeitungen spukte die Nachricht: Schill befinde sich in London, der englische König habe ihn zum Brigadegeneral einer deutschen Legion ernannt. Ein Berliner Kaufmann glaubte so sichere Kunde von Schills Fortleben zu haben, daß er öffentlich eine Wette darauf wagte.

Mit herzlicher Anteilnahme schrieb Marie von Brühl an Carl von Clausewitz: «Der einzige Trost des armen Volkes besteht jetzt darin, den Tod seines Helden zu bezweifeln, und nicht damit zufrieden, ihn aufleben zu lassen, lassen sie ihn auch schon wieder glänzende Taten verrichten.»

Es war die alte Mär vom schlafenden Recken im Berge, der alles erfährt und alles weiß, im Traum unwillig sein Haupt schüttelt und eines Tages als Rächer und Retter des Volkes gegen seine Peiniger auferstehen wird. Und Platz genug hatte wohl damals die Erde für einen Mann, der glaubte, sich für eine bessere Zeit aufsparen zu müssen.

Nicht leicht kann der Historiker über Schills letzte Stunde berichten: Nur wenige Zeitgenossen dürfen sich ungefähre Beobachter, noch weniger glaubhafte Zeugen nennen. Meist vergingen Jahrzehnte, ehe sie ihre Aussagen niederschrieben oder zu Protokoll gaben. So ordnen und prüfen wir denn die alten Blätter, um die denkwürdige Geschichte des Rebellen zu Ende zu führen.

Hauptzeuge Bocklet, Trompeter der 4. Husarenschwadron, befand sich am 31. Mai 1809, kurz nach ein Uhr, am Tribseer Tor, wohin Schill, vom Knieper Tor kommend, seinen Kontrollritt machte: «... Wir hörten starkes Geschütz- und Gewehrfeuer in der Richtung nach dem Knieper Tore zu. Infolgedessen nahm Schill mich und vier Ordonnanzen mit sich, und wir sprengten in Karriere nach dem

Frankentore und durch die Frankenstraße. In derselben kam uns Leutnant von Mosch entgegen und machte die Meldung, daß der Feind bereits zum Knieper Tor eingedrungen wäre. Während Mosch nach dem Frankentore weiterritt, um auch dorthin die Meldung zu bringen, ritten …»

Hier unterbrechen wir die Aussage Bocklets, weil wir bemerken müssen, daß er sich in der Person des Meldereiters versehen hat. Möglich, daß ein solcher – vermutlich Leutnant Graf von Moltke, der nach Rügen entkam und seine Hiobsbotschaft auch als erster zu Bärsch nach Göhren brachte – schon in der Frankenstraße auf Schill stieß. Der Leutnant Mosch, der schon Brünnows Reiterschwadronen gewarnt hatte, traf erst später auf Schill und dessen Begleiter, fand aber nicht mehr Gelegenheit, seine Meldung zu machen.

Schreibt doch Mosch selbst: «… Ich wollte zu Schill sprengen, um ihm das traurige Ereignis vom Knieper Tor zu rapportieren, von dem ich Augenzeuge gewesen war. Der Major von Schill kam mir schon entgegengesprengt, ich schloß mich an ihn an, ohne meinen Rapport anbringen zu können. Mit den gesammelten Husaren und reitenden Jägern ging's nun rasch vorwärts, bald in dieser, bald in jener Gasse, alles vor uns niederstürzend, was sich uns entgegensetzte …»

Hier nun soll wieder Hauptzeuge Bocklet das Wort erhalten, der sich mit Schill und den übrigen Reitern in der Frankenstraße befand. «… Wir ritten in eine kleine Nebengasse der Frankenstraße, um nach dem Alten Markt zu gelangen. Den Namen dieser Nebengasse habe ich vergessen … Kaum waren wir jedoch in dieselbe eingeritten, als wir durch das Feuer der dänischen Jäger empfangen wurden. Schill erhielt einen Schuß in den linken Arm, so daß das Blut sofort hervorströmte. Er schrak zusammen, faßte sich aber sofort wieder, ritt schnell weiter, wir brachen durch und gelangten, wenn ich nicht irre, durch die Straße beim Rathause auf den Alten Markt.»

Zeuge Bocklet ist sachlich genug, seiner Erinnerung zu mißtrauen: Denn in den Minuten des Untergangs der Rebellenschar war alles nur schäumender Haß, blindwütiges Schlagen, tödliche Verkrampfung. Er hat den Namen der Gasse vergessen, die er mit Schill von der Frankenstraße zum Markt benutzte. Jedenfalls aber mußten die Reiter, die meisten wurden von den dänischen Fußtruppen abgefangen, die querlaufende Badenstraße kreuzen.

Dort nämlich, vom oberen Stockwerk eines Eckhauses aus, will

Karl von Scriba, der mit Schill flüchtig bekannt war, ihn selbst und den Trompeter beobachtet haben: «Schon hatten wir mehrere Trupps und einzelne des Feindes in unserer Straße gesehen, als plötzlich der Major von Schill, nur von einem Husaren begleitet, vorübersprengte ... Schill schrie den Seinigen einige uns unverständliche Worte zu, er schwang den Säbel über dem Kopf und nahm seinen Weg im Galopp statt nach dem Frankentore oder dem nahen Hafen, wo allein noch Rettung möglich war, um unser Haus in eine schmale Quergasse ... So sah ich ihn in jenem Augenblicke nur wenige Minuten vor seinem Falle; vielleicht war er schon verwundet, denn sowohl Altrock (ein zweiter Beobachter) als auch ich bemerkten, daß er im Sattel sich unruhig hin- und herwarf. Mein Bedienter und andere Augenzeugen der Badenstraße wollen ihn sogar blutend gesehen haben.»

Trompeter Bocklet sagt nun, er sei mit Schill über den Alten Markt, der von Rudorffs Husaren schon verlassen war, in die Knieperstraße geritten – was höchst fragwürdig klingt, weil es dort, dem kürzesten Weg zwischen Knieper Tor und Markt, von heranmarschierenden Feinden wimmelte. Tatsächlich müssen die Reiter in die rechts liegende Külpstraße galoppiert sein. – Bei dem Stichwort «Alten Markt» fährt also Bocklet in seiner Aussage fort: «Die Kavallerie, welche dort am Morgen verblieben war, hatte bereits auf eigene Hand einen Angriff auf den durch das Knieper Tor eindringenden Feind gemacht, ... hatte sich im Einzelkampf verstreut. (Der Zeuge kann hier den wahren Sachverhalt nicht kennen.) Wir ritten über den Alten Markt und durch die Knieperstraße (also Külpstraße) und Hinter-St.-Johannis nach der Fährstraße. Der Ausgang nach dem Hafen war jedoch vom Feinde bereits besetzt, und wir sprengten deshalb geradewegs nach dem Alten Markt zurück.»

Jetzt erschien auf dem Markt auch der Leutnant von Winning. Er war der Führer der 3. Schillschen Infanteriekompanie, die vom Tribseer Tor zwecks schleuniger Hilfe zum Knieper Tor beordert, auf dem Wege dorthin ins Gefecht geraten und aufgerieben worden war. Winning schreibt: «... Ich erreichte mit kaum 40 Mann den Alten Markt und erblickte den Major Schill in geringer Begleitung zum letzten Male; im Galopp vorüberreitend, erteilte er den Befehl, das Frankentor zu nehmen und zu behaupten.»

Auch Leutnant von Trützschler soll dem Kommandeur begegnet

sein. Auf den Ruf, wohin der Rückzug gehe, will er Schills Antwort gehört haben: «Wollt und könnt Ihr Euch retten, so tut es, wollt Ihr aber sterben, so sterbt mit mir!»

Plötzlich rückte mit klingendem Spiel, wohl in dem Glauben, der Kampf sei beendet, ein holländisches Infanterieregiment die Knieperstraße herauf – an der Spitze die Offiziere. Schill fuhr herum, jagte auf sie los, schlug dem Obersten Dollemann mit gewaltigem Säbelhieb den Schädel ein, wobei – als wolle er selbst ihm ins Jenseits folgen – er gerufen haben soll: «Hund, bestell mir Quartier!»

Dann riß der Major sein Pferd auf der Stelle herum, preschte er, von Bocklet gefolgt, der Fährstraße zu, wo feindliche Reiter und Jäger den Weg verstellten.

Zuerst schildert der Zeuge Mosch diese Szene: «Ich war Augenzeuge, wie Schill den General Carteret (tatsächlich: Oberst Dollemann) niederhaute ... Bei einem Versuch, mir durch holländische Jäger einen Weg mit meinem Säbel zu bahnen, wurde mein Pferd durch mehrere Kugeln tot zur Erde gestreckt, ich selbst schwer verwundet ... Was den Tod Schills betrifft ... ich kann nur soviel davon sagen, daß ich Schill noch kurz vor meinem eignen Fall ... mit hochgehobenem Säbel sich verteidigen sah, wiewohl mir vorkam, daß er zur rechten Seite schwankend zu Pferde saß.»

Auch Hauptzeuge Bocklet erinnert sich an die Kampfszene gegenüber dem Rathaus: «Gerade als wir auf dem Markte anlangten – die vier Ordonnanzen waren hier nicht mehr bei uns, und ich war der einzige Begleiter von Schill –, erschien der General Carteret (also: Oberst Dollemann) an der Ecke der Knieperstraße. Schill sprengte auf ihn zu, hieb ihn mit einem Hiebe vom Pferde und eilte dann wieder nach der Fährstraße zurück.»

Hier nun schaltet Bocklet, der annimmt, Schill sei durch Alkohol berauscht gewesen, einige Bemerkungen über die merkwürdige Wegstrecke ein. «Was Schills Absicht bei diesem Kreisritt gewesen sein mag und warum er abermals nach der Fährstraße ritt, da er doch noch durch das Frankentor hätte entkommen können, wenn dies seine Absicht gewesen wäre, weiß ich nicht. Das Unglück sowie seine Wunde und sein berauschter Zustand mochten ihm wohl die Besonnenheit und Ruhe geraubt haben; vielleicht suchte er auch den Tod ... Ich habe selbst nicht gehört, daß ihn auf diesem seinem letzten Ritt durch die Stadt noch der Leutnant von Trützschler gefragt hat, wohin der Rückzug gehe, aber als wir uns später in der Kasematte über die letzten Ereignisse unterhielten, äußerte ein mitgefangener Jäger, daß ein junger Offizier Schill gefragt habe, wohin der Rückzug gehen solle, und dieser habe geantwortet: ‹Jeder rette sich, wie und wo er kann.› ... Ich werde es in dem Gedränge und Wirrwarr nicht gehört haben.»

Schills kreisender Umritt mag den Verzicht auf die eigene Flucht zum Frankentor erkennen lassen. Seine Ausrufe der Todesentschlossenheit mögen Gedanken und Empfindungen kurz vor dem Ende kundtun. – Doch sind nur Vermutungen möglich, und rationale Erklärung kann nicht ganz den wilden und zugleich getrübten Bewußtseinszustand bezeichnen, in dem sich der verwundete und fechtende Reiter befunden hat.

Sicher ist wohl: Der Glaube an die Gunst des preußischen Königtums – einst Antrieb zum heroischen Tatendrang – war in Schill seit langem gebrochen. Die Hoffnung, er könnte die Anerkennung seines Monarchen zurückgewinnen, war ihm verlorengegangen, und nur durch Betriebsamkeit und Zweckoptimismus hatte er quälende Zweifel überspielt. So ist denn wahrscheinlich: Anders als Brünnow, suchte der Rebellenführer nicht mehr die sieglose Heimkehr nach Preußen. Alles oder Nichts! Sieg oder Untergang! mag seine Alternative gewesen sein. – Auch hatte Schill Illusionen gehegt, er hatte sich für kaum überwindbar gehalten. Je höher er sich verstieg, desto tiefer mußte der Absturz in die wüsten Tatsachen sein. Das Gefühl der inneren Leere mochte wie ein Dammbruch wirken. Schill trieb haltlos. Er suchte den Tod.

Auf dem Meere gilt das Gebot: Der Kapitän verlasse als letzter das sinkende Schiff, er sorge zuerst für die Rettung der Mannschaft. Auch Schill scheint, solange es ging, seinen Soldaten den rettenden Weg zum Frankentor gewiesen zu haben. Doch mochte er den Untergang der Freischar, das unaufhaltsame Ende des Rebellenzugs, vor allem als eine persönliche Katastrophe empfinden. Ein Geächteter und ein Verlierer, glaubte er sich zuletzt der Sorgepflichten entbunden, empfand er sein eigenes schweres Schicksal. Es erfüllte sich an ihm nun sein starrsinniger Wahlspruch: Das Ende mit Schrecken war da!

So jagte Schill zur Fährstraße – und in den Tod. Bocklet sah ihn reiten: «Ich war einige Schritt hinter Schill, der fortwährend in der stärksten Gangart ritt, als wir vom Markte aus in die Fährstraße einbogen. Da wurde ich durch den Angriff mehrerer Kürassiere aufgehalten, erhielt einen Säbelhieb ...»

In Wirklichkeit ist Schill – hart von Feinden bedrängt – wiederum in die kaum hundert Meter lange Külpstraße eingebogen und an ihrem Ende geradeaus in das Tor des St.-Johannishofes geritten. Dort fand er keinen Ausweg, machte kehrt, wandte sich nach links die Gasse Hinter-St.-Johannis hinunter, die heute seinen Namen trägt ...

Über das Ende dieses Rittes sagen zwei Zeugen aus.

Konrektor Furchau hat selbst nichts gesehen, wohl aber eigene Ermittlungen angestellt: «Über Schill habe ich von allen Bewohnern des Johannisklosters später als ganz sicher erfahren, daß er auf den Klosterhof geritten sei, dort anscheinend einen Weg nach dem Walle gesucht, alsdann aber sich die Straße Hinter-St. Johannis entlang wieder entfernt habe.»

Hauptzeuge ist Zeichenlehrer Brüggemann, der Schill persönlich kannte. Von einer Umschau zurückkehrend, fand er sein Haus nahe dem «Schildsood», einer hölzernen Pumpe an der Ecke Hinter-St.-Johannis und der Fährstraße, von furchtsamen Mitbewohnern verschlossen. Da kamen, sagt Brüggemann, etwa zehn Holländer zu Fuß die sonst menschenleere Fährstraße herunter, winkten ihn zur Ecke der Bechermachergasse, die dem Eingang der Straße Hinter-St. Johannis (heute Schillstraße) gegenüberliegt, und fragten nach einem Krämer, bei dem sie Tabak fänden.

Hier nun der Wortlaut des Protokolls: Während Brüggemann «noch mit den Leuten geredet, habe plötzlich ein anderer Soldat, welcher etwa an dem Krügerschen oder dem Badeschen Hause ... (auf dem jenseitigen Straßenrand) gestanden und gerade ein dort liegengebliebenes Gewehr aufgenommen habe, dieses fortgeworfen, sein eigenes ergriffen und nach der Straße Hinter-St.-Johannis hinein abgefeuert. Er (Brüggemann) habe inmitten von holländischen Soldaten ... gestanden und in dem Augenblick, wo der gedachte Schuß losgegangen sei, einen Offizier in der Straße Hinter-St.-Johannis heraussprengen gesehen, der mit dem Oberkörper eine Bewegung zur Seite gemacht, anscheinend um der Kugel auszuweichen. Derselbe sei dann vor ihnen vorbei nach dem Fährtor zu galoppiert und habe er nun sogleich Schill in ihm erkannt. Sein Pferd müsse verwundet oder sehr ermüdet gewesen sein, denn es habe nur ganz langsam und mit sichtlicher Anstrengung galoppiert ... Als nun Schill bei ihm und den Holländern vorbeigekommen sei, haben diese ihre Gewehre auf ihn angeschlagen und hinter ihm hergeschossen, worauf er sofort vom Pferde gestürzt sei. Die Holländer seien auf den Gefallenen losgestürzt, er sei ihnen gefolgt und Schill sei, als sie herangekommen, bereits tot gewesen. Die Soldaten haben ihm die Uniform aufgerissen und ihn geplündert. Wieviel Kugeln ihn getroffen und wohin, habe er nicht gesehen, nur, daß Rock und Hemd blutig gewesen seien. Er (Brüggemann) sei nun von den Soldaten befragt worden, wer der Gefallene sei, und als er ihnen gesagt habe, es sei Schill, hätten sie die Leiche mit lauten Rufen ergriffen und nach dem Markte zu fortgetragen.»

Das Jubelgeschrei der Soldaten entsprang nicht nur der Genugtuung, einen großen Gegner, einen Rebellen sogar, besiegt zu haben. Es war die Freude von Habenichtsen, denen der Krieg mit 10000 Franken winkte: Schills Kopfprämie, die König Jérôme durch öffentliches Dekret versprochen hatte. So trugen sie den kostbaren Leichnam auf ihren Gewehren zum Rathaus, schickten sie dem General Gratien als Beweise ihres Erfolges den Orden, die Mütze und die Pfeife Schills.

Gratien eilte herbei, fand in den Laubengängen des Rathauses – inmitten des Tumults, der Unordnung von Verwundeten und Toten – auf einer Fleischbank einen Leichnam liegen: blutüberströmt, bis auf das Hemd ausgeplündert. Er ließ Zeugen ermitteln, gab Weisung, den Toten im Hause des Stadtwundarztes zur Schau zu stellen. Dort erblickte ihn Scriba, der eine Beschreibung gewagt hat: «Außer mehreren kleinen Hieb- und Streifwunden habe ich zwei Hauptwunden bemerkt: eine Schußwunde und eine Hiebwunde. Erstere ging am rechten Ohr hinein und oben an der linken Seite des Kopfes wieder heraus; letztere zwischen den beiden starken Augenbrauen, von links nach rechts, 1½ Zoll lang und weit auseinanderklaffend.»

Noch am selben Nachmittag ließ Gratien die Zeugen vorführen, die den Toten identifizieren sollten. Es waren Stadträte, gefangene Rebellen und der ehemals schwedische Rittmeister von Parsenow. Ein Stadtrat zögerte beim Anblick des Leichnams: «Es könnte Schill sein!» soll er ausweichend gesagt haben. Doch wurde ein Protokoll aufgesetzt, das die Identität des Toten mit Schill versicherte.

Ein amtliches Dokument: Bescheinigt es Tatsachen? Oder ist es nur Resultat der Suggestion, des Irrtums, der Angst? Auch Leichenbeschauer sind Menschen. Was alles beeinflußte sie: Schrecken der Straßenkämpfe, Wüten der Soldateska, Furcht vor der Rache ihrer Gegner. Wie sehr konnte der brennende Wunsch der Eroberer diktieren, den Rebellenführer nicht nur getötet, sondern in diesem Leichnam auch wirklich gefunden zu haben.

Parsenow, Schills Quartierwirt, von ungeduldigen Soldaten in seinem Schlafrock herbeigebracht, schien sich kaum frei zu fühlen, als er in geziertem Französisch lobhudelte: Gratien habe die Stadt von einem «brigand», einem Räuber, befreit.

Gratien, kein Mann für schleimige Komplimente, soll hart erwidert haben: «Schill ne fut pas brigand, il fut héros!» Schill war kein Räuber, er war ein Held! –

Dennoch trennte der Oberstabsarzt Genoux den Kopf des Toten vom Rumpfe, um die grausige Trophäe zu König Jérôme nach Kassel zu senden. Es war der Kopf, von dem die Totenmaske überliefert ist. Der Körper wurde heimlich, in der Regennacht zum 2. Juni 1809, auf dem Kirchhof vor dem Knieper Tor verscharrt.

«Die Ruhe und Ordnung ist jetzt in unserer Stadt wiederhergestellt. Befreit vom tyrannischen Joche des Räubers, beginnen die Einwohner wieder zu atmen.» So heuchelte die Stralsundische Zeitung. Der Magistrat ließ von allen Türmen Halleluja blasen, lud Eroberer und Gläubige zum Dankgottesdienst ein, schenkte dem General Gratien wegen «Errettung der Stadt» ein Gespann von sechs Pferden.

Aufs neue kollaborierte das Besitzbürgertum mit der französischen Besatzungsmacht.

In diesen Tagen erhielt der Regimentsarzt Wittig, der – dem Eid des Hippokrates treu – im Lazarett nun Holländer, Dänen, auch verwundete Rebellen pflegte, den Kopf eines Toten mit der Anweisung: ausbluten lassen, Adern schließen. Sogleich erkannte Wittig das Antlitz Schills, das Haupt seines Patienten und Kommandeurs: «Derselbe war von einer Kugel durchbohrt, die hinten hineingedrungen und an der Stirn wieder hinausgefahren war. Sonstige frische Wunden hatte er gar nicht, namentlich keinen Säbelhieb über die Stirn. Außer der Verletzung durch die Kugel war nur noch die alte Hiebwunde im Nacken daran zu bemerken. Die Züge waren nicht entstellt, sondern hatten einen ruhigen Ausdruck.»

Wer durfte behaupten, Schill besser zu kennen als Wittig, der behandelnde Arzt? Wenn seine Aussage stimmt, so war der zur Schau gestellte Tote am Markt nicht Schill, so ist die überlieferte Totenmaske — die Stirn von einem Säbel zerschnitten — nicht echt ...

Schills Tod in Stralsund ist gewiß. Doch es bleibt ein letztes Geheimnis.

Es sind die Verse des römischen Dichters Virgil, die — erst nach Jahrzehnten — Schills Grabstein zieren:

«Magna voluisse magnum.
Occubuit fato: jacet ingens litore truncus.
Avolsumque caput tamen haud sine nomine corpus.»

(Aeneis)

Großes gewollt zu haben, ist groß.
Er sank hin dem Geschick. Am Gestade der mächtige Rumpf liegt.
Ward entrafft auch das Haupt, ist doch der Körper nicht namlos.

Ausblick

Schill fand einen Platz in den Annalen der Geschichte.

Aber vierhundert Insurgenten, mit deren Hilfe er ins Pantheon gestiegen war, starben unbekannt auf den Wällen und in den Straßen Stralsunds. Und 557 Gefangene gingen ins Ungewisse.

Die Mecklenburger, die zumeist vorgaben, von Schill gezwungen worden zu sein, wurden von ihrem Landesfürsten zwar wieder aufgenommen, mußten aber zur Strafe in umgewendeten Jacken Dienst tun, und die sich offen zu Schill bekannten, wurden ins Zuchthaus gesperrt.

Die Westfalen wurden des Bruchs der Staatsbürgertreue angeklagt: Das Los bestimmte vierzehn Insurgenten zum Tode, sie starben am 18., 20., 22. Juli 1809 in Braunschweig im Feuer der Hinrichtungskommandos.

Fast alle übrigen Gefangenen kamen nach Frankreich, verelendeten als Arbeitssklaven auf den Galeeren von Brest und Cherbourg.

Elf Offiziere wurden auf Napoleons Befehl vor ein französisches

Kriegsgericht gestellt, wegen Straßenräuberei — brigandage — zum Tode verurteilt und am 16. September 1809 in Wesel am Rhein erschossen. «Es lebe unser König, Preußen hoch!» war ihr Letztes. Sie fielen, wie sie gekämpft hatten: konservative Rebellen, mit freier Entscheidung für Schill, für die Unabhängigkeit Deutschlands — mit irrender Hoffnung auf ihren Monarchen.

Dieser hatte seine Grenztruppen angewiesen, Schillsche Rebellen nicht wieder auf preußisches Gebiet zu lassen. Doch wie Major Schill den patriotischen Widerspruch gegen den Absolutismus verkörpert hatte, so war auch die Armee nicht mehr gefügiges Werkzeug in königlicher Hand.

Blücher, kommandierender General in Pommern, nahm alle flüchtigen Truppen, die unter Brünnow in Demmin und unter Bärsch in Swinemünde eintrafen, in selbstbewußte Obhut: «Schill ist als ein braver Mann Gestorben, seine Collegen haben gleichfalls braff gethan, und haben sich ohne weitteren in meinen Schutz begeben, ich habe sie trotz allem waß da wider wahr angenommen. 900 man Infanterie und 240 Man Kavallerie sin in meine verwahrung. Um ihre begnadung habe ich am König geschrieben, sie sind so wohl Offizier als Unterofficier und gemeine schuldloß da Schill sie sagte, es geschehe mit königlicher Bewillig, daß er über die Ellbe ginge, als untergebene befolgten sie unsrn dinst gemäß die befehle ihres Scheffs, wie sie späther hin entdeckten daß es nicht des Königs sey allein Schill declarirte vor der Fronte daß er ohne ansehn der Person todtenschissen ließe der sein befehl zuwiderhandelte.»

Das war zugleich schon Argumentation für eine kriegsrechtliche Entlastung der Mitstreiter Schills. Sie stützte sich nicht zuletzt auf Brünnow, der aussagte: Schill habe seinen Offizieren beim Abmarsch aus Berlin versichert, der Feldzug geschehe auf Befehl des Königs ...

Das 2. Brandenburgische Husarenregiment von Schill wurde aus den Listen der Armee gestrichen. Soldaten und Unteroffiziere wurden fremden Truppenteilen zugewiesen. Die Offiziere, vor ein Kriegsgericht gestellt, das unter Leitung Blüchers am 10. August 1809 in Stargard zusammentrat, durften eine wichtige Vorentscheidung für sich buchen: Der französische General Gratien hatte sie als reguläres Militär anerkannt und ihnen freien Abzug aus Stralsund gewährt. Sie waren also nach geltenden Gesetzen nur für Insubordination in Preußen, nicht für Handlungen in den Rheinbundstaaten zur

Rechenschaft zu ziehen. Immerhin wurde die Hälfte der 52 Angeklagten für schuldig befunden und mit Festungsarrest bestraft. Der König bestätigte den Schiedsspruch am 10. September 1809.

Waren die Schillschen Rebellen mit Blüchers und anderer Patrioten Hilfe auch verhältnismäßig glimpflich davongekommen, so hing doch der Himmel nicht voller Geigen. In dem konservativen Bewußtsein, für Staatsinteressen gefochten zu haben, litten sie unter ihrem Los. Leutnant von Blankenburg schrieb am 14. August 1810 aus der Festung Kolberg: «Wir stehen alle in dem Jünglingsalter, und ist dem Jünglinge nicht ein Fehltritt zu verzeihen, den er in dem Wahne tut, er fechte für seinen König, für sein Vaterland? Was wird, was kann unser zukünftiges Los sein? Wir werden endlich zu der Klasse von Menschen heruntersinken, die nur die Verachtung ihrer Nebenmenschen haben, und werden aus jeder bürgerlichen Gesellschaft verstoßen sein. Eine schreckliche Zukunft.»

Aber die moralische und politische Lage, die sich dem Unglücklichen im verzerrten Bewußtsein spiegelte, war so ungünstig nicht.

Die Gesetzmäßigkeit des historischen Prozesses, der seit der Französischen Revolution auf die Lösung des Hauptwiderspruchs zwischen Feudalismus und Kapitalismus in ganz Europa drängte, erforderte die Konstituierung selbständiger Nationen als einer Existenz- und Entwicklungsform der modernen bürgerlichen Gesellschaft. Wo aber die nationale Unabhängigkeit der Völker durch ausländische Eroberer unterdrückt oder bedroht war, dort vollzog sich die bürgerliche Umwälzung im Zusammenhang mit Empörungen gegen das fremdherrschaftliche Joch.

Auf kurz oder lang mußte sich Napoleons Niedergang entscheiden: sobald nämlich Politik und Kriegführung durch die krankhafte Aufblähung seines Kaiserreiches in einen unlösbaren Widerspruch gerieten, sobald sich auch die soziale Kraft seiner Gegner im bürgerlichen Sinne modernisierte. Der Druck erzeugte Gegendruck. Die Unzufriedenheit der von Krieg zu Krieg gepeitschten Gesellschaftsklassen Frankreichs und das Unabhängigkeitsstreben der Völker Europas bewirkten die gesetzmäßige Niederlage einer Herrschaft, die die Grenzen des real Möglichen überstieg.

Neben den spanischen Guerilleros und den Tiroler Bauern waren Schills Rebellen die ersten, die das Eisen in den Riß stießen.

Ihr Führer, den sie auf den Schild hoben und dessen politisches

Augenmaß sie kaum übertrafen, begriff nicht die verwickelte Dialektik der Gesellschaftsentwicklung seiner Zeit. Er wollte subjektiv nur die Unabhängigkeit, nicht den bürgerlichen Fortschritt für Deutschland. In seiner Brust lagen gute und schlechte Eigenschaften beständig im Streite. Daraus erwuchsen Unterlassungen und Fehler, die die Einflüsse einer zweifellos ungünstigen Lage verschärften, die Tatfähigkeit schwächten, die Möglichkeiten nicht ausschöpfen ließen.

Indem aber Schill und seine Getreuen das Fanal des Kampfes entzündeten, rüttelten sie bewußt und unbewußt an absolutistischen Thronen, lebten sie nationales Selbstbewußtsein, souveräne Empörung und volkstümliche Insurrektion vor. Die Mängel, die der Rebellion anhafteten, waren hier immer noch entschuldigt durch ein kühnes Beginnen, das in die Zukunft wies.

Schills Rebellen waren tragische Gestalten, die an dem Konflikt zwischen Fremdherrschaft und Unabhängigkeit scheiterten. Aber sie waren leidende Vorkämpfer für die nötige Lösung eines Widerspruchs, der vier Jahre später fiel: Am 30. Dezember 1812 unterzeichnete Yorck als ein zweiter Rebell im Preußenrock die Konvention von Tauroggen, ein ganzes Armeekorps versagte Napoleon Bonaparte die Gefolgschaft und bahnte den Weg zum nationalen Krieg. Im Frühjahr 1813 wurde die Freischar Adolf von Lützows, des treuen Gefährten Schills, zu einem Symbol des Kampfes für deutsche Freiheit und Einheit.

Nun galten die Schillschen Rebellen als Helden einer optimistischen Tragödie.

Übersichtskarte

Schills Zug von Berlin nach Stralsund

Schill s Zug vom 28.4 bis 31.5.1809 (nach Krieglstein und Bärsch)
Fahrt der Schiffe
Landesgrenzen

Literaturverzeichnis

Archivalien

Zentrales Staatsarchiv, Historische Abteilung II, Merseburg

Königreich Westfalen:

Rep. 1, Staatssekretariat und Ministerium des Äußeren, B. Nach Staaten geordnete Akten,

Preußen Nr. 26: Korrespondenz mit dem preußischen Hofe wegen des von dem Leutnant von Katte in Stendal etc. verübten Exzesses, des Einfalls des Majors von Schill in das Königreich Westfalen und der dadurch entstandenen Unordnungen und Verluste, 1809–1810

Preußen Nr. 34: Berichte des westfälischen Gesandten Barons von Linden, 1809–1812

Rep. 2, Hohe Polizei, II. Akten, welche im Büro des Generalkommissars der Hohen Polizei Moisez zu Halberstadt gefunden sind,

Nr. 2: Die Untersuchung gegen diejenigen, welche sich mit dem Korps des preußischen Hauptmanns von Katte vereinigt hatten und deshalb durch die Militärkommission zu Magdeburg zum Tode verurteilt wurden, 1809

Rep. 5, Justizministerium, B. Verhältnisse zu anderen Staaten, politische und Polizeiangelegenheiten,

Nr. 36: Das Brigandentum des Barons von Katte zu Stendal, 1809

Nr. 37: Die durch Vermittlung des in Magdeburg verhafteten Romberg angeknüpften Verbindungen des Majors von Schill mit Bewohnern des Weser-Departements zur Herbeiführung eines Aufstandes, 1809–1810

Nr. 38: Gnadengesuche und Erlasse für Teilnehmer an den Schillschen und Katteschen Unruhen und deren Angehörige, 1809

Nr. 39: Betr. den Major von Schill und den Herzog von Oels, 1809–1810

Nr. 40: Die Anklage gegen Schenk und Ramsauer wegen Verschwörung

Rep. 6, Ministerium des Innern, III. Polizeisachen, A. Hohe Polizei,

Nr. 8: Die Banden von Schill und Braunschweig-Oels, 1809

Nr. 9: Aufrührerische Unruhen, 1809

Nr. 15: Die Kosten der Gefangennehmung und -haltung einiger mit dem Major von Schill im Einverständnis befindlicher Personen, 1810

Rep. 6, Ministerium des Innern, VI. Militaria,

Nr. 17: Die Unterhaltung der Verwundeten des Schillschen Korps, 1810

Rep. 8, Finanzministerium, V. Akten der 3. Division u. a. Etats-, Kassen- und Rechnungssachen A,

Nr. 60: Beraubung der Kassen zu Stendal etc. im Jahre 1809 (Schill, Katte etc.), 1809–1812

Rep. 20, Generalintendanz des Staatsschatzes, II. Akten, A. Generalia und Miszellanea,

Nr. 17: Die Beraubung der Kassen durch das von Schillsche und von Kattesche Korps, 1809–1812

Preußen. Oberste Staatsbehörden, Geheimer Rat:

Rep. 63, Konvolut 88, Militaria,

Nr. 712: Volksunruhen im Königreiche Westfalen, Desertion des Majors von Schill und eines Teils seines Korps, ingleichen die weiter sich hieraus entsponnenen Begebenheiten, namentlich der Vernichtung des Schillschen Korps, ferner die befürchteten Unruhen in der Prignitz, Vol. 1 (1809), Vol. 2 (1809–1814)

Nr. 715: Die in der Altmark am 2./3. April 1809 vorgefallenen Unruhen und die Beraubung der Kassen zu Stendal, 1809

Nr. 721: Publikandum aus Anlaß der Vorgänge in der Altmark mit einigen Kabinettsordres über denselben Gegenstand und über die Werbung des Herzogs von Braunschweig, 1809

Nr. 732: Untersuchung wider den Major und Kommandanten von Berlin, Grafen Chasot, wegen Aufregung gegen die französische Regierung, 1809

Nr. 742: Akta des Großkanzlers, die Entfernung des Majors von Schill betr., 1809–1820

Nr. 755: Abgang des Majors von Schill mit einem Teile der Berliner Garnison über die Grenze. Sein Tod und die Gefangennahme eines Teiles seines Regiments zu Stralsund. Auflauf zu Brandenburg bei Transportierung von 68 Gefangenen von Stettin bis Magdeburg, den 22. September. Interzession für den im Schillschen Korps gefangenen Zaremba. Kaufmann Hintzes Gesuch wegen Wiedererstattung der ihm zu Dömitz durch das Schillsche Korps genommenen Weine und Branntweine. Verwendung für den im Schillschen Korps gefangenen Grunow, 1809–1810

Preußen, Königliches Hausarchiv:

Rep. 49, I 84: König Friedrich Wilhelm III., Korrespondenz

Staatsarchiv Dresden

Geheimes Kabinett:

Nr. 3407: Den Zug des Majors Schill betr. Aus den Papieren der Gesandtschaft zu Berlin, 1809

Nr. 3452: Den Streifzug des Majors Schill in Sachsen betr., 1809, Berliner Gesandtschaftsarchiv, Geschäftskorrespondenz, Vol. I, Bl. 19, 1809
Nr. 14655: Akta die Ereignisse des Krieges von 1809 betr. Ergangen von dem Oberpostamte zu Leipzig
Nr. 31723: Finanzarchiv Vol. I, Akta die dermaligen öffentlichen Angelegenheiten betr., 1809
Nr. 2976: Verwendungen, Requisitiones und andere Communikationes der Königlich-Preußischen Gesandtschaft, Vol. XVII, 1805–1809

Kriegsministerium
Nr. 20112: Festung Torgau (richtig: Wittenberg) 1809, Verteidigung gegen das Schillsche Freikorps durch Hauptmann von Wittern und Infanterie-Regiment Burgsdorff. Kurzer Abriß der Lebensbeschreibung des Oberst von Wittern, 1859

Staatsarchiv Schwerin

Kabinett Vol. 201:
Fasz. 1: Das Gesuch des Majors und Kommandanten von Roeder in Dömitz um Untersuchung seines Betragens bei der Einnahme der dortigen Stadt und Festung vom Schillschen Korps, 1809–10
Fasz. 3: Requisition für die in Dömitz liegenden Truppen unter Schill, 1809
Fasz. 4: Die bei der Schillschen Invasion gemachten Requisitionen, 1809
Fasz. 5: Die Verfügung an die Rostocker Garnison gegen das Schillsche Truppenkorps, 1809
Fasz. 6: Militärische Berichte über die Aktion der mecklenburgischen Truppen gegen das von Schillsche Truppenkorps, 1809
Fasz. 8: Die Expedition gegen das Schillsche Korps, 1809
Fasz. 9: Die Übergabe der Stadt Rostock an das von Schillsche Truppenkorps und die desfallsigen Verfügungen gegen deren Gouverneur Generalleutnant von Pressentin und Kommandanten Major von Below, 1809
Fasz. 11: Die Abhörung der aus der Schillschen Gefangenschaft zurückgekommenen Leute, 1809
Fasz. 14: Die Vernehmung eines Teiles der hier garnisonierenden Grenadierkompanie und einiger sich hier angefundener mecklenburgischer Soldaten über die Affäre bei Damgarten und über die Vorgänge in Schwedisch-Pommern mit dem Schillschen Korps, Ludwigslust 1809

Kabinett Vol. 202:
Fasz. 5: Die durch die Schillsche Invasion verursachten Schäden 1809, 1811

Fasz. 8: Die Hauswirte Lüth, Jauch und Palm zu Göhlen, Amt Grabow, 1811

Fasz. 11: Von Kamptzsche Briefe über den Schillschen Zug und nachfolgende Ereignisse in Stralsund an Major von Boddien, 1809

Kabinett Vol. 70:

Fasz. 2: Festung Dömitz, Zuchthauslisten 1801–1830

Militärdepartement:

Nr. 231: Zusammenstellung der Ereignisse bei der Besetzung der Festung Dömitz durch das Schillsche Korps im Jahre 1809

Vorderstädtisches Archiv Vol. 13:

Vorderstadt Parchim: Die Requisitionen für das Korps des Majors von Schill, 1809

Vorderstädtisches Archiv Vol. 14:

Vorderstadt Parchim: Die Entschädigung der Städte und Ortschaften, die durch die Schillsche Invasion gelitten haben, 1809/10

Historisches Staatsarchiv Oranienbaum

Abt. Fürstentum Dessau

Rep. A, Das Fürstenhaus, 10. Fürst Leopold Friedrich Franz und sein Geheimkabinett in der Franzosenzeit und entspr. Missionen,

Nr. 272: Die Mission des Geh. Kabinettsrats von Rode nach Leipzig an den französischen Gesandten de Bourgoing und den sächsischen General von Funck wegen Schills Anwesenheit in Dessau, 1809: a) Journal meiner Sendung nach Leipzig, den 5.–7. Mai 1809 an Mr. de Bourgoing, Cto, de Marcolini, General von Funck, b) Relation für den Herzog von Weimar, Dessau, 8. Mai 1809

Rep. C, Innere Landesangelegenheiten, 16c, 5. Kriege von 1790 bis 1815,

Nr. 56: Untersuchung wider den Buchdrucker Heybruch in Dessau wegen der von ihm gedruckten Schillschen Proklamation. Einige weitere das Schillsche Korps betr. Sachen, 1809

Abt. Fürstentum Bernburg

Rep. A. Das Fürstenhaus, 10. Korrespondenzen des Mitgliedes des Fürstenhauses, privaten und öffentlichen Charakters,

Nr. 83: Korrespondenz des Herzogs Alexius Friedrich Christian von Bernburg mit dem Geh. Hofrat Reich

Abt. Fürstentum Köthen

Rep. C, Innere Landesangelegenheiten, 16c, 5. Kriege von 1790 bis 1815,

Nr. 31: Aufenthalt eines Haufens verdächtiger preußischer Militärpersonen in hiesigem Lande und dagegen getroffene Sicherheitsmaßregeln, im Monat April 1809

Nr. 33: Einmarsch des Schillschen Korps und dabei vorgefallene Exzesse, 1809

Nr. 34: Die in der Stadt Köthen am 3. Mai 1809 vom Schillschen Freikorps verübten Plündereien, angeblichen Requisitionen und sonst verübten Exzesse

Archiv und Archivbibliothek der Stadt Stralsund

Rep. I, S. 14, 2, Fasc. 1–3, 5, 7–10, 12–18

Schilliana

Nr. 5: Bardenfleth, F. L. v.: Stormen paa Stralsund, Übersetzung aus dem Dänischen, Manuskript 24 Bl.

Nr. 9: Moltke, H. C. W. v.: Tagebuch über den Marsch der Infanterieregimenter Sr. Herzogl. Durchlaucht v. Mecklenburg-Schwerin, veranlaßt durch die Bewegungen des Schillschen Korps, Greifswald, 2. Juni 1809 (Fotokopie 6 Bl.)

Nr. 10: Bilgner, v.: Journal über den Marsch des Regiments Sr. Durchlaucht des Herzogs v. Mecklenburg-Schwerin während des Einbruchs der Schillschen Truppen in Schwedisch-Pommern, Ludewigslust, 10. Juni 1809 (Fotokopie 6 Bl.)

Nr. 12: Verfügung der Kurmärkischen Regierung an das Forstamt Eldenburg betr. Meldung von wichtigen militärischen Vorfällen. Berichte über das Schillsche Korps, April bis Mai 1809

Nr. 37: Schill, Brief an Erzherzog Karl von Österreich, Stralsund, 30. Mai 1809 (Faksimile)

Nr. 38: Bethge, K. A. F.: Brief an die Eltern, Stralsund, 29. Mai 1809

Nr. 39: Bonte, K. L.: Brief an den Vater, Parcy, 7. Juli 1809

Nr. 40: General Candras; Brief an den Polizeidirektor Hagemann in Stralsund, Tribsees, 24. Mai 1809

Nr. 41: Kamptz. Friedrich v.: Brief an von Boddien, Stralsund, 30. Mai 1809

Nr. 42: Derselbe: Brief an von Boddien, Greifswald, 9. Juni 1809

Nr. 47: Seydewitz, Allexis v.: Brief an Frau Mohr, 12. Januar 1850

Mappe: Briefwechsel zwischen Major W. v. Mosch und C. Fr. v. Vechelde, Oktober 1838 bis Februar 1840

Mosch an Vechelde, Berlin, 18. Dezember 1838

Mappe: Augenzeugenberichte, zusammengestellt von Otto Francke

Zeichenlehrer Brüggemann: Aussage vom 20. Juni 1857

Sattler-Altermann Radtke: Aussage vom 26. Juni 1858
Konrektor Furchau: Aussage vom 17. September 1858
Tischlermeister Wilhelm: Aussage vom 17. September 1858
Winning, Ferdinand v.: Brief an O. Francke, Liegnitz, 25. Oktober 1858
Trompeter Bocklet: Brief an O. Francke, 7. November 1858
Barbier-Altermann Wittig: Aussage o. D.

Collasius, Heinrich: Stralsunds merkwürdiges Jahr 1809, insbesondere den Major von Schill betreffend, welcher hier am 31. Mai 1809 seinen Tod fand. Beschrieben aus der Erinnerung als Augenzeuge jenes denkwürdigen Tages, Manuskript 1858, 46 Blatt.

Von einem Offizier des Schillschen Regiments (vermutlich *Horst, Wilhelm v. d.*), Die letzten Augenblicke vor der Erstürmung von Stralsund durch die Holländer und Dänen im Jahre 1809 und die darauf folgende Kapitulation, Manuskript o. D., 4 Bl.

Historisches Staatsarchiv Prag

Aus dem Fürstlich-Metternichschen Familienarchiv (Acta Clementina),
2. Inventar, politische Korrespondenz 1798–1859,
Nr. 62: C 10/c. Stadion an Wessenberg, 1809
8. Inventar, Porträts, Gedanken und Grundsätze, Denkschriften,
Nr. 34: C 28, 1809 Dienstsachen. Die Expedition des Majors Schill, 1809

Zeitgenössische Presseorgane

Berlinische Nachrichten von Staats- und gelehrten Sachen. Im Verlag der Haude- und Spenerschen Buchhandlung, Jg. 1808, 1809

Königlich privilegierte Berlinische Zeitung von Staats- und gelehrten Sachen. Vossische Zeitungs-Expedition. Im Verlage Vossischer Erben, Jg. 1809

Stralsundische Zeitung, Jg. 1809, 1869, 1909, 1934

Literatur über Schill

Dokumentationen, Briefausgaben, Memoiren

Bardenfleth, F. L. v.:
Stormen paa Stralsund af et combineret dansk og hollandsk Troppecorps den 31ten Mai 1809, Kjöbenhavn, 1846

Bärsch, Georg:
Ferdinand von Schills Zug und Tod im Jahre 1809. Zur Erinnerung an den Helden und die Kampfgenossen, Berlin 1860

Böck, August:
Der Galeerensklave. Lebensschicksale des Trompeters August Böck, in: Heimatkalender für die Muldekreise Bitterfeld und Delitzsch, Düben 1925
Brandenburg, A.:
Schills letzte Tage. Aus der Erinnerung erzählt, Stralsund 1859
Brünnow, Hans v.:
Militärische Laufbahn des Lieutenant von Brünnow, geschrieben 1810, in: Der Soldatenfreund, 20. Jg., H. 4, Berlin 1852
Fabe:
Tagebuch der Belagerung von Colberg im Jahre 1807 und Tagebuch der Geschichte des Schillschen Corps. Nach Handschriften von mitthätigen Offizieren, Berlin 1857
Grunow, A. F.:
Meine Drangsale als Schillscher Gefangener, Brandenburg 1815
Rochow:
Der Schillsche Zug im Jahre 1809. Niedergeschrieben im Jahre 1810 durch den dabei beteiligt gewesenen A. v. Rochow, Berlin 1859
Schills Zug nach Stralsund und sein Ende.
Tagebuch eines seiner Vertrauten (anonym), Quedlinburg/Leipzig 1831
Scriba, Karl v.:
Schills Kampf und Tod in Stralsund 1809, hg. v. E. Gülzow, Karlsruhe 1932
Voß, Graf v.:
Zur Geschichte des Schillschen Zuges 1809. Aus den Papieren seines Vaters mitgeteilt von F. G. V., Rostock 1854

Darstellungen

Anekdoten und Charakterzüge aus dem Leben des Königlich Preußischen Majors von Schill oder Kurzer Abriß seines Lebens o. O. 1809
Bartsch, Rudolf:
Die Schillschen Offiziere. Das Kriegsjahr 1809 in Einzeldarstellungen, hg. v. einem Kreise von Offizieren des K. u. K. Heeres, Bd. 7, Wien/Leipzig 1809
Bock, Helmut:
Konservatives Rebellentum im antinapoleonischen Unabhängigkeitskampf. Zur Beurteilung des Freischarzuges unter Ferdinand von Schill 1809, in: Jahrbuch für Geschichte, Bd. 6, Berlin 1972
Brunner, Karl:
Friedrich von Schill und seine Getreuen, Berlin 1912
Eckermann, Walther:
Ferdinand von Schill. Rebell und Patriot, Berlin 1963

Eckermann, Walther:
Ferdinand von Schill zum 150. Todestag, in: Wissenschaftliche Zeitschrift der Pädagogischen Hochschule Potsdam, Gesellschaftswiss. Reihe, Jg. 4, H. 2, Oktober 1959

Engels, Friedrich:
Die deutsche Reichsverfassungskampagne, in: Neue Rheinische Zeitung. Politisch-ökonomische Revue, Hamburg 1850; Wiederabdruck: Marx/Engels, Werke, Bd. 7, Berlin 1960

Derselbe:
Preußische Franktireurs, in: The Pall Mall Gazette, Nr. 1817 v. 9. Dezember 1870; Wiederabdruck: Marx/Engels, Werke, Bd. 17, Berlin 1962

Ernstberger, Anton:
Ferdinand von Schills Nachlaß, in: Bayrische Akademie der Wissenschaften, philosophisch-historische Klasse, Sitzungsberichte, Jg. 1957, H. 11, München 1958

Francke, Otto:
Aus Stralsunds Franzosenzeit. Ein Beitrag zur Geschichte dieser Stadt, Stralsund 1870

Haken, J. C. L.:
Ferdinand von Schill. Eine Lebensbeschreibung, Leipzig 1824

Hubatsch, Walther:
Stein, Schill und der Aufbruch von 1809, in: Stein-Studien. Die preußischen Reformen des Reichsfreiherrn Karl vom Stein zwischen Revolution und Restauration, Köln—Berlin 1975

Janke, Wolfgang:
Das Königlich-preußische v. Schillsche Freikorps und das 2. Brandenburgische Husarenregiment von Schill, Berlin 1938

Kessel, Karl v.:
Schill und seine Gefährten, Leipzig 1866

Kleine Begebenheiten und Charakterzüge
aus dem französisch-preußischen Kriege 1806/07, Jena 1807/08

Kolbe, Paul:
Schill und Lützow. Zwei wackere Männer aus schwerer Zeit, Leipzig 1908

Krause, Ludwig:
Schill in Rostock 1809, in: Beiträge zur Geschichte der Stadt Rostock, hg. vom Verein für Rostocks Altertümer, Bd. 9, Rostock 1915

Krieglstein, C. Frh. Binder v.:
Ferdinand von Schill. Ein Lebensbild, zugleich ein Beitrag zur Geschichte der preußischen Armee, neue Ausgabe, Berlin 1909

Krüger, G.:
Die Getreuen. Ferdinand von Schill und seine Schar, Berlin 1953

Löwe, H.:
Soldat seines Volkes. Das Leben Ferdinand von Schills, Berlin 1953
Lüdicke, Reinhard:
Zu Schills Auszug und Tod 1809, in: Mitteilungen des Vereins für die Geschichte Berlins, 37. Jg., Berlin 1920
Maenß, J.:
Die Unternehmungen von Kattes und Schills im Elbdepartement 1809, in: Geschichtsblätter für Stadt und Land Magdeburg, 43. Jg., 2. H., hg. vom Vorstande des Magdeburger Geschichtsvereins, Magdeburg 1908
Moepert, Adolf:
Schills Kampf und Tod in Stralsund, 25. bis 31. Mai 1809. Nach den Berichten eines Zeitgenossen und Augenzeugen, in: Literarische Beilage der Kölnischen Volkszeitung. Nr. 22, 29. Mai 1913
Reinhard, Karl v.:
Ferdinand von Schill. Ein militärisch-politisches Charakterbild, Potsdam 1860
Schultz, v.:
Der Zug Schills durch Mecklenburg, in: Mecklenburger Nachrichten, Nr. 27 vom 1. Februar – Nr. 49 vom 28. Februar 1893
Stein, Karl:
Ferdinand von Schill, in: Cabinett von biografischen Gemälden der denkwürdigsten Personen aus der neuesten Zeitgeschichte, Berlin 1810
Vechelde, Karl Friedrich v.:
Ferdinand von Schill und seine Schar. Zur Erinnerung an die Beerdigungsfeier der irdischen Überreste von 14 im Jahr 1809 bei St. Leonhard ohnfern Braunschweig erschossenen Schillschen Kriegern, Braunschweig 1838
Vorwerk-Semler, Gertrud:
Ferdinand von Schill und seine Wirkung auf seine Zeit, phil. Diss., München, Braunschweig 1941
Voß, Johann Julius v.:
Über den Partheigang des Herrn von Schill, Berlin 1809
Wäschke, H.:
Schills Zug durch Anhalt, in: Neujahrsblätter, hg. v. der Historischen Kommission für die Provinz Sachsen und das Herzogtum Anhalt, Bd. 36, Halle 1912
Wahrhafte und treue Darstellung der so mancherlei kühnen Unternehmungen des Königlich-Preußischen Majors Ferdinand von Schill, Berlin 1809
Wallis, L.:
Festschrift zur Jahrhundertfeier des Heldenkampfes Ferdinands von Schill bei Dodendorf am 5. Mai 1809, Magdeburg 1909

Dokumentationen, Briefausgaben, Memoiren

Bärsch, Georg:
Beiträge zur Geschichte des Tugendbundes, Hamburg 1852

Berenhorst, Georg Heinrich v.:
Aus dem Nachlasse, hg. v. Ed. v. Bülow, 2. Abt., Dessau 1847

Berichte aus der Berliner Franzosenzeit 1807–1809.
Nach den Akten des Berliner Geheimen Staatsarchivs und des Pariser Kriegsarchivs, hg. v. H. Granier, in: Publikationen aus den preußischen Staatsarchiven, Bd. 88, Leipzig 1913

Berliner Leben 1806–1847.
Erinnerungen und Berichte, hg. v. R. Köhler und W. Richter, Berlin 1954

Blücher, Leberecht v.:
Ausgewählte Briefe und Reden, hg. v. F. Schulze, 2., verm. Aufl., Leipzig o. J.

Clausewitz, Carl und Marie v.:
Ein Lebensbild in Briefen und Tagebuchblättern, hg. v. K. Linnebach, Berlin 1925

Derselbe:
Schriften, Aufsätze, Studien, Briefe. Dokumente aus dem Clausewitz-, Scharnhorst- und Gneisenau-Nachlaß sowie aus öffentlichen und privaten Sammlungen, hg. v. Werner Hahlweg, Bd. 1, Göttingen 1966

Derselbe:
Ausgewählte militärische Schriften, hg. v. Gerhard Förster u. Dorothea Schmidt, Berlin 1980

Die Reorganisation des Preußischen Staates unter Stein und Hardenberg, 1. Abt.; Das preußische Heer vom Tilsiter Frieden bis zur Befreiung 1807–1814, Bd. 1, Teil 2, in: Publikationen aus den preußischen Staatsarchiven, Bd. 94, Neue Folge, hg. v. R. Vaupel, Leipzig 1938

Die Wilhelmsthaler Niederschrift.
Die von Friedrich Karl von Katte verfaßte oder doch inspirierte und redigierte Aufzeichnung über den von ihm unternommenen Streifzug auf Magdeburg im April 1809, in: Geschichtsblätter für Stadt und Land Magdeburg, Jg. 72/73, Magdeburg 1937/38

Fichte, Johann Gottlieb:
Reden an die deutsche Nation, Leipzig 1922

Gneisenau. Ein Leben in Briefen,
hg. v. K. Griewank, 2., erw. Aufl., Leipzig 1939

Gneisenau, Neithardt v.:
Schriften von und über Gneisenau, hg. v. F. Lange, Berlin 1954

Derselbe:
Ausgewählte militärische Schriften, hg. v. Gerhard Förster u. Christa Gudzent, Berlin 1984
Kühl, David Lukas:
Lebensgeschichte des Bürgermeisters D. David Lukas Kühl, hg. v. F. Adler, Stralsund 1925
Marwitz, Friedrich August Ludwig v. d.:
Ein märkischer Edelmann im Zeitalter der Befreiungskriege, Bd. I: Lebensbeschreibung, Berlin 1908; Bd. II/1: Tagebücher, politische Schriften und Briefe, Berlin 1913
Pick, Albert:
Aus der Zeit der Not, 1806–1815. Schilderungen zur preußischen Geschichte aus dem brieflichen Nachlaß des Feldmarschalls Neithardt von Gneisenau, Berlin 1900
Rangliste der Königlich-Preußischen Armee für das Jahr 1806, 2. Aufl., Berlin 1828
Scharnhorsts Briefe.
Bd. 1: Privatbriefe, hg. v. K. Linnebach, München/Leipzig 1914
Scharnhorst — der Schöpfer der Volksbewaffnung,
Schriften von und über Scharnhorst, Berlin 1953
Briefe Schleiermachers,
ausgewählt und eingeleitet von H. Muhlert, Berlin 1923
Schwartzkoppen, Clothilde v.:
Karl von François. Ein Soldatenleben. Nach hinterlassenen Memoiren, 2., verm. Auflage, Berlin 1889
Steffens, Henrik:
Was ich erlebte, Breslau 1840–1844
Stein, Karl Freiherr vom und zum:
Briefe und amtliche Schriften, neu hg. v. W. Hubatsch, Bd. II/2, Stuttgart 1959; Bd. III, Stuttgart 1961
Von Stein zu Hardenberg.
Dokumente aus dem Interimsministerium Altenstein/Dohna, hg. v. Heinrich Scheel u. Doris Schmidt, Berlin 1986

Darstellungen

Ackermann, Christian Georg:
Darstellung der Kriegsbegebenheiten in Dessau während der Jahre 1806–1815 von einem Augenzeugen, Dessau 1839
Baumgarten, Hermann:
Geschichte Spaniens vom Ausbruch der Französischen Revolution bis auf unsere Tage, Teil 1, Leipzig 1865

Bock, Helmut:
Rebell im Preußenrock. Tauroggen 1812, Berlin 1963
Derselbe:
Zwischen Thron und Vaterland. Gneisenau im preußischen Krieg 1806/07, Berlin 1966
Derselbe:
Französische Revolution und deutsche Unabhängigkeitsbewegung im antidemokratischen Geschichtsbild. Zur Kritik der reaktionären Historiographie in Deutschland, in: Der Befreiungskrieg 1813, Berlin 1967 (Moskau 1965)
Derselbe:
Die nationale Unabhängigkeitsbewegung gegen die napoleonische Fremdherrschaft. Tradition und Mahnung im marxistischen Geschichtsbild, in: Wissenschaftliche Mitteilungen. Historiker-Gesellschaft der DDR, H. 1–2, Berlin 1979
Derselbe:
Karl Freiherr vom und zum Stein. Soziale und nationale Ziele seines preußischen Reformministeriums zur Zeit des napoleonischen Hegemonialsystems, in: Preußische Reformen — Wirkungen und Grenzen. Aus Anlaß des 150. Todestages des Freiherrn vom und zum Stein, Berlin 1982
Derselbe:
Die bürgerlichen Reformen und der Kampf gegen die napoleonische Fremdherrschaft (1807 bis 1815), in: Deutsche Geschichte, Bd. 4: Die bürgerliche Umwälzung von 1789 bis 1871, Berlin 1984, Köln 1984
Botzenhart, Erich:
Deutsche Revolution 1806 bis 1813, Hamburg 1940
Böttcher, Margot:
Friedrich von Cölln und Friedrich Buchholz. Zwei revolutionäre Publizisten aus der Zeit der Befreiungskriege, in: Literatur der Befreiungskriege. Hilfsbücher für den Literaturunterricht, Berlin 1954
Braubach, Max:
Von der Französischen Revolution bis zum Wiener Kongreß 1790 bis 1815, in: Bruno Gebhardt: Handbuch der Deutschen Geschichte, hg. v. Herbert Grundmann, Bd. 3, Stuttgart 1970
Buchholz, Friedrich:
Untersuchungen über den Geburtsadel und die Möglichkeit seiner Fortdauer im 19. Jahrhundert, Berlin/Leipzig 1807
Buhr, Manfred:
Jakobinisches in Fichtes ursprünglicher Rechtsphilosophie, in: Maximilien Robespierre 1758–1794. Beiträge zu seinem 200. Geburtstag. hg. v. W. Markow, Berlin 1958

Cölln, Friedrich v.:
Neue Feuerbrände, H. 8, Amsterdam/Cölln 1807
Derselbe:
Vertraute Briefe über die inneren Verhältnisse am preußischen Hofe seit dem Tode Friedrichs II., Bd. 1–3, Amsterdam/Cölln, 1807–1808
Conrady, Emil v.:
Leben und Wirken des Generals der Infanterie Carl von Grolman, Teil 1: von 1777–1813, Berlin 1894
Delbrück, Hans:
Das Leben des Feldmarschalls Grafen Neithardt von Gneisenau, 2 Bde., 3., durchges. u. verb. Aufl., Berlin 1908
Die Dessauer Chronik,
hg. v. Bernhard Heese, Bd. 2, Dessau 1929
Dilthey, Wilhelm:
Leben Schleiermachers, Bd. 1, Berlin/Leipzig 1922
Engelberg, Ernst:
Carl von Clausewitz in seiner Zeit, in: Vom Kriege. Hinterlassenes Werk des Generals Carl v. Clausewitz. Eingeleitet v. Ernst Engelberg u. Otto Korfes, Berlin 1957
Engels, Friedrich:
Deutsche Zustände, in: The Northern Star, Nr. 415, 417, 438 v. 1845/46; Wiederabdruck: Marx/Engels, Werke, Bd. 2, Berlin 1959
Derselbe:
Ergänzung der Vorbemerkung von 1870 zu «Der deutsche Bauernkrieg», in: Marx/Engels, Werke, Bd. 18, Berlin 1962
Ernstberger, Anton:
Die deutschen Freikorps 1809 in Böhmen, Prag/Amsterdam/Berlin/Wien 1942
Gaede, Udo:
Preußens Stellung zur Kriegsfrage im Jahre 1809. Ein Beitrag der preußischen Politik vom Erfurter Kongreß, September 1808 bis zum Schönbrunner Frieden, Oktober 1809, Hannover–Leipzig 1897.
Gebauer, Curt:
Stimmungsbilder aus den Tagen des Königreichs Westfalen. Nach Magdeburger Quellen, in: Geschichtsblätter für Stadt und Land Magdeburg, 40. Jg., Magdeburg 1905
Geiger, Ludwig:
Berlin 1688–1840. Geschichte des geistigen Lebens der preußischen Hauptstadt, Berlin 1892–1895
Grab, Walter:
Norddeutsche Jakobiner. Demokratische Bestrebungen zur Zeit der französischen Revolution; Hamburger Studien zur neueren Geschichte, hg. v. F. Fischer, Bd. 8, Frankfurt a. M. 1967

Grundriß der deutschen Geschichte, hg. v. Zentralinstitut für Geschichte der Akademie der Wissenschaften der DDR (darin: Die Anfänge der bürgerlichen Umwälzung), Berlin 1979

Haffner, Sebastian:
Preußen ohne Legende, Hamburg 1978

Hahlweg, Werner:
Preußische Reformzeit und revolutionärer Krieg. Wehrwissenschaftliche Rundschau. Beiheft 18, Frankfurt a. M. 1962

Derselbe:
Typologie des modernen Kleinkrieges, Wiesbaden 1967

Häusser, Ludwig:
Deutsche Geschichte vom Tode Friedrichs des Großen bis zur Gründung des Deutschen Bundes, 4. Aufl., Bd. 3, Berlin 1869

Heine, Heinrich:
Zur Geschichte der Religion und Philosophie in Deutschland, in: Werke und Briefe, hg. v. H. Kaufmann, Bd. 5, Berlin 1972

Heitzer, Heinz:
Insurrectionen zwischen Weser und Elbe. Volksbewegungen gegen die französische Fremdherrschaft im Königreich Westfalen, 1806 bis 1813, Berlin 1959

Helmert, Heinz:
Die Kriegskunst der preußischen Armee am Vorabend des Befreiungskrieges, in: Das Jahr 1813. Studien zur Geschichte und Wirkung der Befreiungskriege, hg. v. H. Scheel, Berlin 1963

Helmert, Heinz/Usczeck, Hansjürgen:
Europäische Befreiungskriege 1808 bis 1814/15. Militärischer Verlauf, Berlin 1976

Huber, Ernst Rudolf:
Deutsche Verfassungsgeschichte seit 1789. Bd. 1: Reform und Restauration 1789–1830, Stuttgart 1957

Ibbeken, Rudolf:
Preußen 1807–1813. Staat und Volk als Idee und Wirklichkeit, Berlin 1970

Jagwitz, Fritz v.:
Geschichte des Lützowschen Freikorps, Berlin 1892

Katte, Rudolf v.:
Der Streifzug des Friedrich Karl von Katte auf Magdeburg im April 1809, in: Geschichtsblätter für Stadt und Land Magdeburg, Jg. 70/71, Magdeburg 1935/36

König, Helmut:
Zur Geschichte der bürgerlichen Nationalerziehung zwischen 1807 und 1815, 2 Teile (Monumenta Paedagogica Bde XII–XIII), Berlin 1972/73

Koselleck, Reinhart:
Preußen zwischen Reform und Revolution. Allgemeines Landrecht, Verwaltung und soziale Bewegung von 1791 bis 1848, Stuttgart 1967
Kurzer Abriß der Militärgeschichte von den Anfängen der Geschichte des deutschen Volkes bis 1945, Berlin 1974
Lange, Fritz:
Die Bedeutung der progressiven Tradition des Vaterländischen Krieges von 1812 und des Befreiungskrieges von 1813 für den antifaschistischen Widerstand in Deutschland, in: Der Befreiungskrieg 1813, Berlin 1967
Lehmann, Max:
Scharnhorst, 2 Bde., Leipzig 1886–1887
Lenin, W. I.:
Die Hauptaufgabe unserer Tage, in: Werke, Bd. 27, Berlin 1960
Maenß, J.:
Zur Geschichte Magdeburgs in der französisch-westfälischen Zeit, in: Geschichtsblätter für Stadt und Land Magdeburg, 41. Jg., Magdeburg 1906
Marx, Karl:
Das revolutionäre Spanien, in: Marx/Engels, Werke, Bd. 10, Berlin 1961
Mehring, Franz:
1807–1812. Von Tilsit nach Tauroggen, Stuttgart 1913; Wiederabdruck: Mehring, Franz: Gesammelte Schriften, hg. v. Th. Höhle u. a., Bd. 6, Berlin 1965
Mottek, Hans:
Wirtschaftsgeschichte Deutschlands. Ein Grundriß, Bd. 2: Von der Französischen Revolution bis zur Zeit der Bismarckschen Reichsgründung, Berlin 1964
Müller, Hans Gerhard:
Die Rolle Friedrichs von Cölln in der patriotischen Bewegung 1807/08, in: Das Jahr 1813. Studien zur Geschichte und Wirkung der Befreiungskriege, Berlin 1963
Obermann, Karl:
Bemerkungen über die soziale und nationale Bedeutung der preußischen Reformbewegung unter dem Ministerium des Freiherrn vom Stein, in: Die Volksmassen als Gestalter der Geschichte, Berlin 1962
Olechnowitz, Karl Friedrich:
Rostock. Von der Stadtrechtsbestätigung im Jahre 1218 bis zur bürgerlich-demokratischen Revolution 1848/49, Rostock 1968
Pertz, G. H.:
Das Leben des Feldmarschalls Grafen Neithardt von Gneisenau, Bd. 1: 1760–1810, Berlin 1864
Reil, Friedrich:
Leopold Friedrich Franz, Herzog und Fürst von Anhalt-Dessau, nach seinem Wirken und Wesen, Dessau 1845

Ritter, Gerhard:
Staatskunst und Kriegshandwerk. Das Problem des «Militarismus» in Deutschland, Bd. 1: Die altpreußische Tradition (1740 bis 1890), München 1954
Derselbe:
Das Problem des Militarismus in Deutschland, in: Historische Zeitschrift, Bd. 177, 1954, H. 1
Scheel, Heinrich:
Die Rolle der Befreiungskriege in der illegalen Widerstandsliteratur. Dargestellt am Beispiel der Widerstandsgruppen Schulze-Boysen/Harnack und «Innere Front», in: Das Jahr 1813. Studien zur Geschichte und Wirkung der Befreiungskriege, Berlin 1963
Derselbe:
Fremdherrschaft und nationaler Befreiungskampf. Zur Problematik des deutschen Befreiungskrieges von 1813, in: Der Befreiungskrieg 1813, Berlin 1967
Derselbe:
Süddeutsche Jakobiner, Klassenkämpfe und republikanische Bestrebungen im deutschen Süden Ende des 18. Jahrhunderts; Deutsche Akademie der Wissenschaften zu Berlin, Schriften des Instituts für Geschichte, Reihe 1; Allgemeine und deutsche Geschichte, Bd. 13, Berlin 1962
Schildhauer, Johannes:
Gesellen- und Tagelöhnererhebungen in den mecklenburgischen Städten von 1790 bis 1800, in: Zeitschrift für Geschichtswissenschaft, VII. Jg., 1959, H. 6
Schulze, Friedrich:
Die Franzosenzeit in deutschen Landen, Leipzig 1908
Stern, Alfred:
Abhandlungen und Aktenstücke zur Geschichte der preußischen Reformzeit 1807–1815, Leipzig 1885
Stettiner, Paul:
Der Tugendbund, Königsberg 1904
Streisand, Joachim:
Deutschland von 1789–1815, 2., durchges. Aufl., Berlin 1961
Derselbe:
Wirkungen und Beurteilungen der Befreiungskriege, in: Das Jahr 1813. Studien zur Geschichte und Wirkung der Befreiungskriege, Berlin 1963
Thimme, Friedrich:
Zu den Erhebungsplänen der preußischen Patrioten im Sommer 1808. Ungedruckte Denkschriften Gneisenaus und Scharnhorsts, in: Historische Zeitschrift, Neue Folge, Bd. 50, München/Leipzig 1901
Treitschke, Heinrich v.:

Deutsche Geschichte im Neunzehnten Jahrhundert, Teil 1: Bis zum zweiten Pariser Frieden, Leipzig 1927
Vetter, Klaus:
Kurmärkischer Adel und preußische Reformen, Weimar 1979
Wiedfeldt, Otto:
Statistische Studien zur Entwicklungsgeschichte der Berliner Industrie von 1720–1890, Leipzig 1898
Wohlfeil, Reiner:
Spanien und die deutsche Erhebung 1808 bis 1814, Wiesbaden 1965
Usczeck, Hansjürgen:
Scharnhorst. Theoretiker, Reformer, Patriot. Sein Werk und seine Wirkung in seiner und für unsere Zeit, Berlin 1979
Würdig, L.:
Chronik der Stadt Dessau, Dessau 1876
Zimmermann, Wilhelm:
Die Befreiungskriege der Deutschen gegen Napoleon, Stuttgart/Leipzig 1836

Aktuelle Diskussion

Bock, Helmut:
Reform und Revolution. Zur Einordnung des preußischen Reformministeriums Stein in den Kampf zwischen Fortschritt und Reaktion, in: Militärgeschichte, H. 5/1980
Sitzungsberichte der Akademie der Wissenschaften der DDR. Gesellschaftswissenschaften (1 G, 1982): Preußische Reformen – Wirkungen und Grenzen. Aus Anlaß des 150. Todestages des Freiherrn vom und zum Stein, Berlin 1982
Diskussion. Zu Wirkungen und Grenzen der preußischen Reformen, in: Militärgeschichte, H. 2/1983 (Beiträge von Ernst Engelberg, Walter Schmidt, Heinrich Scheel, Helmut Bleiber, Helmut Bock)

Personenregister

Inhaltsverzeichnis